GOLDMANN

W0011609

Buch

Das Festhalten als therapeutische Maßnahme wurde ursprünglich für autistische Kinder entwickelt. Inzwischen wird es aber auch dann angewandt, wenn
ein Kind beziehungsunfähig geworden ist und keinen Kontakt mehr zu seinen
Gefühlen hat. In Deutschland wird die Festhalte-Therapie seit 1981 praktiziert,
ihre führende Vertreterin ist Dr. Jirina Prekop.
Festhalten heißt: einen, der in tiefer seelischer Not ist, in den Arm zu nehmen
und so lange mit Liebe festzuhalten, bis er seine Wut ausgeschrieen und seinen
Kummer ausgeweint hat und sich wieder freier und zufriedener fühlt. Jirina
Prekop beschreibt in ihrem neuen Buch ihren Weg zur Festhalte-Therapie und
ihre Begegnung mit Niko Tinbergen, der als erster mit der Festhalte-Therapie
gearbeitet hat. Sie setzt sich mit den Voraussetzungen auseinander, die für ein
gutes Festhalten gegeben sein müssen, beschreibt, wann es sinnvoll ist, diese
Methode anzuwenden, und welche Kontraindikationen es gibt. Die anschauli-
chen Fallbeispiele zeigen eindrucksvoll, welche heilende Wirkung das Festhalten haben kann. Für Jirina Prekop ist das Festhalten nicht nur eine Primärtherapie, um die Mutter-Kind-Bindung wiederherzustellen, sondern eine
Lebensform, die ein Korrektiv der Bindungslosigkeit in unserer heutigen Zeit
sein könnte.

Autorin

Dr. Jirina Prekop, geboren 1929, ist Diplom-Psychologin in der Abteilung für
Entwicklungsstörungen im Olgahospital in Stuttgart.

Jirina Prekop

Hättest du mich festgehalten

Grundlagen und Anwendung der Festhalte-Therapie

GOLDMANN VERLAG

Umwelthinweis:
Alle bedruckten Materialien dieses Taschenbuches
sind chlorfrei und umweltschonend.
Das Papier enthält Recycling-Anteile.

Der Goldmann Verlag
ist ein Unternehmen der Verlagsgruppe Bertelsmann

Made in Germany · 4. Auflage · 1/93
Genehmigte Taschenbuchausgabe
© 1989 by Kösel-Verlag GmbH & Co., München
© der deutschsprachigen Ausgabe 1992 by
Wilhelm Goldmann Verlag, München
Umschlaggestaltung: Design Team München
Umschlagfoto: Mauritius/Westlight, Mittenwald
Druck: Presse-Druck Augsburg
Verlagsnummer: 12315
SK · Herstellung: Sebastian Strohmaier/sc
ISBN 3-442-12315-1

Inhalt

Vorwort

Schon einige Male habe ich es bedauert, daß für das Festhalten kein angenehm klingenderer Name gefunden wurde. Als ich das Festhalten kennenlernte, hatte sich der Begriff »forced-holding« (nach der amerikanischen Kinderpsychiaterin Martha Welch), der. wortwörtlich ins Deutsche übersetzt wurde, bereits durchgesetzt. Das Festhalten wurde in überraschend kurzer Zeit zu einem Begriff. Es verbreitete sich schnell als Therapiemethode, wurde aber auch von vielen in Frage gestellt. Die einen setzten alle Hoffnung in diese Therapie, für die anderen wurde sie Gegenstand leidenschaftlicher Ablehnung. Das Wörtchen »fest« wirkt auf viele wie »ein rotes Tuch«. Vielleicht ruft besonders im deutschen Sprachgebrauch und auf dem Hintergrund der deutschen Geschichte das Wort »fest« Vorstellungen von Gewalt und Willenbrechen hervor? In anderen Sprachen ist der Begriff weniger aggressiv, »tenere stretto« auf italienisch, »begire« auf persisch, »szorossan tartini« auf türkisch oder »podržet pevně v náručí« auf tschechisch. Die Menschen aus diesen Kulturkreisen haben auch weniger Bedenken, einen Bedürftigen länger im Arm zu halten, als er verlangt. In der tschechischen Sprache ist dies am deutlichsten herauszuhören: »podržet« heißt »länger als du erwartest«, und im Slowakischen heißt »postískat« »ich drücke dich«, »ich lasse mich intensiver spüren, intensiver, als du verlangst«.

Je länger ich das Festhalten als Therapie verbreitete und begriff, daß es sich hierbei um eine Hilfe zur Überwindung der affektiven Ambivalenz handelt, um so mehr gewann das Wörtchen »fest« an Bedeutung.

Als ich einmal darüber mit Walther Lechler von der Psychosomatischen Klinik in Bad Herrenalb sprach, der das gleiche Festhalten unter dem Begriff »Bonding« (nach Daniel Casriel) in die Psychotherapie für Erwachsene einführte, meinte er: Man sollte das Festhalten lieber getrennt schreiben, um zu betonen, daß das Halten fest sein muß und daß auch der feste Halt zu einem gemeint sei, woran man festhalten müßte.

Es geht nämlich nicht um Schmusen. Schmusen ist ein Genuß, etwas eindeutig Schönes, aber es vermittelt kein Gefühl von Geborgenheit. Das Schmusen weiß nicht zuletzt jeder Heiratsschwindler erfolgreich einzusetzen, ohne daß man sich bei ihm geborgen fühlt, ganz im Gegenteil.

Das Festhalten heißt: einen Menschen in seelischer Not so lange in dichter Umarmung beharrlich und liebend zu halten, bis es ihm besser geht. Unter diesem körperlichen Kontakt darf er seinen Schmerz, seine Angst, seine Wut und seine Trauer ausschreien und ausweinen und sich trotzdem – und gerade deswegen – geliebt fühlen. Der Festhaltende, der in dieser Situation der Überlegenere ist – und deshalb auch die Verantwortung übernehmen kann und muß –, läßt nicht zu, daß sich sein Nächster in Trauer oder destruktiver Wut verliert oder sich mit seinen Ängsten isoliert, sondern er hält ihn und zu ihm – auch gegen seinen Widerstand – so lange, bis er wieder Ja zu sich selbst sagen kann und den Mut zur Auseinandersetzung mit dem Leben findet. Auf diese Weise entsteht Bindung, Geborgenheit und Vertrauen.

Das Archebild eines auf diese Weise ausgetragenen Konflikts ist der Kampf zwischen Jakob und dem Engel im Alten Testament. Warum der Kampf entstand, wurde nicht überliefert. Es wird aber angenommen, daß Jakob vom Engel heimgesucht wurde, um einen unangenehmen Auftrag entgegenzunehmen. Er bäumte sich dagegen auf und ein heftiger Kampf entflammte. Trotzdem gab er nicht auf, weil er sich eine segensreiche Klärung des Konfliktes erhoffte. »Ich lasse dich nicht los! Du segnest mich denn!« schrie Jakob den Engel an. Es war kein Kampf der Vernichtung oder Unterdrückung des Gegners.

Auch am Ende des Festhaltens muß immer die Erfahrung der Liebe sein, der Liebe zum anderen und zu sich selbst. Eigentlich bräuchten wir alle diese Erfahrung von Geburt an, über alle Lebenskrisen hinweg bis zur Stunde des Todes. So verstanden ist das Festhalten die Grundform des Lebens, die in einer Krise unter intensiver körperlicher Berührung die Chance zum offenen Ausdruck der aversiven Gefühle erschließt und vorbehaltlose Liebe erfahren läßt.

Fehlt diese Liebe, so bricht ein unerträglicher Schmerz aus. Das gestörte Gleichgewicht verlangt nach Ersatzbefriedigungen, die dann die Ursachen für die Abhängigkeit und Unfreiheit sind.

In der heutigen Zeit erfahren wir immer häufiger das Gegenteil vom Festhalten: die Bindungslosigkeit. Wir trennen uns alsbald von dem, der uns stört oder von dem, der uns in seiner Verzweiflung zuschreit »laß mich allein!« – obwohl er eigentlich das Gegenteil meint und gehalten werden möchte. In unserer freiheitsliebenden und freiheitsgönnenden Haltung lassen wir den sich selbst Isolierenden gehen, auch wenn er einer Selbstvernichtung entgegengeht. Wir tun es, weil wir selbst das gleiche lernten. Diese Lebenshaltung ist mitverantwortlich für die Krise, in der sich unsere Gesellschaft befindet. Das Festhalten könnte deshalb ein Gegengewicht zu der zunehmenden Bindungslosigkeit sein, denn das persönliche Erleben des Festhaltens heißt: Ich stecke in einer Krise, die mir zutiefst bewußt ist – aber ich kann unter der Erfahrung der Nächstenliebe diese Krise überwinden, dadurch eine Chance zu einem zufriedeneren Leben wahrnehmen und mich viel freier und glücklicher fühlen, als ich je zuvor war.

Beim Lesen dieses Buches wird Ihnen auffallen, daß das Festhalten als Hilfe für eine Vielfalt von seelischen Störungsarten empfohlen wird. Und wenn Sie sich in die einzelnen Fallgeschichten einlesen, erfahren Sie, wie wirksam diese Hilfe tatsächlich war. Dadurch sollte aber nicht der Eindruck entstehen, daß das Festhalten ein Patentrezept für alle Störungen ist und es jedem Helfer in die Hand gegeben werden darf. In jedem der aufgeführten Beispiele wirkte das Festhalten vor allem als eine grundlegende Hilfe, um die Bindung und Beziehung anzubahnen, mehr oder weniger als Grundstein, auf den die weiteren Hilfen aufgebaut werden konnten – als eine Wende zur Besserung.

Ich bin froh, daß ich dieses Buch nicht in den ersten Jahren meiner Erfahrung mit dem Festhalten geschrieben habe. Damals war ich noch im naturwissenschaftlichen Denken verhaftet. Ich hätte viel zu viel gemessen, quantifiziert und theoretisiert. Im Rahmen der vielen Schlüsselerfahrungen, die ich mit dem Festhalten machte, weiß ich heute:

– Die Erlebnisse des Festgehalten-Werdens und des Festhaltens sind nur zu einem Teil mit der reinen Vernunft zu erfassen. Sie werden erst durch die »Logik des Herzens« ganz verstanden. Die durch das Festhalten erfahrene Liebe ruht in tieferen Schichten.

– Es wurde mir bewußt, daß ich mit meinen vielen Publikationen die Menschen nie so tief beeindrucken konnte, wie bei persönlichen Begegnungen. Nicht einmal Filme können das Erlebnis des Festhaltens wiedergeben. Man muß selbst die Erfahrung gemacht haben, wie sich Gefühle verwandeln können. In den Strom der Liebe, der erst nach dem Ausschreien und Ausweinen von Wut und Angst, und erst nach dem Zulassen der Trauer wahrnehmbar ist, muß man selbst miteinbezogen sein, um ihn zu spüren. Ähnlich verhält es sich mit dem Einfühlungsvermögen des Satten für den Hungrigen. (Die Widersacher des Festhaltens stolpern immer über den gleichen Stein, nämlich den Mangel an Selbsterfahrung. Indem sie es sich bloß vorstellen, gehen sie in ihren Beschreibungen und in ihren Urteilen an der Realität vorbei.)

In bin mir der Gefahr bewußt, die in einer eher indirekten Buchaussage steckt. Den Ausweg strebe ich mit den authentischen Erlebnisberichten an. Sie sind der wesentliche Teil dieses Buches. Ich habe sie als Beraterin und Therapeutin miterleben dürfen oder sie wurden mir von den Betroffenen selbst erzählt. Ich bin mit tiefer Dankbarkeit all denen gegenüber erfüllt, deren Weg ich mitbegleiten konnte, und die mir erlaubt haben, ihre intimsten Geschichten weiterzugeben.

Mit meinem Buch wende ich mich an alle Leser, die bereit sind, ihr Herz zu öffnen, um die Liebe in die Tat umzusetzen, und solche Menschen spreche ich auch gerne unter den Wissenschaftlern und Therapeuten an. Ich werde aber ihnen zuliebe weder Statistiken[1] noch komplizierte Zusammenhänge in einer anspruchsvollen Sprache aufführen. Ich möchte mich schlicht und verständlich für alle ausdrücken. Wir wissen seit jeher, daß die Schlichtheit nicht zu Lasten der Wahrheit geht. Daß ich auch mit schlichter Eindeutigkeit Mißverständnissen nicht vorbeugen kann, haben die vielen Rückmeldungen einiger Leser auf mein Buch »Der kleine Tyrann« bewiesen.

Ich habe die Absicht, mich so deutlich auszudrücken, daß es auch dem Be- und Entfremdeten bewußt wird, was ihm fehlt.

Wenn ich überhaupt eine Gruppe von Lesern bevorzugt anspre-chen möchte, so sind es die Eltern, denn ich befasse mich in diesem Buch hauptsächlich mit den Bedürfnissen und Problemen der Kinder. »Was Hänschen (bei seinen Eltern) nicht lernte, lernt Hans nimmermehr« und kann es auch demzufolge seinen Kindern nicht weitergeben, denn die Eltern sind die ersten Menschen im Leben eines Kindes, die Liebe geben können.

Aber es gibt noch weitere Gründe, warum ich die Wirksamkeit des Festhaltens vorwiegend bei Kindern darstellen möchte:

– Die Festhalte-Therapie wurde ursprünglich für die stärkste see-lische Störung, die ein Kind und seine Eltern treffen kann, entwik-kelt: den frühkindlichen Autismus.[2] Das Festhalten kam auf Umwegen, die ich noch näher beschreiben werde, 1981 von Amerika[3] in die Bundesrepublik und wurde zunächst im Bereich der geistigen Behinderung bekannt.

– Die Anwendung des Festhaltens als Primärtherapie gestaltet sich bei Kindern wesentlich natürlicher als bei Erwachsenen. Die erlit-tenen seelischen Verletzungen sind noch nicht verdeckt, haben sich noch nicht in neurotischen Verhaltensweisen verfestigt, sind noch nicht durch Übertragung und Gegenübertragung verstümmelt, wie es bei Erwachsenen geschieht, die einen langen Leidensweg hinter sich haben. Für das Kind können die Eltern zum natürlichen The-rapeuten werden, weil die vorhandene Beziehung eine der wesent-lichen Voraussetzungen für eine erfolgreiche Psychotherapie ist. Bei erwachsenen Patienten wird die Beziehung zum Therapeuten dagegen oft zu einem schwer lösbaren Problem.

– Einer der heikelsten Punkte ist für viele das Phänomen des »auf- oder erzwungenen« Haltens bei Kindern. Im Vergleich zum er-wachsenen Neurotiker, der sich selbst entscheiden kann – aller-dings determiniert durch seine Not –, welche Art von Therapie er anstreben möchte, ob die »haltende« zum Beispiel im Rahmen der

Bioenergetik oder die »Bonding«-Therapie nach Casriel, wird das Kind sozusagen überrumpelt. Da treten dann Fragen auf wie: Mit welchem Recht wenden die Eltern das Festhalten an? Woher wollen die Eltern so genau wissen, was für ihr Kind gut ist? usw. Auf diese berechtigten Fragen werde ich im Verlauf des Buches näher eingehen.

– In den Händen der Kinder liegt die Zukunft. Sie sollten selbstbewußt, willensstark und kritisch sein, um das von uns verwüstete Erbe wieder zu einem lebenswürdigen Ort zu gestalten. Damit dies gelingt, müssen die Kinder von heute liebesfähige Erwachsene von morgen werden, das heißt, sie müßten sich selbst und den Nächsten lieben können. Aber diese Liebe können sie erst dann empfinden, wenn sie selbst Liebe ohne Vorbehalt erfahren haben, wenn sie ihre eigenen Gefühle ausdrücken und die des Gegenübers zulassen können, wenn sie die Kraft haben, die Widersprüche des Lebens auszuhalten.

– Gerade heute aber scheinen unsere Kinder besonders gefährdet zu sein. Bereits 40 Prozent der Kinder zwischen dem vierten und achten Lebensjahr leiden an psychischen Störungen, stellte Professor Schmid, der Präsident des Berufsverbandes deutscher Kinderärzte, fest. Schuld daran seien unter anderem die vielen zerrütteten Ehen. Diese Eltern haben es nicht geschafft, sich gegenseitig festzuhalten, zueinanderzuhalten, zusammenzuhalten. Hinzu kommt, daß die Kinder von vielfältigen Reizen überflutet werden (Fernsehen, Video, stundenlange Autofahrten), weshalb die Gefühle nur noch flüchtig wahrgenommen werden können.

Bevor ich meinen Weg zum Festhalten beschreibe, möchte ich all meinen Freunden danken, die mich auf diesem Weg begleitet haben, vor allem

– meiner Mutter, daß sie mich so gut sie es auf dem Hintergrund ihrer eigenen Kindheitsgeschichte konnte, gehalten hat und daß sie trotz vieler Probleme in ihrer Ehe den familiären Zusammenhalt für mich geduldig aufrecht erhalten hat,

– meinem Mann Valentin für das erste bewußte Erleben des Festhaltens und Spürens der vorbehaltlosen Liebe, die weit über seinen

Tod hinausreicht, und für sein Vorleben des tapferen und ethischen Halts,

– meiner Freundin Alexandra Kvapilová für die gemeinsamen Expeditionen ins Kosmische von Kindheit an und Almut Frank, die sich später zu diesem Gespann gesellte,

– Christel Schweizer, der Neuropädiaterin, die mich vor allzuviel Naturwissenschaft bewahrte und in mir das Gefühl für andere Dimensionen stärkte. Sie wurde mir zur Freundin und ihr verdanke ich viele geistige Anregungen (und außerdem ist sie meine Chefin in der Kinderklinik),

– Heike Huwe für den langen gemeinsamen Weg mit Eltern und Schwerstbehinderten, auf dem uns bewußt wurde, daß Krisen eine Chance sind,

– Martha Welch für das Vertrauen, das sie in die Eltern setzte, und die Mütter zum Festhalten anleitete,

– Lis und Niko Tinbergen für die ethologische Begründung des Festhaltens und für die Vermittlung der Bekanntschaft zu Martha Welch,

– Arno Gruen für die Sensibilisierung meines Verständnisses für die Ängste der Widersacher,

– Walther Lechler für den verwandten Weg, den er mit »Bonding« für die Erwachsenen einschlug, und auf dem er zur Spiritualität fand,

– Theodor Hellbrügge für seine gute Intuition, die ihn schon jahrelang bewegte, im Rahmen der Kongresse für Sozialpädiatrie und unter der Deutschen Akademie für Entwicklungsrehabilitation Seminare für Festhalte-Therapeuten zu organisieren,

– allen meinen Mitarbeitern der Abteilung für Entwicklungsstörungen im Olga-Hospital, die sich aufgrund der täglichen Erfahrungen offen zum Festhalten bekennen und es weitergeben,

– und den vielen Tausenden von Eltern und professionellen Helfern aus allen Berufsgruppen, die sich bis heute das Festhalten zugetraut haben, es prüfen, formten und darin das Prinzip der Liebe fanden.

Meine Erlebnisse des Festgehalten-Werdens

Ich möchte Ihnen gerne erzählen, wie alles begonnen hat. Ich war schon über fünfzig Jahre alt, als ich die Bedeutung des Festhaltens begriff. Bis dahin hatte ich nicht das Bedürfnis, es zu suchen. Ich hätte das Festhalten wegen des Beigeschmacks von Gewalt, Unterdrückung und Besitzergreifens auch von vornherein abgelehnt. Geleitet wurde ich durch eine einmalige Verknüpfung von sogenannten Zufällen. Bevor ich aber über diese berichte, möchte ich in meine Kindheit zurückgehen, da mir dies zum Verständnis wichtig erscheint.

Als Kind habe ich zweifellos oftmals das Festhalten erlebt, mehr oder weniger bewußt. Meine frühe Kindheit verbrachte ich größtenteils am Körper von meiner Mutter, Großmutter und Tante. Grund dafür war der technische Rückstand in der Tschechoslowakei. 1929, als ich geboren wurde, wurden die Kinder immer weniger getragen. Der Kinderwagen und das Gitterbettchen waren schon im Kommen. Der bäuerlichen Abstammung meiner Mutter ist es wohl zu verdanken, daß sie den Kinderwagen nur für die weiten Spaziergänge benutzte und uns Kinder selten allein im Bettchen ließ. Im Haushalt meiner Mutter lebte eine ledige Tante, deren Auftrag es war, die Mutter vom Tragen der Kinder zu entlasten. Besonders gehalten, gedrückt, aufgemuntert und getröstet wurde ich immer dann, wenn ich Schmerzen oder Angst hatte und wenn ich traurig war. In solchen Lebenslagen ließen mich die großen, gütigen Frauen nie alleine weinen. Bis heute rieche und fühle ich noch den Schweißgeruch, gemischt mit Lindenblütentee und Franzbranntwein, die Sehnsucht nach freier Bewegung, die hartnäckige Unnachgiebigkeit meiner starken Mutter, meine eigene Ohnmacht, aber auch die Treue und das Mitgefühl meiner Mutter, wenn ich wegen häufiger Bronchial-Katarrhe und Mittelohrentzündungen hoch fieberte, Medikamente einnehmen und inhalieren mußte. Das alles hielt meine Mutter in beharrlicher Umarmung mit mir zusammen durch. Ihre Achselhöhlen, die Falte zwischen den Brüsten, all die geheimen Vertiefungen ihres Körpers nahm ich unter ihrem Festhalten ausgiebig und bewußt wahr. Im Grunde genommen war ich gerne krank, weil ich nur dann meine Mutter ganz für mich alleine hatte.

Die ganze Kindheit über litt ich darunter, daß meine ältere Schwester mehr geliebt wurde als ich. In sie hatte meine Mutter ihre eigenen unerfüllten Wünsche projiziert. Sie war etwas Besonderes, ich war halt »schon wieder« ein Mädchen. Aber wenn ich krank war, spürte ich durch die Fürsorge meiner Mutter, wie wichtig ich ihr war.

Völlig anders erging es mir bei Wut, Trotz und Verstoß gegen die Regeln und den Anstand. Entweder wurde ich verprügelt, oder es drohte mir der Rausschmiß aus dem Paradies, indem ich mit dem totalen Entzug von Zuwendung bestraft wurde. Tagelang brachte es meine Mutter fertig, mich unbeachtet zu lassen. Ich habe bis heute nichts Schlimmeres erlebt als die Verwandlung der gütigen, fürsorglichen und fröhlichen Mami in einen gefühlskalten, grausamen Riesen, der mich wegwerfen und vernichten will und für die Ewigkeit verdammt.

Einmal geschah jedoch ein Wunder. Ich war damals etwa drei Jahre alt und schon lange sauber. Es muß für mich lebenswichtig gewesen sein, nicht gegen die Reinlichkeit zu verstoßen. Diese Sünde ist mir bis in kleinste Details in Erinnerung geblieben. Vielleicht ist es die erste Erinnerung überhaupt: Ich bin alleine im Wohnzimmer und stehe mit voller Hose in einer Ecke an der Türe, die in die Küche führt. Dort höre ich meine Mutter mit den Töpfen klappern. Und ich stehe hier, auf dem Weg zur Mutter, jedoch wie versteinert, keinen Schritt wagend, weder zur Mutter hin, noch um vor ihr zu flüchten. Wohin auch? Und wie mit meiner vollen Hose? Noch heute empfinde ich Mitleid bei meinem Anblick: das blaßgrüne Trikothöschen wölbt und verfärbt sich. In der Schreckensstarre höre ich die Schritte der unheimlich mächtigen Gestalt meiner Mutter und ahne schon verprügelt, ausgestoßen, verdammt zu werden. Und dann steht sie vor mir – kein Drachen, sondern die Mama, ein Engel, der mich tröstend anlächelt, mich liebevoll in den Arm nimmt, so wie ich bin, voll mit Dreck. Sie drückt mich an sich und redet beruhigend auf mich ein. Erst jetzt stoße ich den ersten Schrei der Verzweiflung und des Entsetzens über mich selbst und die Angst vor der strafenden Mutter aus. Ich schreie noch lange und trommle mit meinen Fäusten gegen ihre Brust, so als möchte ich sie und mich wachrütteln: »Hast du gesehen, was ich gemacht habe, magst du mich wirklich, auch dann, wenn ich böse bin?« Ich weine und spüre, wie der Tränenfluß mich neu belebt, wie er meine Angst wegspült und mich erleichtert, wie wir beide verbunden sind, wie die Liebe zwischen uns strömt und mich fröhlich macht.

Das war das wahre Erlebnis des Festhaltens, so wie es in diesem Buch beschrieben wird. Rückblickend frage ich mich, warum hat meine Mutter mich nicht immer so festgehalten, wenn ich etwas eingebrockt hatte? Sie hätte auch so ihren Unmut und ihre Wut über meine Untaten ausdrücken können. Wichtig wäre gewesen, mich so lange zu halten, bis sie mich wieder lieben konnte. Hätte sie mich gehalten, so wäre ich nicht, zum Lügen gezwungen gewesen. So oft traute ich mich nicht zur Wahrheit zu stehen, um nicht noch den letzten Rest der Liebe zu verlieren. Inwieweit dieses Erlebnis die Weichen für mein weiteres Leben stellte, kann ich nicht genau einschätzen. Auf jeden Fall konnte ich mich darauf verlassen, daß mich meine Mutter nie im Stich ließ, wenn ich mal im »großen Dreck« steckte. Vielleicht habe ich mich deshalb auch als Heranwachsende wie Don Quichotte den großen Krisen gestellt?

Daß ich die Herausforderung von Krisen, die Hand in Hand mit meiner zunehmenden Wahrheitsliebe ging, annahm, zeigt der Mut, in der Tschechoslowakei anders zu denken und zu handeln, als es offiziell üblich war. Bis zur Ankündigung des sogenannten Tauwetters 1968 konnte ich mich beruflich kaum behaupten. Auch persönlich erlitt ich viele Stürze von meinem »narzißtischen Pferd«. Den besten Freund fand ich in meinem Mann, als er nach 15jähriger Haft entlassen wurde. Als politischer Gegner wurde er in den dunkelsten Stalinzeiten im wahrsten Sinn des Wortes in Ketten festgehalten und gefoltert. Er wurde für mich und für seine

Mitgefangenen zum Vorbild für Tapferkeit, für die Ideale der Freiheit und der Gerechtigkeit. Er hätte sich lieber umbringen lassen, als diese Ideale zu verraten. Zwischen Gut und Böse zog er eine deutliche Grenze, die er nie mit einem bequemen Kompromiß überschritten hätte.

Nachdem wir uns tüchtig in den politischen Kampf eingemischt hatten, wurde dieser 1968 wieder zerschlagen, und wir mußten erneut eine Verfolgung befürchten. Dies hätte mein Mann mit seiner angeschlagenen Gesundheit wohl nicht mehr überlebt und so sind wir in den freien Westen geflüchtet. Wir waren beide des Festgehaltenwerdens so leid, daß wir Mutter, Freunde, Heimat, Hab und Gut verlassen und die Freiheit vorgezogen haben.

Mit diesem immer feiner geschärften Gefühl für Gerechtigkeit und Freiheit hätte ich ein »Festhalten« als Mittel zur Veränderung des Menschen niemals akzeptieren können, auch dann nicht, wenn es mir geholfen hätte. Im Westen begegnete ich einer Vielzahl psychotherapeutischer Methoden der Selbsterfahrung. Ich mied grundsätzlich solche, bei denen ich ein Halten nicht hätte abbrechen können. – Und dennoch bin ich durch Schicksalsfäden in die Festhalte-Therapie eingewoben worden, ohne daß ich ausweichen konnte.

Mein Weg zur Festhalte-Therapie

Meine Bemühungen um ein integratives Konzept

Die vielen Jahre, in denen ich mit geistig Behinderten in den Mariaberger Heimen arbeitete, sind in diesem Zusammenhang von großer Wichtigkeit. Mit der Heilpädagogin Heike Huwe betreute ich verhaltensgestörte geistig Behinderte, die noch im Elternhaus wohnten. Sie wurden entweder ambulant betreut oder teilstationär für zwei bis drei Monate aufgenommen, um die Ursache für die Verhaltensstörung zu ermitteln, eine Therapie anzubahnen und die Eltern hierzu anzuleiten. Hier lernte ich das große Leid der Eltern kennen. Schwerwiegend war für sie nicht unbedingt das Infragestellen der Lebenserwartung, das Aussteigen aus der erfolgreichen Leistungsgesellschaft und die Abhängigkeit von den professionellen Helfern, sondern eine immense Zukunftsangst. Die Verantwortung für dieses immer schutzbedürftig bleibende Kind überschreitet auch die Grenze des Todes. Wer wird einmal unser Kind lieben, wenn wir nicht mehr leben? Diese Angst ist für die vielen Bemühungen verantwortlich, die Behinderung zu minimalisieren, sich an das Kind zu binden, für das Kind zu denken und durch sein Herz zu fühlen.

Für die Eltern war es zwar wohltuend zu spüren, daß es Menschen gab, die sie mit ihrem Schmerz nicht allein ließen, aber eigentlich haben sie fachliche Hilfe erwartet, um die Verhaltensstörungen ihrer Kinder zu mildern. Die meisten Kinder – viele von ihnen autistisch – waren kaum beeinflußbar, da sie ihren Zwängen ausgeliefert waren und jedem Liebesangebot in panischer Angst auswichen.

Es war schwer zu unterscheiden, wessen Leid größer war, das der Kinder oder das der Eltern. Der Schwerpunkt unserer Bemühungen lag deshalb in einer wirksamen Förderung des Behinderten. Die Erziehung nach lernpsychologischen Prinzipien brachte uns jedoch nicht viel weiter. Hilfreicher war es, die sensomotorische Grundlage zu fördern. Je nach Art und Ausmaß der Blockierung der Entwicklung haben wir entweder die Wahrnehmung sensibilisiert, auf die Koordination mehrerer Sinne geachtet oder die Bewegungsfähigkeit trainiert. Wir haben auf jeden Fall mehrere Fachdisziplinen mit unterschiedlicher Gewichtung zu koppeln und von Fall zu Fall zu variieren versucht, um der Individualität des Betroffenen gerecht zu werden.

Damals, in den 70er Jahren, war in der Pädagogik die Ganzheitlichkeit »in«. Und so kam ich mit meinen Publikationen über die »Förderung der Wahrnehmung bei entwicklungsgestörten Kindern« bei den Lesern gut an.[4]

In dieser Publikation demonstrierte ich an einer ausführlichen Fallbeschreibung, wie man die Neugierde bei einem autistischen Kind stufenweise weckt und wie sich Entwicklungspsychologie, Verhaltenstherapie sowie heil- und sonderpädagogische Maßnahmen integrieren lassen. Für die Fallbeschreibung wählte ich Robert S. aus, den Sohn eines Obstbauern in Lindau. Robert ist mehrfach behindert und schwer autistisch. Ich wählte bewußt diesen Bauernsohn, um zu beweisen, daß man alle intellektuellen Denkanstöße in die Praxis eines jeden Elternhauses umsetzen kann. Die »bodenständigen« Eltern setzten die Wahrnehmungsübungen auf bewundernswerte Weise in ihren Alltag um. Ein Beispiel: Typisch für autistische Kinder, so nahm auch Robert keinen Blickkontakt auf. Wissend, daß autistische Kinder den unlebendigen Dingen den Vorzug vor den menschlichen Anregungen geben, empfahl ich, Robert zum Anschauen zu »verführen«, indem sich die Mutter die Brille mit Alufolie verziert oder sich einen leuchtenden Punkt zwischen die Augen malt. Sie wandelte meine gekünstelte Empfehlung ab, denn als Mutter kannte sie ihren Sohn besser als ich. Sie nutzte Roberts zwanghafte Vorliebe für Yoghurtbecher; schnitt den Boden ab und setzte das so entstandene Guckrohr an ihr Auge, um an das andere Ende Robert heranzuführen. Ein Foto von dieser Verlockung »durch-die-Blume« zum Blickkontakt ließ ich sogar in der Publikation veröffentlichen.

Meinen uneingeschränkten Stolz über dieses integrative therapeutische Konzept genoß ich bei einem Vortrag im Juli 1981 zum letzten Mal.

So integrationsfreudig wie ich war, traute ich mir zu, die Betrachtungsweise von Niko Tinbergen der meinen anzuschließen. Dieser berühmte Tierverhaltensforscher gründete die Standardlehre über die Instinkte und erhielt dafür den Nobelpreis.

Seine Publikationen über dieses Thema aus dem Jahre 1972 brachte mir ein bekannter Neuropädiater aus den USA mit, ohne zu ahnen, welche Faszination sie auf mich ausüben und welche Kräfte diese unscheinbare Broschüre in mir freisetzen würde. Diese Darstellung verdient im Rahmen meiner Erinnerungen ausführlich erwähnt zu werden, denn die zum Konflikt führende Dynamik ist ein ganz zentraler Aspekt, der zur Anwendung der Festhalte-Therapie berechtigt, wie ich in den nächsten Kapiteln aufzeigen werde. Bei der Darstellung der Erkenntnisse von Tinbergen bitte ich den Leser, das von mir vereinfachte Schema zu Hilfe zu nehmen:

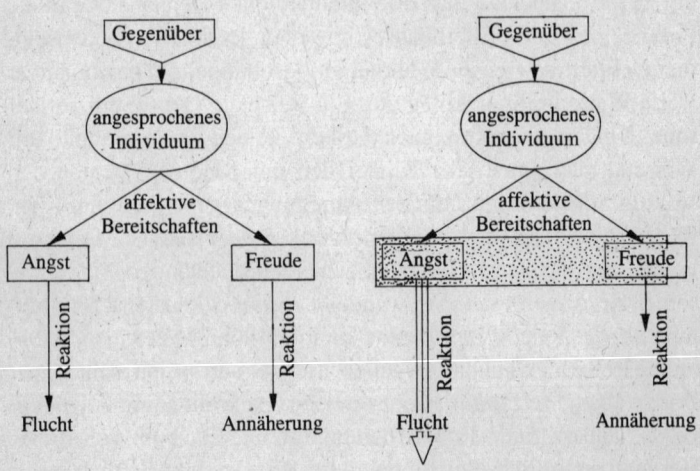

Schema der Angstentstehung auf dem Boden einer affektiven Ambivalenz (nach Tinbergen)

In jedem lebendigen Wesen (zum Beispiel Möwe, Forscher, autistisches Kind) entstehen bei der Konfrontation mit einer neuen sozialen Situation (Balzen, Gefragtwerden, Gefordertwerden usw.) zwei gleichzeitig auftretende affektive Bereitschaften: Freude am Kontakt (F) und die Angst davor (A). Aus Freude würde das geforderte Wesen mit Verhaltensweisen reagieren, die zur Annäherung streben: zum Beispiel durch Erwiderung des Blickkontaktes, mit Suchen nach Körperkontakt, Nachahmung, Beantwortung der gestellten Fragen, Mitarbeit bei der Förderung. Aus Angst heraus geschieht aber das Gegenteil: die Verweigerung des Blick- und Körperkontaktes, Flucht oder auch Aggression als Abwehrmechanismus. Es kommt darauf an, welche von den beiden Reaktionsbereitschaften die Oberhand gewinnt. Dies hängt von der Art des Herausforderers, aber auch von der Belastbarkeit und der Verarbeitungsfähigkeit des Geforderten ab. Bei einem hypersensiblen und ängstlichen Wesen, das möglicherweise in derartigen Situationen bereits schlechte Erfahrungen gemacht hat, übernimmt die ängstliche Reaktion die führende Rolle. Sie dehnt sich aus und erstickt schon im Keim die Bereitschaft zur Annäherung. Mit solchen Anfälligkeiten zur Angstentstehung ist das autistische Kind besonders belastet und neigt daher zur Abkapselung, zur Einigelung.

Mit diesem Wissen empfahl damals Tinbergen den Bezugspersonen autistischer Kinder, das autistische Kind nicht mit einer zu direkten, robusten Ansprache zu überfordern, sondern es eher indirekt zur Aufmerksamkeit zu »verführen«.

Diese Empfehlung empfand ich damals »wie Wasser auf meine Mühle«. Ja, genauso wie Roberts Mutter handelt, ist es richtig. Ich wollte den Eltern einige Tage nach meinem Stuttgarter Vortrag mitteilen, daß selbst der Nobelpreisträger unser Handeln bestätigt. Wir hatten ein Treffen auf dem Bauernhof vereinbart, zu dem wir mehrere Fachleute einluden. Es kamen die Sonderkindergärtnerin, der Sonderschulrektor, eine Logopädin aus Vorarlberg und ich von der Stuttgarter Kinderklinik (bei der ich zwischenzeitlich arbeitete). Viele neue Anregungen aus der Klinik und die Bestätigung Tinbergens, daß wir mit unserer Motivation »durch-die-Blume« richtig liegen, ließen mich mein Selbstbild als Oberhelferin angenehm, fast narzißtisch genießen. So fuhr ich mit Freude zu den versammelten Helfern nach Lindau.

Tinbergen mischt sich in meine Therapie ein

Und nun erfahre ich etwas Unglaubliches, das mir fast schicksalhaft erscheint: Ausgerechnet an dem Tag, an dem ich in meinem Stuttgarter Vortrag die Lehre von Tinbergen integrierte, war Tinbergen in Lindau und hat die Eltern von Robert zum Festhalten angeleitet. (Wenn ich es gewußt hätte, ich hätte es nie zugelassen, auch dann nicht, wenn dieser Tinbergen zweifacher Nobelpreisträger gewesen wäre!) Ebenso unfaßbar war für mich der zweite sogenannte Zufall: Ich habe nur einmal in meinem Leben eine Fallgeschichte so ausführlich dargestellt, wie die von Robert. Und dieser Robert ist nun das erste von den wenigen Kindern, bei denen Tinbergen eine Therapie einleitete, denn er selbst verstand sich nicht als Therapeut und suchte auch von daher nicht nach Patienten. Sein außerordentliches Engagement wurde damals durch den Hilferuf von Roberts Eltern ausgelöst. Sie haben an dem »historischen« Tag beim Frühstück die Lindauer Zeitung gelesen. Dort stand, daß, wie alle Jahre, so heuer wieder, die Tagung der Nobelpreisträger stattfindet. Dieses Mal wäre es der Bereich der Medizin. Es sei ein berühmter Tierverhaltensforscher, namens Tinbergen, eingeladen, der als Außenseiter der Medizin im Rahmen der Kinderpsychiatrie einen Vortrag halte. Sein Thema heißt: forcedholding nach Martha Welch, die wirksamste Therapie für autistische Kinder, die er unter ethologischen Gesichtspunkten begründete. Es sei eine neue Hoffnung für die schwer geplagten Eltern von autistischen Kindern. Ohne zu zögern haben Roberts Eltern ihn noch am gleichen Tag aufgesucht. Sie haben auf meine Beratung verzichtet. (Erst nach Jahren, als wir uns schon gut kannten, gestanden sie mir: sie haben mich bewußt gemieden, aus Angst, ich könnte ihnen den Versuch und die Hoffnung auf einen neuen Therapieerfolg ausreden.)

Niko Tinbergen und seine Frau Lis wurden auf ihrer Deutschland-reise von einem Ehepaar Hassenstein begleitet. Professor Hassenstein aus Freiburg ist Verhaltensbiologe. Er und seine Frau Helma haben sich in vielerlei Hinsicht für das Wohl des Kindes verdient gemacht. So haben sie u.a. die instinktiven Bedürfnisse eines Kindes mit anderen Nesthockern verglichen.

Diese großen Forscher waren also bereit, den Lindauer Obstbauern zu helfen. Sie klärten sie über die krankmachende Auswirkung einer abgebrochenen Bindung und über die Chance, sie durch das Festhalten wieder aufzubauen, auf. Die bodenständigen Eltern haben es sofort begriffen. Noch am gleichen Tag gingen Frau Tinbergen und Frau Hassenstein auf den Bauernhof und leiteten die Eltern zum Festhalten an, während die beiden Forscher sich den Diskussionen des Kongresses widmeten.

Roberts Mutter erzählte mir, daß es ihr grausam vorkam, den kontaktarmen Sohn gegen seinen Willen zu halten, so hautnah Bauch an Bauch, Brust an Brust und Kopf an Kopf. Das hätte sie sich zuvor nie getraut, um nicht das letzte Fünkchen seines Interesses für sie zu verlieren. Robert hat das Sitzen auf dem Schoß nur mit dem Rücken zu ihr und nur beim Füttern und Anziehen geduldet, und nie, um zu schmusen. Gegen die frontale Auseinandersetzung mit der Mutter, die ihn zum Blickkontakt aufforderte, wehrte er sich schreiend, wie in panischer Angst. Bei diesem erzwungenen Halten befürchtete die Mutter, daß der Bub noch verrückter werden muß. Frau S. bereute es jetzt, mich nicht vorher benachrichtigt zu haben. Sie glaubte, ich hätte ihr die Anwendung dieser Therapie ausgeredet. Wenn die beiden fremden und selbstsicheren Frauen nicht neben ihr gewesen wären, hätte sie aufgegeben. Sie hatte jedes Gefühl für die Zeit verloren. Die Einheit, die sie mit Robert spürte, erschien ihr wie eine Ewigkeit. Sie sei von seinem Schreien durchdrungen gewesen, so als wäre es die Stimme ihrer eigenen Ängste und Verzweiflungen. »So etwa nach einer Stunde hörte das Schreien auf, Robert entspannte sich spürbar, schmiegte sich zum ersten Mal an mich und schaute mich an«, erzählte Frau S. »Aber wissen's, Frau Prekop, das war endlich einmal ein richtiger Blick, der echtes Interesse für mich ausdrückte, so als wollte er mich fragen: ›Bist Du es Mama? Ja, Du bist es. Ich bin bei dir.‹ In dem Anschauen lag so viel drin, überhaupt nicht zu vergleichen mit unserer ›Yoghurt-Becher-Therapie‹.«

Als ich all dies hörte, fühlte ich mich wie in einem Alptraum. War wirklich *der* Tinbergen hier? Ist das derselbe Tinbergen, der die nichtdirektive Art der Ansprache eines autistischen Kindes rät und jetzt das totale Gegenteil empfiehlt? Vielleicht gibt es zwei Tinbergen? Oder bin ich noch dieselbe? Kann es sein, daß ich die englischen Ausführungen total mißverstanden habe? Wache ich oder träume ich? Ich war wirklich verwirrt. Am wenigsten dabei hat mich gestört, daß ich die Bekanntschaft Tinbergens versäumte (er war zwischenzeitlich schon wieder nach Oxford abgereist), noch war ich beleidigt wegen des therapeutischen Seitensprungs der Eltern. In ihrer Lage wäre ich mit einem schwer behinderten Kind bis ans Ende der Welt gereist, um Wunderheiler aufzusuchen. Aber ich fand es schlimm, den armen, übersensiblen Jungen gegen seinen Willen zu halten. Und am betroffensten war ich über Roberts Besserung. Er hielt sich häufiger in der Nähe der Mutter auf und lief nicht stets vor ihr weg, wie es vorher der Fall war. Es fiel ihm auch etwas leichter, Besuch von Freunden zu ertragen. Er wurde insgesamt freier für Veränderungen und somit auch fröhlicher und neugieriger. Vor allem freute sich die Mutter darüber, daß sie die Wand zwischen ihr und ihm selbst durchbrach, sie seine Ängste vor ihren Annäherungsversuchen besiegte und ihn endlich nach vielen Jahren an sich drücken konnte. Die Bindungsfähigkeit zur Mutter als Voraussetzung zur Beziehungsbereitschaft setzte ein.

Ja, so war es, vieles unverkennbar besser, stellten wir Helfer, die wir uns in Lindau trafen, fest. Zweifelsohne blieb Robert – und er ist es bis heute – wegen seiner schweren Hirnfunktionsstörung behindert, aber es war nicht zu leugnen: Er wurde gelöster und fröhlicher, hatte Freude an Körpernähe und am Blickkontakt gefunden, wurde weniger abhängig von seinen zwanghaften motorischen Selbststimulationen und sein Interesse für Menschen nahm auf Kosten seiner bisherigen übermäßigen Bevorzugung der leblosen Dinge zu. Es stand fest: Durch das Festhalten hat Robert in wenigen

Tagen mehr Fortschritte erreicht, und die Eltern haben mehr Sicherheit und Zuversicht gewonnen als durch mein in der Zwischenzeit publiziertes Therapiemodell in eineinhalb Jahren. – So, »als wäre alles für die Katz« gewesen. Was um Himmels willen soll das Festhalten?

Ich war wie gelähmt und nicht in der Lage, diese neue Erfahrung einzuordnen. Einen ganzen Sommer lang beschäftigte mich das Festhalten, ich trug es in mir, so als wäre ich schwanger, aber nicht fähig, es auszutragen. Zwischenzeitlich bekam ich von Tinbergen Briefe, in denen er sich für sein Einmischen in meine Therapie entschuldigte. Er meinte, mein therapeutisches Vorgehen nach einem Stufen-Modell wäre nicht schlecht und auch einigermaßen natürlich, aber es fehle das wichtigste Fundament. Das wäre die Wiederherstellung der Mutter-Kind-Bindung durch das Festhalten. Ich solle mich also für das Festhalten interessieren. Er verhalf mir zu dem Kontakt mit Martha Welch zu englischen und holländischen Holding-Therapeuten und scheute keine Mühe, mich mit fachlichen Auskünften und Konsultationen zu unterstützen. Es schmerzt mich, über all dies im Perfekt schreiben zu müssen. Als ich mich jetzt in meine Lindauer Wohnung zurückzog, um dieses Buch zu schreiben, erreichte mich die Nachricht von Tinbergens Tod. (Merkwürdigerweise wurde sie mir von Roberts Mutter überbracht, die ja die Begegnung zwischen Tinbergen und mir unbewußt vermittelte.)

Es ist sehr wahrscheinlich, daß ich das Festhalten nicht ernst genommen hätte, wenn mich Tinbergens Wahrhaftigkeit nicht beeindruckt hätte. Er erzählte mir, wie er zu dieser Wende gelangte. Es ist ein Ereignis von großer Tragweite, so wie auch unser aller Weg zum Festhalten von persönlicher Betroffenheit gekennzeichnet ist. Als er die von mir erwähnte Broschüre über die Angstanfälligkeiten der Autisten herausgab, bekam er einen Telefonanruf aus New York von Martha Welch. Sie wollte ihrem Ärger über seine Empfehlungen der sanften, indirekten Ansprache von Autisten Luft machen. Sie lasse die Kinder in sehr direktem Kontakt – nämlich mit forced-holding – behandeln und die Kinder machen alle wunderbare Fortschritte. Tinbergen erschrak. Er gehört in seinem Fach zu den ernsthaften Skeptikern und Prüfern, die nicht nur jede Beobachtung, sondern auch jedes Wort »auf die Waagschale« legen. Der Gedanke, mit seiner Publikation gewissermaßen einen Irrtum besiegelt zu haben, erschien ihm unerträglich.

Um sich Sicherheit zu verschaffen, suchte er alle Therapeuten im Bereich des frühkindlichen Autismus auf und studierte nachträglich deren therapeutisches Konzept und ihre Erfolgsrate. So reiste er auch zu Martha Welch und hospitierte in ihrem New Yorker mother-center beim forced-holding. Er erkannte, daß dieses therapeutische Konzept das instinkttreueste von allen bisher bekannten Konzepten ist. Er hatte den Mut, seinen Irrtum zu erkennen und seine Konsequenzen daraus zu ziehen. Mit vollen Kräften (er war damals 75 Jahre alt) und mit Hilfe seiner Frau Lis schrieb er ein neues Buch mit dem Titel »Autismus« – Untertitel »Fortschritte im Verständnis und neue Heilbehandlungen lassen hoffen«. In diesem Buch kam auf außergewöhnliche Weise seine lebenslange Forschung des instinktiven Verhaltens, die er zunächst an Vögeln, Fischen, Insekten u.a. machte, zum Tragen und das Erkennen der gleichen Gesetzesmäßigkeiten beim Menschen, dank der Konfrontation mit den autistischen Kindern. In sorgfältigen Schlußfolgerungen konnte das Ehepaar Tinbergen die Faktoren analysieren, die zum Autismus führen. Sie stellten die Wichtigkeit der frühen Anbahnung der Mutter-Kind-Beziehung fest und die Wichtigkeit der Festhalte-Therapie, sofern die Bindung, aus welchen Gründen auch immer, mißlang. Dieses Buch war Tinbergens letztes Buch und er selbst hielt es für sein wichtigstes.

Meiner verletzten Eitelkeit tat die Bekanntschaft mit einem Nobelpreisträger einerseits gut, sie machte mich andererseits aber auch unglücklich. Es erging mir nicht anders, wie dem Möwenweibchen beim Balzen, sobald es mit einem mächtigeren Gegenüber konfrontiert wird. Meine Ambivalenz breitete sich zwischen der Bereitschaft, die Begründungen und Empfehlungen des Festhaltens in die theoretische Praxis zu übernehmen, und meiner grundsätzlichen Skepsis aus. Ja, ich konnte Tinbergens Gedanken nachvollziehen, die durch Roberts Fortschritte bestätigt wurden. Aber ich fühlte mich irgendwie überrumpelt und befürchtete, meine Freiheitsideale zu verraten. Ich verhielt mich ähnlich, wie es Möwen tun, die sich in einer Konfliktlage weder für die Angstreaktion noch für die Annäherung entscheiden können. Sie schweben dazwischen und reagieren den Antrieb mit einer Übersprungreaktion ab. Wie die Möwe in dieser Ambivalenz ihre Bewegungen im Säubern der Flügel durch Picken mit dem Schnabel umorientiert, fand ich meine Ersatzhandlung im Rationalisieren. Ich bemühte mich, die verblüffend positive Auswirkung des Festhaltens mit ethologischen, neurophysiologischen, entwicklungspsychologischen und lernpsychologischen Begründungen zu klären und zu erklären.

Solange ich mich intellektuell plagte, war ich nicht in der Lage, diese Maßnahme an die Eltern weiterzugeben, nicht einmal an die Eltern, die mit ihren schwer autoaggressiven Kindern bis an die Grenze des Erträglichen gelangt waren. So wie alle anderen Therapeuten empfahl ich das Nichtbeachten der Autoaggressionen und die Zuwendung bei erwünschtem Verhalten, Psychopharmaka oder das Unterbinden der Autoaggressionen durch fixierende Bandagen. Also schon ein Festhalten, aber ein unmenschliches mit leblosen Schutzmitteln (wen wundert es, daß viele Autoaggressive eine Bindung zu dem Schutzmittel anknüpfen). Und trotzdem war ich nicht in der Lage, wenn die unglücklichen Eltern ihr sich massiv schlagendes Kind vorstellten – ein Häufchen Elend voller blauer Flecke und verhornten Hautstellen von den heftigen Schlägen gegen den Kopf –, zu sagen: »Liebe Leute, laßt doch nicht zu, daß sich Euer Kind so zurichtet, hindert es daran und haltet es solange im Arm fest, bis es zufrieden ist und sich nicht mehr selbst verletzen muß.« Nein, ich konnte es nicht. Ich ließ die Autoaggressiven sich blau schlagen, blutig beißen und isolierte sie von den Menschen, mal zur Strafe und mal zum Schutz vor sich selbst. Mir gönnte ich den Luxus des Denkens und der fachlichen Vorsicht, um somit gegen verletzende Kritik geschützt zu sein. Die in ihren selbstverletzenden Zwängen gefangenen Menschen habe ich ihrer eigenen Unfreiheit überlassen, während ich es genoß, meinen Freiheitsidealen treu zu bleiben. Solange ich versuchte, das Festhalten mit der Logik des Intellektes zu verstehen, stand mir dieser im Wege. Ich konnte es noch nicht mit der Logik des Herzens begreifen. Der kleine Prinz würde sagen: »Man sieht nur mit dem Herzen gut. Das Wesentliche ist für die Augen unsichtbar.«

Eine Selbsterfahrung erschließt mir die Logik des Herzens

Einige Monate nach meiner ersten Konfrontation mit dem Festhalten, habe ich es am eigenen Leib erleben dürfen. Es war ein heißer Sommertag, der Smog der ganzen Welt schien sich in Stuttgart angestaut zu haben. Ich hatte einen anstrengenden Tag mit einem ruhelosen Non-Stop-Programm hinter mir und die Beratungen nahmen immer noch kein Ende. Zu allem Übel trug ich an dem Tag ein Kleid aus Kunststoff-Faser, in dem ich schrecklich schwitzte. Ich hatte keine Zeit für eine kalte Dusche, erst zu Hause war dies möglich, aber bis dahin mußte ich noch 35 km auf der Autobahn fahren. Dort erwartete mich mein nervöser Mann, der jedes Mal Angst hatte, mir könnte ein Unfall zustoßen, und der mein tägliches Zuspätkommen als Rücksichtslosigkeit ihm gegenüber wertete. Und so reagierte er sich immer mit den gleichen Vorwürfen ab, daß mir wohl die Behinderten wichtiger seien als er, ob ich mir unter diesem Verhalten die Emanzipation vorstelle, dann sollten solche Frauen wie ich überhaupt nicht heiraten, usw.
Dieses Mal war es schon wieder so spät und somit der Krach vorprogrammiert. In aller Eile beendete ich die letzte Beratung und rannte zum Auto. Das stand den ganzen Tag in der Sonne und war völlig aufgeheizt. Übrigens kaufte mir mein Mann dieses Auto gegen meinen Willen. Es war ein Gebrauchtwagen, der zwar stabil war, aber nicht die zusätzlichen Bequemlichkeiten wie Schiebedach und vier Türen besaß, also kein Auto, das man schnell belüften konnte. Allmählich stieg die Wut auf meinen Mann in mir hoch. Wie ich so in dem alten Auto fuhr, wurde ich richtiggehend autistisch. Ich reagierte überempfindlich auf Temperaturunterschiede, auf das Berühren der Fellbespannung des Lenkrades. Ich nahm nur den Luftstrom durch das geöffnete Fenster und die Überholspur

wahr, wie ein Pferd mit Scheuklappen sah ich weder die anderen Autofahrer noch den Himmel. Ich dachte nur daran, wie ich meinen Mann meiden werde, der an der Türe mit vorwurfsvollem Gesicht und seiner üblichen Litanei auf mich warten und wie ich so schnell wie möglich unter die Dusche kommen würde. Ein unpassendes Wort hätte das Dynamitfaß zum Explodieren gebracht. Entgegen meinen Erwartungen empfing mich mein Mann sehr freundlich. Er sagte mir, wie schön es sei, daß ich endlich da sei, und daß er zum Abendessen frische Kalbsleber eingekauft habe.

An dieser Stelle möchte ich kurz unterbrechen und einen Rückblick auf die damalige Zeit werfen: Es vergingen einige Jahre und ich war bereits Witwe. An einem Sonntag bereitete ich für mich allein das Mittagessen, da rief Arno Gruen aus der Schweiz an, ein guter Freund seit Jahren und mein geistiger Verbündeter für das Festhalten. Ich sagte ihm: »Warte, ich stelle nur schnell den Herd ab, um mein Essen nicht anbrennen zu lassen.« »Was kochst du?«, wollte er wissen. Ich antwortete: »Kiloweise panierte Kalbsleber ohne Beilagen.« »Ach, Jirina, damals hat Dir Dein Valentin doch Dein Lieblingsessen gekauft«, erwiderte Arno und holte damit für mich eine ganz verdrängte und verschüttete Erinnerung hervor. Ja wirklich, Valentin hatte damals für mich – und nicht für sich – die Kalbsleber gekauft. Er wollte sie mit mir gemeinsam essen und schauen, wie es mir schmeckt. Aber das habe ich damals nicht wahrgenommen, sondern:

Also das hat mir noch gefehlt! Ich soll für ihn das Abendessen kochen, als hätte er es nicht selbst machen können? Diese Rücksichtslosigkeit, als wüßte er nicht, daß ich müde heimkomme und von der Hitze genug habe – und jetzt noch ein warmes Abendessen! Ich kochte so vor Wut, daß jedes Wort von mir einen für mich unerträglichen Krach ausgelöst hätte. So sagte ich lieber nichts, verzichtete auf die Dusche und ging in die Küche, um für meinen Valentin – und ganz gewiß nicht für mich – die Leber zu braten. Die Küche wurde zu einer weiteren Nervenprobe für mich. Sie befand sich in einem noch im Bau befindlichen Fertighaus, das mein Mann ebenfalls gegen meinen Willen gemietet hatte. Die Jalousien und die Lüftungsanlage fehlten noch. Somit mußten den ganzen Tag die Fenster geöffnet sein und die Fliegen schwirrten einem um den Kopf herum. Ich stand am Herd und bebte immer noch vor Wut. Es war wie eine Folterkammer. Den Luftdurchzug zum Eßzimmer durfte ich nicht machen, da mein Mann beim Riechen der Küchendüfte den Appetit verlor. Wie ich wegen der geschlossenen Türe fluche, kommt mein Mann herein, schließt sie gleich wieder und legt den Arm auf meine Schulter. Oh, das hätte er nicht machen sollen. Seine Berührung brachte meine angestaute Wut vollends zur Explosion. »Laß mich in Ruhe!«

Und nun lege ich wieder eine kleine Besinnungspause ein. Mein Mann hätte unterschiedlich reagieren können. Er hätte beleidigt sein, auf meine Zuwendung und mein Kochen verzichten und in den nächsten Gasthof gehen können. Er wäre dort alleine oder mit anderen, und ich wäre, kalt geduscht, auch alleine und vielleicht vor dem Fernseher eingeschlafen, wie es heute in so vielen Familien geschieht. Vielleicht hätten wir uns wegen der Leber so zerstritten, daß es zur Scheidung geführt hätte. Die meisten Beziehungen gehen dann auseinander, wenn sich viele solcher scheinbar kleinen Störungen angestaut haben. Oder, wie mir einmal ein »reiner« Verhaltenstherapeut (der nebenbei gesagt ein Widersacher des Festhaltens ist) riet, hätte sich mein Mann auch ganz vernünftig und beherrscht verhalten können, indem er mir gesagt hätte: »Liebe Frau, Du brauchst Dich nicht zu erregen. Du hast ein Recht auf Emanzipation und berufliche Selbstverwirklichung und auf Deine Erholung. Dusche Dich bitte, ich mache zwischenzeitlich die Leber und serviere für uns beide im Eßzimmer.« Oh, du liebe Güte, wen belehrt der Therapeut? Natürlich haben mein Mann und ich immer wieder Kompromisse schließen müssen. Aber glücklicherweise lebten wir nicht nur diese Mitte, sondern trauten uns auch, Spannungen auszutragen und dann wesentlich intensiver unsere Höhen und Tiefen zu erleben. Mein Mann hatte diese Polarisierung intensiver als ich in sich. Er war kein lauer Mensch, sondern ein Slowake, der zum Himmel jauchzen und zu Tode betrübt sein konnte.

Mein Valentin hat sich von mir weder beleidigen lassen, noch wich er dem Problem mit Beruhigungsstrategien aus. Er hat mich umgedreht, an sich gedrückt, festgehalten und mich mit Liebe und Humor gefragt, warum ich mich gegen seine Liebe aufbäume? Ich habe gezappelt und ihn angeschrien, er solle mich sofort loslassen. Es war unerträglich: Die heiße Küche mit der geschlossenen Türe und den summenden Fliegen, nach dem zermürbenden Tag, mit der Wut in meinem Bauch gegen den Mann, der mir aus seiner Sicht das Auto kaufte und mich zum Herd verdonnert. Ich schimpfte und suchte nach Ausreden, daß ich noch nicht geduscht habe, daß die Leber verbrennt, daß er auch schwitze und zuerst duschen müßte, daß er es lassen soll, daß es ekelerregend wäre. Er gab mir keine Antwort, sondern hielt mich ohne Unterlaß dicht in seinem Arm und wiegte mich, als wäre ich ein kleines Kind. In mein Herz drang seine Baßstimme: »Ist ja gut, ist gut, oh, Du Liebe, mußt so viel schimpfen.« Ich spürte, daß er mal wieder der ruhende Pol für mich war, daß ich ihm so wichtig bin, daß er mich auch dann mag, wenn ich durchdrehe.

Plötzlich begriff ich, was das Festhalten eigentlich bedeutet. Ich schmiegte mich erlöst an meinen Mann an und lockerte allmählich die Umarmung, noch bevor die Leber verbrannte. Ich konnte es wohl deshalb so schnell begreifen, weil in den Monaten der intellektuellen Auseinandersetzung der Boden in mir für das Verständnis des Festhaltens vorbereitet war. Ich begriff, daß nicht nur das autistische Kind, sondern jeder Mensch, ob jung oder alt, behindert oder genial, Mann oder Frau, das Festhalten braucht, und zwar immer dann, wenn er weder sich selbst, noch den Nächsten leiden kann. Wenn dem Menschen die Liebe, die ihn menschlich macht, abhanden gekommen ist, dann braucht er die Erfahrung, daß es einen liebenden Menschen gibt, der zu ihm hält, ihm den Halt gibt und ihn aufmuntert: »Schrei Dich aus und wein Dich aus. Ich halte Dich so lange, bis Du wieder Freude für die Liebe gewinnst und Du Dich frei fühlst.«

Wenn mein Widerstand nicht gewesen wäre, hätte mir auch die Vorbehaltlosigkeit einer solchen Liebe nicht eingeleuchtet. Mein Valentin liebte mich auch, wenn ich nicht gut zu ihm war, also nicht nur unter bestimmten Bedingungen, die er sich von einer idealen Frau erträumte. Mit diesem Erlebnis wurde ich erst reif für das Weitergeben des Festhaltens. Gleich am nächsten Tag traute ich es mir zu.

Meine anfänglichen Hemmungen vor der praktischen Anleitung

Zunächst traute ich mich nur, das Festhalten mündlich weiterzuempfehlen. Ich erklärte es ausführlich, trug Begründungen der Verhaltensforscher und Tiefenpsychologen zusammen, berichtete von Tinbergen und wie ich seine Bekanntschaft machte, erzählte von den guten Erfahrungen der Familie S. und schickte skeptische Eltern zu ihnen.

Ich führte vor, wie man das Kind halten sollte, so wie es mir englische und holländische Holding-Therapeuten im Hause von Tinbergen gezeigt hatten. Damals waren auch die Schüler von Martha Welch noch am Anfang ihrer Erfahrungen. Sie richteten sich deshalb nach einem bewährten Schema: das Kind sitzt auf dem Schoß der Mutter so, daß es sie anschauen kann. Es hat seine Arme unter den Armen der Mutter, und die Mutter hält den Kopf des Kindes in den Händen und fordert es immer wieder zum Blickkontakt auf. Der Vater hilft mit, indem er die Hände des Kindes auf dem Rücken der Mutter hält. Am liebsten demonstrierte ich es an einer Puppe oder an der Mutter selbst, so als wäre sie das Kind. »Machen Sie es zu Hause«, war meine Empfehlung. »Der Anlaß ist wichtig. Tun Sie es, wenn sich Ihr Kind aufgrund seiner zwanghaften Selbststimulationen in Ekstase befindet und auf Sie nicht hört. Unterstützen Sie sich als Eltern gegenseitig.« Nur Worte – Worte. Zum Glück floß auch etwas von meiner eigenen Betroffenheit mit ein, wenn ich von meinem Schlüsselerlebnis mit Valentin berichtete. So wirkte ich auf die Eltern überzeugend.

Manche Eltern befolgten meine Empfehlungen aus reiner Verzweiflung. Ich denke an die Mütter, die sich am Rande eines Nervenzusammenbruches befinden, weil sie ihre autoaggressiven Kinder mit ihren Destruktionen nicht eine Minute aus den Augen lassen können; die sich in Frage stellen: was bin ich für eine Mutter, die von ihrem Kind nicht angeschaut, nicht gehört und nicht berührt wird? Der Leidensdruck war also für die therapeutische Einsicht und Bereitschaft verantwortlich. Die quälenden Fragen, die ich mir stellte, erübrigten sich für die Eltern, denn für sie konnte es gar nicht mehr schlimmer kommen. Er erschienen aber auch Eltern, die sich nach dem Kurzbericht in der Presse über Tinbergens Vortrag das Festhalten zutrauten und mich erst hinterher um therapeutische Unterstützung baten. Mehrere Eltern berichteten über gute bis wunderbare Erfolge.[3]

Rückblickend kann ich schwer analysieren, was mich an der praktischen Anleitung gehindert hat. Die Ungewißheit, ob ich die aufgewühlte emotionale Dynamik zu einem guten Ende steuern kann? Die Angst vor der Verantwortung? Die Angst davor, schlafende Hunde zu wecken, die ich weder kenne noch beherrschen könnte? Die Angst vor dem Sturz in das Gefühlsbad, in das Miteinander mit der Familie? Die Bequemlichkeit? Jedenfalls hatte ich mir Sicherheit in der intellektuellen Distanz, im Reden, im sachlichen Prüfen verschafft.

Obwohl ich am eigenen Leibe erfuhr, daß das Festhalten nicht nur dem Autisten gut tut, prüfte ich in jedem Fall, ob das Kind auch autistisch genug war, um das Festhalten anzuleiten. So penetrant genau, wie damals, war ich vorher nie in der Differentialdiagnose. Auch die Berechtigung für mein Festgehalten-Werden durch Valentin führte ich auf meine autistischen Züge zurück. Ich suchte krampfhaft in meiner Vorgeschichte. Ich hatte doch schon immer den Hang zur Selbststimulation, oder? Erzählten sich nicht die Tanten bis heute, daß ich mich unter den Weihnachtsbaum verkroch, um die glänzenden Kugeln zu beobachten – anstelle mit der Familie das Weihnachtsfest zu feiern? Ja, ich habe sogar eine von den Kugeln aufgegessen und der Weihnachtsabend endete mit einem Transport ins Krankenhaus. War ich als Kind nicht eigentlich zu scheu und sprachgehemmt? Neigte ich nicht in persönlichen Krisen dazu, mich mit einer bestimmten Selbststimulation, in übermäßiger Intensität und von langer Dauer, zu betäuben, so etwa das Hören von Tschaikowskis Klavierkonzert b-moll mit hoher

Lautstärke, immer und immer wieder? Oder vielleicht gab ich damals auf meiner Auto-Heimfahrt den leblosen Dingen, wie Wasser und Dusche, den Vorrang vor den Menschen (ähnlich wie es ein Autist täte)?

Bei diesem gewissenhaften Prüfen entging mir ganz, daß eigentlich jeder von uns immer wieder autistisch wird, wenn er sich selbst beruhigen und seine Kräfte zu sammeln versucht. Zu welcher Schmalspurigkeit doch ein Fachmann verleitet wird, und wie autistisch er in seinen Gedanken und Kenntnissen kreisen kann!

Man hätte mir damals keine größere Freude machen können, als mit einem Hinweis auf einen neurophysiologischen oder lernpsychologischen Zusammenhang. So sprang ich sofort auf eine Information an, daß beim Festhalten eigentlich eine systematische Desensibilisierung von Ängsten durch »flooding« abläuft. Ich war auch begeistert von der Information, daß durch die vestibulär-kinästhetisch-taktilen Anregungen die niedrigsten Hirnregionen neu organisiert werden, nämlich das retico-thalamo-corticale System und damit auch die Verknüpfungen mit dem limbischen, Affekte vermittelnden System. Bis heute übt die Forschung über die körpereigenen Opiate eine Faszination auf mich aus. Ich bin überzeugt davon, daß diese Opiate durch die wiederholte Anwendung von Ersatzbefriedigungen im Übermaß sensibilisiert werden, zur Sucht führen und daß das Festhalten den Entzug auslöst. Ich weiß, daß die wissenschaftliche Forschung diese Wege gehen muß, und ich würde das Beweisen so gerne unterstützen. Ich weiß aber auch über die Gefahren Bescheid. Jedesmal führte mich das rationale Analysieren von dem Erlebnis der Liebe weg. Je mehr ich mich vor dem starken Gefühl fürchtete, um so mehr flirtete ich mit den Theorien und berauschte mich mit dem Intellekt. Das Gleiche erlebte ich auch mit den »wissenschaftsgierigen« Gesprächspartnern. Dort, wo die Angst am Werke war, sprach man von Adrenalinausschüttung, und dort, wo die Liebe floß, von positiver Verstärkung, oder man interpretierte das Festhalten auch als Strafe.

Es wäre mir damals zu billig vorgekommen, von der Liebe zu sprechen. Das demütige Erkennen, daß ich Liebe nicht erfasse, selbst dann nicht, wenn ich »mit Engelszungen reden und alle Geheimnisse der Wissenschaft kennen würde«, war mir damals noch nicht ganz bewußt. Ich ahnte etwas Großartiges, aber ich war noch nicht so weit. Die Angst vor dem Verlust der bisherigen Sicherheiten war zu groß, und so wich ich in eine intellektuelle Analyse aus. Ich zerlegte das Ganzheitliche in Einzelteile und konnte, mußte und durfte es somit auch nicht erfassen.

Nochmals erinnere ich an Tinbergens Schema von der affektiven Ambivalenz.

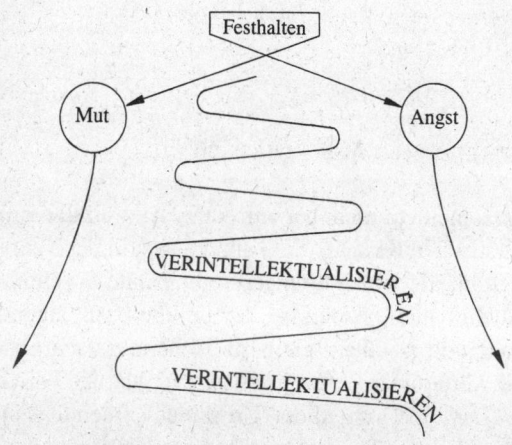

Die beiden Verhaltenstendenzen haben sich gegenseitig gehemmt und bei diesem Konflikt kam die »dritte«, das Verintellektualisieren, zum Durchbruch, obwohl diese den biologischen Zweck nicht erfüllte. Es war die »Übersprungsbewegung«, wie man im Wörterbuch der Verhaltensforschung nachlesen kann.

In der Zwischenzeit wurde Tinbergen von einigen Autismus-Kennern – Kinderpsychiater und Sonderpädagogen – schwer angegriffen. »Der Schuster solle bei seinem Leisten bleiben«, in dem Fall bei seinen Tieren, und sich nicht in die kinderpsychiatrische Problematik einmischen. Manchmal hätte ich mich dieser Gegenwelle gerne angeschlossen oder mich zumindest aus allem herausgehalten. Ich verstehe die Skeptiker und die Widersacher gut, sehr gut sogar! Es erging mir ja nicht anders. Ich hätte beinahe auch zu denen gehört.

Noch einige Monate habe ich mich aus der praktischen Anleitung des Festhaltens herausgehalten, mich dabei aber nicht wohl gefühlt. Zwar genoß ich die Berichte von mutigen Eltern, die wie Wunder klangen, sah mit Vergnügen die aufgeschlosseneren Kinder und wärmte mich an dem gefundenen Glück der Familien, aber ich war nicht in der Lage, die Eltern, die viel tapferer als ich waren, zu bitten, das Festhalten in meiner Gegenwart zu machen. Was tue ich bloß, wenn es einmal auf mich zukommt?...

Ich leite zum ersten Mal praktisch an

Eines Tages meldete sich bei mir eine Arztfamilie mit ihrem schwer autistischen Kind an. Sie kannten sich in der Therapieszene recht gut aus, da sie schon mehrere bekannte Psychotherapeuten aufgesucht hatten, jedoch bei keinem die überzeugende Hilfe fanden. So waren sie auch schon zu Tinbergen nach Oxford gefahren und wären auch bereit gewesen, zu Martha Welch in die USA zu reisen. »Warum diese Umstände«, meinte Tinbergen, »nach Stuttgart haben Sie es viel näher, ein Katzensprung für Sie. Dort hat eine Frau Prekop die Festhalte- Therapie übernommen. Sie hat schon mehreren Familien helfen können. Gehen Sie einfach zu ihr.«

Und nun waren sie da! Der schwere Autismus bei dem Jungen war unverkennbar und die Indikation für die Festhalte-Therapie stand außer Frage. Ich wollte die Durchführung des Festhaltens theoretisch erklären, aber das erübrigte sich, da es Tinbergen schon selbst gemacht hatte.

»Nun, machen Sie es zu Hause«, empfahl ich warmherzig.

»Wenn wir den Mut dazu hätten, hätten wir es schon längst getan, liebe Frau Prekop. Wir kommen deshalb zu Ihnen und gehen nicht früher von hier weg, bis Sie es mit uns gemeinsam durchgestanden haben.«

Blitzartig suchte ich nach Ausreden: »In der Kinderklinik haben wir keinen Raum, in dem man schreien kann, ohne die Behandlung in den Nachbarzimmern beträchtlich zu stören. Wir müßten höchstens auf einen Termin in den Abendstunden ausweichen, wenn die Ambulanz nicht besetzt ist. Aber ich habe in absehbarer Zeit keinen freien Abendtermin. Schade um die verlorene Zeit, nicht wahr? Versuchen Sie es doch ohne mich. Sie werden ein gutes Gefühl bekommen, von mir unabhängig zu sein.«

Die Eltern ließen sich so nicht abfertigen, im Gegenteil, sie waren viel ideenreicher als ich. Sie boten mir an, daß ich sie in ihrem eigenen Haus anleiten kann. Soweit müßte ich da nicht fahren. »Weit genug für mich, denn ich fahre im Winter nicht gerne mit dem Auto. Ich muß dann die öffentlichen Verkehrsmittel benützen und das kostet mich einen ganzen Tag.« »Dann schicken wir Ihnen einen erfahrenen Autofahrer.« Gegen diese endgültige Lösung fand ich kein Gegenargument mehr.

Also gut, dann machen wir es so. Oh je, war ich nervös und angespannt, wie vor einer Operation oder einer wichtigen Prüfung. Als zum vereinbarten Zeitpunkt das Telefon läutete, fiel mir mein Herz »in die Hose«. Wie erlöst war ich, als sich am anderen Ende der Leitung der Fahrer entschuldigte, er sei wegen eines starken Schneesturmes mit dem Auto steckengeblieben. So verschoben wir den Termin um eine Woche. Ich war froh! Aber dann war es doch soweit. Es war ein klarer sonniger Wintertag und der Autofahrer war pünktlich da. Es klappte alles »wie am Schnürchen« und es gab für mich kein Kneifen mehr.

Ganz gegen meine Erwartung empfingen mich die Eltern in einer fröhlichen Stimmung. Gleich nach der Begrüßung erzählten sie, daß sie das Festhalten tatsächlich selbst durchgeführt haben, sogar schon zweimal. Sie konnten mein Kommen nicht abwarten. Nach der Terminverschiebung war der Kelch zum Überlaufen voll. Der Anlaß zum Festhalten habe sich ganz spontan ergeben. Der kleine Matthias schaukelte auf der Polstergarnitur vor sich hin, auf der der Vater saß, um fernzusehen. Er wollte den Jungen zärtlich an sich drücken, doch diesem war es nicht recht und er wendete sich mit Unbehagen ab. Er steigerte sich noch mehr in seine motorischen Stereotypien hinein. Der Vater, bewegt durch seine Enttäuschung, seinen Schmerz, aber auch seine Hoffnung, habe den Buben auf seinem Schoß festgehalten. Matthias habe nach anfänglichem Widerstand zum ersten Mal gerne geschmust, ja sogar danach verlangt. Am nächsten Tag wollte die Mutter ihre Sehnsucht nach den Liebkosungen mit dem Jungen nicht mehr weiter unterdrücken. So glücklich wie heute seien die Eltern schon lange nicht mehr gewesen.

»Das ist ja toll«, atmete ich erleichtert auf. »Dann können wir jetzt die Zeit für das Reflektieren über Ihre Erlebnisse nützen.« Angesichts des bereits fertiggestellten kalten Buffets konnte ich mir das Gespräch recht gemütlich vorstellen, so mit Speis und Trank und dem guten Gefühl der erwachten Liebe zwischen Eltern und Sohn. Die Eltern waren mit meinem Vorschlag einverstanden. Bevor wir uns an den Tisch setzten, hörten wir Matthias in seinem Zimmer schreien. Auf meine Frage nach dem Grund, meinten die Eltern, daß es wohl mit meiner Anwesenheit zusammenhinge, denn vor Veränderungen habe er immer noch Angst.

Jetzt kam meine Stunde. Ich hatte nur zwei Möglichkeiten: wenn ich Matthias Veränderungsängste akzeptiere und toleriere, wäre die logische Konsequenz, daß ich wegginge. Das hieße dann, daß ich auf das gemütliche Essen verzichte, meine Einstellung zum Festhalten verrate und somit meine Glaubwürdigkeit und mein Selbstvertrauen verlieren muß.

Im Grunde genommen kam nur die zweite Alternative in Frage: »Matthias muß lernen, daß er sich seinen Eltern anvertrauen und ihren spürbaren Schutz ertragen kann und die Ängste vor Fremden entweder aushalten muß oder aufgeben kann. Ich bleibe solange hier, bis er diese Erfahrung gemacht hat. Halten Sie ihn fest und lassen Sie ihn die Geborgenheit spüren.«

Auf diese Weise begann ich mit der praktischen Anleitung. Noch nie mußte ich so staunen über den Wert des eigenen Erlebens, wie bei der Vermittlung des Festhaltens. Der Widerspruch zwischen der Sehnsucht des Gehaltenwerdens und dem Protest dagegen, die Hemmung vor der praktischen Anleitung, die Berechtigung zum Festhalten des Nächsten über seinen eigenen Willen hinaus – dies alles wurde mir in diesem Augenblick bewußt. Ich erinnerte mich jetzt auch an das Erlebnis des Festgehaltenwerdens durch meine Mutter; es war verschüttet, weil ich ihm damals wohl nicht die Bedeutung beimessen konnte.

Und noch eine weitere Erinnerung ist mir wichtig geworden. Ich erkannte die Grenze zwischen dem Halten und dem Festgehalten-Werden, wie auch die Wahrnehmung des Sichfallenlassens bei einem Menschen, der mich mehr liebt, als ich erwarte und verlange. Diese Erinnerung wäre wohl ebenfalls verschüttet worden, wenn wir uns nicht bei einem Symposium für Festhaltetherapeuten darüber unterhalten hätten. Es kam die Frage auf, wer von uns Therapeuten schon seine eigene Mutter festgehalten hat. Gemeint waren unsere älter werdenden, nörgelnden, manchmal böse und lästig wirkenden Mütter.

Nur eine beschämende Minderheit hatte es schon getan. Ich wage es, mich zu dieser Minderzeit zu zählen, da ich mich an eine einzige Situation erinnern konnte, in der ich meine Mutter festgehalten habe – mehr war es leider nicht.

Nachdem wir schon einige Jahre in Deutschland waren, konnte uns endlich meine Mutter zum ersten Mal besuchen. Wir holten sie mit dem Auto von der tschechischen Grenze ab und fuhren zu uns auf die Schwäbische Alb. Die Mutter war schon alt und gebrechlich. Von dem ihr ungewohnten Autofahren wurde ihr übel und sie mußte sich übergeben. Wir hielten am Straßenrand an und ich hielt ihren Kopf in meinen Händen, so wie sie es früher bei mir tat, wenn ich krank war. Sie war nicht mehr die mächtige Mutter, sie war nur noch ein Häufchen Elend. Dies war kein Festhalten, sondern nur ein Halten. Es war auch kein Festhalten, als ich sie im Auto sitzend in meinem Arm hielt wie ein kleines Kind. Sie genoß es sichtlich. Es war seltsam für uns beide. Wir haben einen so lang andauernden Körperkontakt seit Jahren, seit meiner Kindheit, nicht mehr gehabt. Je mehr ich mich abnabelte, um so weniger geschah es. Während wir uns in meinen Kinderjahren mindestens einmal täglich beim Gute-Nacht-Sagen einen Kuß gaben, geschah dies in meinem Erwachsenenalter nur noch bei Antritt einer längeren Reise zum Abschied. Nun, nachdem meine Mutter eine ganze

Weile so an mich gelehnt saß, sagte sie: »Es geht mir schon besser, Du kannst mich loslassen.« Sie richtete sich auf und bewegte sich weg von mir. Ich ließ sie aber nicht los und drückte sie an mich. »Nein, nein, Mami, hier bleibst Du, bei mir!« Sie wehrte sich noch kurz, klammerte sich aber dann plötzlich an mich und fing bitterlich zu weinen an. Sie bat mich weinend um Verzeihung, daß sie mich weniger geliebt hatte als meine ältere Schwester. Zum ersten Mal hörte ich es aus ihrem Munde. Ich hatte sie schon als Kind immer danach gefragt, aber sie hatte immer einen Spruch auf Lager, mit dem sie mich aufheitern wollte, mich angelogen hatte und sich selbst herauswinden konnte. »Das gibt es nicht, daß eine gute Mutter eines ihrer zwei Kinder weniger liebt. Ihr Kinder seid ein Teil meines Körpers, so wie diese zwei Finger an meiner Hand. Schneide in jeden hinein, jeder tut gleich weh.« Oder sie sagte: »Oh, Du Dummerle, Du bist ja gar nicht unser eigenes Kind. Wir haben Dich auf der Straße gefunden. Zigeuner haben Dich ausgesetzt.« Stillschweigend nahm ich diese Aussagen hin und auch ernst, was meine Mutter nicht ahnte. Vielleicht hätte sie mich bestraft, wenn ich ihren Galgenhumor ernst genommen und als Beschuldigung gegen sie benutzt hätte? Dieses Mal konnte sie sich und auch mir gegenüber die Wahrheit eingestehen, weil sie spürte: ich bin die Stärkere, die diese Wahrheit ertragen kann. Sie spürte, daß ich sie über ihr Verlangen hinaus liebe, weil ich mehr gab, als sie verlangte und weil ich vergeben konnte. So war es auch. »Das habe ich schon immer gewußt, Mami. Darüber bin ich längst hinweg. Ich bin doch schon groß. Weine Dich nur aus. Es ist alles wieder gut. Ich mag Dich so, wie Du bist.«

Hätten wir die nächsten Jahre weiterhin in der körperlichen Distanz über unsere Beziehung geredet, wäre die Wahrheit nie herausgekommen. Das Geständnis und die Versöhnung in der Verschmelzung der Tränen, des Schmerzes, des Schweißes, und des Erbrochenen war eine nachhaltige Erfahrung.

Leider wußte ich damals noch nichts über die Heilkräfte in dem festhaltenden Körperkontakt und maß ihnen noch keine Bedeutung zu. Damals erklärte ich mir die Wende meiner Mutter durch andere Umstände, etwa die lange Trennung oder das Erfahren, daß ich doch der einfühlsamere Helfer bin als meine ältere Schwester. (Um ihr das zu beweisen und um ihre Liebe zu gewinnen, bin ich ja auch ein Helfer geworden!) Erst Jahre später konnte ich das Erlebnis einordnen. So frage ich mich heute: warum habe ich sie nicht öfter festgehalten, solange sie noch lebte? Vielleicht hätte sie ihr Älterwerden zufriedener erleben können? Vielleicht hätte sie in meinen Armen sterben können?

Und ich frage weiter: Wie kommt es, daß wir der alten Mutter durchaus zumuten, von den technischen Geräten einer Intensivstation festgehalten zu werden (wie oft dies gegen den Willen der Betroffenen geschieht, ist überhaupt nicht nachprüfbar), sie aber in ihrem seelischen Leid nicht in den eigenen Armen festhalten können und wollen? Wie kann es möglich sein, daß wir bereit sind, dieses Festhalten als Gewalt, Strafe und Willensbrechen zu interpretieren, anstatt darin die Tiefen und Höhen der Liebe zu ahnen und zu erhoffen? Woher kommen unsere Ängste und Hemmungen, die mächtiger als unser Einfühlungsvermögen sind, und unsere Bereitschaft zur tatkräftigen Liebe?

Voraussetzungen für ein gutes Festhalten

Einige Gedanken zum Thema Liebe

Vorbehaltlosigkeit – Geborgenheit – Aktivität
Liebe ist erst dann Liebe, wenn sie vorbehaltlos, uneingeschränkt, endlos ist. Das heißt, Liebe kann nicht an bestimmte Bedingungen oder einmalige Situationen gebunden sein.
Einige Beispiele: Ich hätte die vorbehaltlose Liebe nicht spüren können, wenn ich sie nur bei Angst, Krankheit, Pech (volle Hose), Gehorsam und freiwilligem Helfen erlebt hätte. Ich fühlte mich ungeliebt, wenn ich meiner Mutter eine sie verletzende Wahrheit sagte oder wenn ich sie anlog. Ähnlich wird es einem Kind ergehen, wenn es in der Schule versagt, wenn der Vater dem Kind nur einmal sagt: »Ich liebe Dich, auch wenn Du immer schlechte Noten in Mathematik hast.« Eine solch einmalige Liebeserklärung könnte eher verdächtig sein, wie eine Erpressung wirken. Beim nächsten Mal werde ich doch wieder in Frage gestellt. »Warum schon wieder der Fünfer?« Die Geschichte vom verlorenen Sohn wäre wohl nicht überliefert worden, wenn der Vater ihn nur ein einziges Mal angenommen hätte. Jener Gott, in dessen Hand ich mich nur dann gehalten fühlen kann, weil ich gerade aus dem Beichtstuhl komme, weil ich gerade keinen Anlaß für eine Sünde habe, da mich meine Feinde im Moment in Ruhe lassen – das wäre nicht der unendlich barmherzige, auch seine Feinde liebende Gott, den ich erwarte, den ich lieben und an den ich glauben kann. Er wäre begrenzt.
Von der Unendlichkeit einer Liebe kann ich erst überzeugt sein, wenn ich mich sicher auf sie verlassen kann. Sie muß immer da sein, wenn es mir dreckig geht, wenn ich schwach bin und mich abgelehnt fühle. Ja, sogar dann, wenn ich von der Liebe nichts wissen will. Ich will um meiner selbst willen geliebt werden, als ganze Person und nicht wegen bestimmter Aspekte, die dem

anderen im Augenblick gefallen. (Was weiß ich, wie lange sie ihm noch gefallen werden?) Ich will nicht nur im Hier und Jetzt geliebt werden, wenn ich es gerade brauche und es dem anderen gut tut. Und ich will auch nicht nur wegen meiner Vergangenheit geliebt werden, weil ich ein so kuscheliges Baby war oder weil die erste gemeinsame Nacht so unvergeßlich ist. Ich will auch nicht wegen meiner Zukunft geliebt werden, weil ich eine steile Karriere vor mir habe. Ich möchte *bedingungslos* geliebt werden, selbst dann, wenn ich manche Erwartungen nicht erfüllen kann.

Liebe ist kein passiver Zustand, sie gibt mehr als Sicherheit, sie läßt Geborgenheit erleben. Sicher kann ich mich auch unter dem Schutz von professionellen Helfern fühlen. Auch diese erfüllen die Bedingung der Sicherheit, nämlich, daß ihre Handlungsweise meinen Erwartungen zuverlässig entspricht. Eine solche Sicherheit kann ich auch bei exakt funktionierenden Geräten empfinden, sie sind meist sogar noch zuverlässiger als Menschen. Aber das Wort Geborgenheit beinhaltet das aktive Fühlen und Handeln der Nächsten – hauptsächlich der Eltern: das Mitfühlen, der Schutz, der Trost und die Liebe, selbst dann, wenn etwas nicht funktioniert, die Treue, das Miteinander. Zur Liebe gehören Geben und Nehmen. Wir neigen dazu, diese beiden Größen in einem Gleichgewicht zu sehen, und wir wissen, daß das Überwiegen des Nehmens Egoismus wäre, der eigentlich die Liebe ausschließt. Jedoch stellt auch das Gleichgewicht des Gebens und Nehmens nicht die Bedingung der Liebe dar, vielmehr geht es um das Geben. In seinem bekannten Buch »Die Kunst des Liebens« schreibt Fromm: »Liebe ist eine Aktivität und kein passiver Affekt. Sie ist etwas, das man in sich selbst entwickelt, nicht etwas, dem man verfällt. Ganz allgemein kann man den aktiven Charakter der Liebe so beschreiben, daß man sagt, sie ist in erster Linie ein *Geben* und nicht ein Empfangen… Für den produktiven Charakter… ist Geben höchster Ausdruck seines Vermögens. Gerade im Akt des Schenkens erlebe ich meine Stärke, meinen Reichtum, meine Macht. Dieses Erlebnis meiner gesteigerten Vitalität und Potenz erfüllt mich mit Freude. Ich erlebe mich selbst als überströmend, hergebend, lebendig und voll Freude… Geben bereitet mehr Freude als

Empfangen, nicht deshalb, weil es ein Opfer ist, sondern weil im Akt des Schenkens die eigene Lebendigkeit zum Ausdruck kommt.«[5]

Erst im Geben offenbart sich die Kraft, mit der die Liebe in das Herz dessen eindringt, den wir lieben. Diese Kraft wird auch für den Gebenden zur Quelle seiner Selbstliebe. Die Selbstliebe ist nicht weniger berechtigt wie die Liebe zum Nächsten. Sollte aber die Selbstliebe überwiegen, wäre das Geben eher die Waffe des Hochmütigen. All die genannten Eigenschaften, das Geben, die Stärke, der Reichtum, die Potenz würden dann gegen den Nächsten angewandt werden. Sie werden ihn ärmer und schwächer machen, ihn beschämen und erniedrigen und ihn in die Dankbarkeit und in die Verpflichtung zur Liebe zwingen. (»Merkst du, liebes Kind, wie ich mich für dich aufopfere und was ich für dich tue? Und was bekomme ich dafür von dir?«)

Ausschließlich *das Gleichgewicht von Selbstliebe und Nächstenliebe macht die Liebe zur Liebe.* Dies ist die einzige Bedingung der Liebe.

Einfühlen – Achtung

Wie aber weiß ich, was meinem Nächsten gut tut? Was bestimmt das Maß meiner Fürsorge und Verantwortung? Die Antwort darauf weiß wiederum nur die Liebe. Einerseits müßte ich von meiner Selbstbetrachtung ausgehen, die von der Selbstliebe abhängt und mich fragen: was würde ich in der gleichen Situation fühlen und wie würde ich reagieren? Wie würde ich mir wünschen, sollte mein Nächster auf mich reagieren? Dies ist aber nur die eine Hälfte der Antwort. Es ist nur die Antwort, die für meine Persönlichkeit passend ist. Aber der Nächste hat seine eigene Persönlichkeit. Er hat eine andere Seele, eine andere Vorgeschichte, er befindet sich auf einer anderen Entwicklungsstufe und in einer anderen Konstellation von Lebensumständen. Um ihm gerecht zu werden, um ihn weder zu unter- noch zu überfordern, um ihn nicht zu hemmen und ihn nicht einer grenzenlosen Freiheit auszuliefern, darf die Bereitschaft zum Mitfühlen nicht nur von meinen Bedürfnissen und Maßstäben bestimmt sein. Ihm zuliebe muß ich mich in den anderen hineinfühlen. Jede Einseitigkeit, also entweder nur das eigene Ich oder nur das Du zu berücksichtigen, würde die Gefahr der symbiotischen Verschmelzung in sich bergen. Diese Verschmelzung ist zwar im frühesten Kindesalter und gelegentlich auch später, wenn neue Gefühle, wie Verliebtsein, Trösten, schwerer Verlust, Versöhnung und dergleichen entstehen, kurzfristig notwendig, aber auf längere Sicht für beide Beteiligten schädlich. Denn in der Verschmelzung hemmt der Liebende den Geliebten in der Entfaltung seiner Eigenständigkeit. Er hemmt aber auch sich selbst, wenn er mit dem anderen eins sein möchte. Beide würden ihr eigenes Selbst verstümmeln. Die Lebendigkeit des einen ist abhängig von der des anderen. Verläßt der eine dann das Haus, entweder weil er einen Versuch zur Selbständigkeit wagt oder weil er stirbt, brennt das Lebenslicht des Verlassenen nur noch mit halber Flamme.

Echtes Einfühlen ist immer eine durchlässige Bewegung zwischen Ich und Du und stets ein Überschreiten und Ziehen von Grenzen zwischen zwei Menschen.[6] Dadurch wird das Gefühl für die Bedürfnisse des anderen und der eigenen immer feiner. Die Achtung vor der eigenständigen Persönlichkeit des anderen und vor meiner eigenen ist die Voraussetzung hierfür und auch die Folge davon. Ich zitiere Schellenbaum: »Der Sinn der Liebe liegt nicht in der Ergänzung zweier Menschen im Zusammenleben, sondern in der Ganzwerdung zweier Einzelner. Der Ursprung des Eros liegt in der Sehnsucht, daß zwei Menschen – Du und Ich – miteinander, doch jeder in sich vollständiger und menschlicher werden können.«[7]

Das Einfühlen in den anderen und die Achtung vor seiner Persönlichkeit ist noch wichtiger, wenn der andere in einer tiefen Krise ist. Wenn ich spüre, daß das Übermaß seiner Angst und seines Hasses seine Liebeskräfte und somit auch meine eigenen lähmt, wenn ich Angst um ihn und um unsere Beziehung habe, weil er aus dem Unvermögen zu lieben zu sich selbst und zum anderen keinen Ausweg findet – in diesem Falle übernehme ich für ihn die Verantwortung, so als wäre er ein kleines Kind, ein Kind, das auf der befahrenen Kreuzung stehen bleiben will, oder ein Ertrinkender, der in höchster Not den Retter ablehnt. Der Betroffene selbst ist in solchen Lebenslagen wegen seiner inneren Sperre, seiner panischen Angst oder Unreife für das Erkennen der Gefahren, nicht in der Lage, sich in den einzufühlen, der ihn retten möchte. Er kann sich weder danach richten noch eine freie Entscheidung treffen. Das Überwiegen der zerstörerischen Anteile seiner ambivalenten Affekte bestimmt seine Krise.

Und an diesem Punkt müßte ich mein Gewissen befragen, um einschätzen zu können, ob es sich wirklich um eine Krise handelt. (Dieses Gewissen ist relativ und richtet sich nach der eigenen Weltanschauung. Es gibt beispielsweise Fachleute, die einen Autisten seinen Zwängen überlassen, weil sie meinen, daß es ihn glücklich macht. Oder es gibt Sittenrichter, die den Drogensüchtigen in seinem Elend belassen, weil sie meinen, er habe es so verdient.) *Erkenne ich die ernsthafte Gefährdung, dann übernehme ich die Verantwortung.* Ich frage nicht, was wohl die anderen tun würden, sondern befrage mein eigenes Herz. Es fällt mir schwer, mich in den Zustand der Zerrissenheit des Betroffenen hineinzufühlen. So vieles spricht er nicht aus und so vieles bleibt im Unbewußten und wird verschleiert. Häufig wird die Angst vor dem Verlassenwerden überspielt mit dem Schreien: »verlaß mich doch«. Das Gleichgewicht der Liebe scheint aus den Fugen geraten zu sein und kann nur dann wieder ins rechte Lot kommen, wenn ich *mich weniger auf die Logik der Gefühle des Leidenden verlasse, sondern mehr meine Selbstliebe um Rat frage.* Was würde ich an deiner Stelle brauchen? Würde ich tatsächlich verlassen werden wollen? Möchte ich tatsächlich ertrinken, wenn ich mich mit aller Kraft aus der rettenden Umarmung herauswinde? Die Liebe zu mir selbst erteilt mir die Kompetenz zur Übernahme der Verantwortung und *ich handle, »als wenn es um mein eigenes Leben ginge«.*[8]

Ich nehme den anderen in meinen Arm, mit der Entschlossenheit, ihn erst dann loszulassen, bis er wieder zu seiner Liebesfähigkeit findet und frei ist. Hier setzt ein Prozeß des feinfühligen Ertastens einer bisher unbekannten Seele ein. Es mag sein, daß ich erst einmal selbst platze, wenn ich einen Schlag ins Gesicht und einen Hieb ins Herz bekomme. Ich fordere aber einen solchen Ausbruch von Aggressionen absichtlich heraus, denn ich weiß doch aus eigener Erfahrung, wieviel besser es mir geht, wenn ich meine Wut ausschreien und meine Trauer ausweinen kann. Indem ich seinen Körper spüre, seine Verspannungen, sein Beben, seine Krämpfe, seinen beschleunigten und unruhigen Atem an meiner Brust empfange und seine Tränen über mein Gesicht fließen, dringe ich immer tiefer in sein gefühlsmäßiges Empfinden. Stets frage ich mich: wie es dir wohl geht? Er muß nicht antworten. Ich spüre es und er fühlt meine Reaktion, daß ich ihn ertrage, trotz all seiner ausgestoßenen Grausamkeiten, daß ich ihn aufmuntere, seine Not noch mehr auszuschreien und die Welt anzuklagen, daß ich unter allen Umständen zu ihm halte, daß ich ihm die Liebe nicht versage und durchhalte. Er fühlt sich geliebt, so wie er ist, ohne Fassade. (Als ich einmal den Lebensgefährten meiner jungen Freundin anleitete, sie festzuhalten, rief sie in der Endphase: »Magst du mich? Magst du mich wirklich? Magst du mich immer noch, obwohl ich so nackt vor dir war?«)

Von der Wichtigkeit der Gegensätze

Jedes Ding auf der Welt hat zwei Pole. Auch die Lebendigkeit des Menschen hängt vom Ausleben der beiden Pole ab – es gibt kein Eines, ohne daß es vorher zwei gab, und aus dem Einen werden wieder zwei. Hermann Hesse schreibt darüber: »Wäre ich ein Musiker, so könnte ich ohne Schwierigkeiten eine zweistimmige Melodie schreiben, eine Melodie, welche aus zwei Linien besteht, aus zwei Ton- und Notenreihen, die einander entsprechen, einander ergänzen, einander bekämpfen, einander bedingen, jedenfalls aber in jedem Augenblick, auf jedem Punkt der Reihe in der innigsten, lebendigsten Wechselwirkung und gegenseitigen Beziehung stehen. Und jeder, der Noten zu lesen versteht, könnte meine Doppelmelodie ablesen, sähe und hörte zu jedem Ton stets den Gegenton, den Bruder, den Feind, den Antipoden. Nun, und eben dies, diese Zweistimmigkeit und ewig schreitende Antithese, diese Doppellinie möchte ich mit meinem Material, mit Worten, zum Ausdruck bringen und arbeite mich wund daran, und es geht nicht.

Ich versuche es stets von neuem, und wenn irgend etwas meinem Arbeiten Spannung und Druck verleiht, so ist es einzig dies intensive Bemühen um etwas Unmögliches, dieses wilde Kämpfen um etwas nicht Erreichbares... Denn einzig darin besteht für mich das Leben, im Fluktuieren zwischen zwei Polen, im Hin und Her zwischen den beiden Grundpfeilern der Welt. Beständig möchte ich mit Entzücken auf die selige Buntheit der Welt hinweisen und ebenso beständig daran erinnern, daß dieser Buntheit eine Einheit zugrunde liegt;... daß Schön und Häßlich, Hell und Dunkel, Sünde und Heiligkeit immer nur für einen Moment Gegensätze sind, daß sie immerzu ineinander übergehen. Für mich sind die höchsten Worte der Menschheit jene paar, in denen diese Doppeltheit in magischen Zeichen, jene wenigen geheimnisvollen Sprüche und Gleichnisse, in welchen die großen Weltgegensätze... erkannt werden.«[9]

Mit Worten nicht vermittelbar, erfahrbar nur durch die dem eigenen Erleben entspringende Intuition, stellt *das Gesetz der Polarisation die Urweisheit* dar. Sie reicht von den ältesten Schriften über die meisten philosophischen Schulen – den dialektischen Materialismus im marxistischen Sinne nicht ausgenommen – bis zu den zeitgenössischen Mystikern.

Auch die Themenzentrierte Interaktion nach Ruth Cohn kennt diese Polarisation: Störungen haben Vorrang, das heißt zwischenmenschliche Spannungen sollten zunächst ausgeräumt werden. Erst wenn diese ausgedrückt, vom Gegenüber verstanden und somit beiden Seiten bewußt geworden sind, kann man sich weiter dem ursprünglichen Thema zuwenden.

Je ausgeprägter der Unterschied zwischen den beiden Polen ist, um so aktiver wird die Wahrnehmung sowohl für den einen als auch den anderen Pol, und um so aktiver die zur Lösung führende Handlung. Diesem Gesetz sind nicht nur Menschen unterworfen, sondern auch alle höheren Lebewesen. Gewisse Fundamente physiologischer Eigenschaften und neuro-sensorischer Organisation, die zur lebenswichtigen Anpassung an die wechselnden Lebensbedingungen notwendig sind, sind Tieren und Menschen gemeinsam. Konrad Lorenz spricht von einer Lust-Unlust-Organisation. »Um eine lockende Beute zu erwerben, tut ein Hund oder ein Wolf sehr vieles, was er sonst nur sehr ungern täte, er rennt durch Dornen, springt ins kalte Wasser und setzt sich Gefahren aus, die er nachweislich fürchtet.«[10] Die im Gegensatz zu Lustsituationen bevorzugten nicht-lustvollen Situationen stehen eindeutig im Dienst der Überlebensstrategien. »Daß die einander entgegenwirkenden Prinzipien von Lohn und Strafe, Lust und Unlust tatsächlich dazu da sind, den zu bezahlenden Preis gegen den zu erwerbenden Gewinn abzuwägen, geht eindeutig daraus hervor, daß die Intensität beider mit der ökonomischen Situation des Organismus schwankt. Wenn etwa Nahrung im Überfluß vorhanden ist, so sinkt ihre lockende Wirkung so stark, daß ein Tier kaum ein paar Schritte der Mühe wert findet, um sie zu erwerben.«[11] Wir kennen solche Hunde, die sein Herrchen nur mit passiertem Geflügelragout aus der Dose füttert und denen er bei Regen ein Mantelchen anzieht, die aber im Grunde die Kennzeichen ihrer Art verloren haben.

Beim Menschen ist es ähnlich. Warum das so ist, kann kein Naturwissenschaftler erklären. Zu Rat kann man nur Mystiker ziehen, die kosmische Gesetze erahnt und erkannt haben. »Mit dem Essen der Frucht der Erkenntnis ist der Unterschied zwischen Gut und Böse hineingekommen.«[12] Mit der verbotenen Frucht ist das Denken gemeint. Weil der Mensch aufgrund seiner Vernunft Erkenntnisse gewinnen, Entscheidungen treffen, sich behaupten und Güter im geistigen, aber auch materiellen Sinne erreichen wollte, mußte er sich auf die Gegensätze einlassen. Denn ohne These und Antithese läßt sich das Denken nicht verwirklichen. Der Verzicht auf die kosmische Einheit und die Übernahme »der Qual des Geistes« bildet somit das Schicksal des Menschen. Denn nun gilt das Gesetz der Widersprüche und diese treiben die Entwicklung voran. Je mächtiger die Krise, desto feiner die Erkenntnis. In der chinesischen Philosophie wird das Wort »Krise« mit dem Wort »Wachstum« gleichgesetzt. »Wenn die Welt wirklich ein gegenwärtig im Gange befindliches Werk der Eroberung darstellt – wenn wir wirklich durch unsere Geburt mitten in die Schlacht geworfen sind – erahnen wir, daß es um des Gelingens des universellen Bemühens willen... unvermeidlich ist, daß es Mühsal gebe. Die Welt ist auf unserer Stufe, wie sie sich in der Erfahrung zeigt, ein unermeßliches Tasten, ein unermeßliches Suchen, ein unermeßlicher Angriff: sie kann ihre Fortschritte nur um den Preis vieler Mißerfolge und vieler Wunden erzielen. Die Leidenden, welcher Art ihre Leiden auch seien, sind der Ausdruck für diese herbe, aber edle Bedingtheit. Sie stellen keine nutzlosen oder geminderten Elemente dar. Sie zahlen lediglich für den Vormarsch und Triumph aller.«[13] Soweit Teilhard de Chardin.

Je mehr sich der Mensch mit den Gegensätzen plagt, desto bewußter wird ihm die Beziehung zu sich selbst, zum Nächsten und zu den Werten. Erst wenn er Hunger hatte, schätzt er, satt zu sein. Aber auch erst dann weiß er, wie es dem Hungrigen zumute ist, und er wird sich in seine Lage so einfühlen können, daß er ihm spontane Hilfe leistet (ohne daß diese von Amts oder Vereins wegen her organisiert werden muß). Ein jüdisches Sprichwort sagt: Den wahren Geschmack des Wassers lernt man erst in der Wüste kennen. Erst in der Dunkelheit schätzen wir den Lichtstrahl, halten Ausschau nach ihm und sorgen dafür, daß das Öl in der Lampe nicht ausgeht. Erst aufgrund der Erfahrungen mit dem Krieg lernen wir den Frieden schätzen und kümmern uns um seine Erhaltung. Erst wenn ich die Trauer zulasse, kann ich mich so von ihr befreien, daß ich wieder zur Freude finden kann. Die Vorstellung davon alleine reicht nicht aus. In der Vorstellung sind wir nur mit halbem Herzen dabei. Wir reden darüber, ohne es zu tun. Ähnlich spüren wir unsere Tapferkeit und Belastbarkeit erst dann, wenn wir zum Beispiel beim Besteigen eines Berges Ängste, Frost, Hunger oder Sauerstoffmangel überwunden haben. Wir wissen dann um unsere Kraft, wenn wir sie gegen Widerstand angewandt haben. Gegen Umweltverschmutzung kämpfen wir erst dann, wenn wir absterbende Bäume, den chemischen Beigeschmack konservierter Speisen oder den Smog in der Stadt direkt wahrnehmen und uns für das Leben unserer Kinder verantwortlich fühlen. Auch in den Schmerz des Nächsten, in seinen Mangel und in sein Alleinsein können wir uns einfühlen, wenn wir ähnliches erlebt haben.

Helen Keller, jene Taubblinde, die als Kind zunächst unverstanden und deshalb verhaltensgestört war und später in ihrer berühmten Autobiographie ihre Lage und die der Eltern sensibel reflektieren konnte, sagte einmal: »Ich weinte, weil ich keine Schuhe hatte, bis ich einen Mann traf, der keine Füße hatte.«

Die Gegensätze in der zwischenmenschlichen Beziehung

Nach der Logik der Gegensätze muß sich auch jede Beziehung zweier Menschen immer wieder in Unterschieden und Widersprüchen verwirklichen, damit Gemeinsamkeit und Einheit spürbar werden können. Es geht nicht nur um evidente Unterschiede, deren Zugehörigkeit zum Leben wir im Großen und Ganzen akzeptieren – wie Kind und Eltern, Mann und Frau o.ä. Es geht auch um Gegensätze, die sich in *widersprüchlichen emotionalen Erfahrungen* manifestieren und das Erleben der Liebe oft stören, wie Haßliebe, Bindung und Loslösung, Vertrauen und Mißtrauen, Angenommensein und Ablehnung. Die Bereitschaft, in ewiger Liebe mit einem anderen zu verschmelzen, wird durch das Auftreten zerstörerischer Affekte gestört. Wie widersprüchlich es auch klingen mag, ein solcher Konflikt ist gut. Zum einen *verhindert er den Verlust der eigenen Persönlichkeit*, der bei einer Verschmelzung droht. Zum anderen *bietet das Zulassen, bewußte Erleben und die Rückkoppelung des widrigen Pols die Chance, den anderen Pol, den beglückenden, viel bewußter zu erleben* und dadurch die paradieshafte *Vereinigung* doch zu erfahren. Je mehr ein Kind gegen die Bemutterung trotzen kann und die Grenzen der Verbote und Gebote strapaziert, um so mehr Freude hat es an seiner Loslösung und am Gewinn seiner Eigenständigkeit, und es fühlt sich geliebt und in seinem Selbst bestätigt, wenn es trotz seiner Rebellion nicht verstoßen, sondern weiter geliebt wird. Auch eine Auseinandersetzung zwischen Mann und Frau dient nicht der Zerstörung, sondern der Klärung der gegenseitigen Achtung und Liebe – vorausgesetzt allerdings, sie wird bis zu diesem Ziel geführt. Diese Bereitschaft, die eigenen dunklen Seiten anzunehmen, und das gleiche auch dem Nächsten zuzugestehen, bedient sich der Lebensenergie und setzt diese in einen lebendigen Fluß um. Da es sich um *Grunderfahrun-*

gen beim Festhalten handelt, möchte ich hierauf noch näher eingehen.

Schellenbaum, der sich mit der »Psychoenergetik« befaßt, spricht von acht Varianten der Energieerfahrung, die miteinander verzahnt sind. Ähnlich wie ihm ist es auch mir wichtig, unter dem altgriechischen Wort »energeia« das aktive, schöpferische »Am- Werk-Sein« zu verstehen. Diese acht Varianten der Energieerfahrung lauten:

»1. die in Antrieb, Auftrieb, Beschleunigung erfahrbare Lebensenergie, also die Erfahrung des ›Schwungs‹ im menschlichen Leben: ›elan‹ (Piaget), ›elan vital‹ (Bergson), ›Gefälle‹ (Jung);

2. die Erfahrung pulsierender Spannung und Entspannung, Ladung und Entladung, also der ordnenden Rhythmik;

3. die Erfahrung polarer Spannung im bewußten Aushalten von psychischen Gegensätzen: das polare Bewußtsein;

4. die Erfahrung der Blockierung oder Stockung der Lebensenergie in seelischen Komplexen und Körperverspannungen;

5. die Erfahrung des Wiedereinsetzens des Energieflusses, also des Übergangs von Antriebsleere zur Abtriebskraft;

6. die Erfahrung der Resonanz, der Stimmigkeit, des Anklangs, Widerhalls und Mitschwingens;

7. die Erfahrung des Energiezuwaches durch das bewußte Zulassen der Selbstregulierung im Einzelorganismus und in Beziehungen;

8. die Erfahrung der Verbindung mit dem Kosmos.«[14]

Angst ist eine Grunddimension der Menschlichkeit

Um in diesen reinigenden und belebenden Fluß einzusteigen, muß Angst überwunden werden. Die Angst ist der gemeinsame Nenner aller unangenehmen Erfahrungen, der Enttäuschungen, des Schmerzes, des Hungers, des Sauerstoffmangels, des Sterbens und des Todes. Aus ihr wächst zugleich die Kraft, die die Gegensätze Hunger und Sättigung, Gut und Böse, Krankheit und Gesundheit, Jugend und Alter, Krieg und Frieden zur Auflösung bringt. Sie mobilisiert die Lebensenergie in Richtung handelnde Aktivität. Der Weg zur Freiheit ist immer mit Risiken und demzufolge mit Angst gepflastert. Kierkegaard nannte es: »Die Angst ist der Schwindel der Freiheit«.[15] Diesen Schwindel erlebt man, wenn man »durch die Hindernisse zu den Sternen« vordringt – wie ein lateinisches Sprichwort diese Wahrheit aus früherer Zeit überliefert: »per aspera ad astra«. Angst ist also eine unabdingbare Voraussetzung für den Durchgang durch die Gegensätze. Jaspers nannte deshalb die Angst »eine Grundverfassung des Daseins« und einen »ursprünglichen Seelenzustand«.[16]

Die größte Angst erleben wir, wenn die Liebe gefährdet ist. Allerdings hat auch diese Angst zwei Pole. Der positive Pol macht es möglich, daß sich Angst und Unlust beim Austragen der entstandenen Spannung in Freude und Lust umwandeln kann. So entsteht Freude darüber, daß wir den Schatten übersprungen haben, ich in mir und du in dir. Und Freude über die Vitalität unserer Liebe, die uns die Kraft dazu gab. Erst wenn im Schatten die Liebe in Frage gestellt ist, erst wenn wir sie brauchen, wissen wir, daß wir sie haben. Je größer die geworfenen Schatten in der Talsohle sind, um so mehr Liebe brauchen wir zu ihrer Überwindung. Eher als eine sachliche Beschreibung sind die Worte des Dichters Erich Fried geeignet, diese Gratwanderung der Liebe auszudrücken:[17]

Wo sie wohnt?
Im Haus neben der Verzweiflung

Mit wem sie verwandt ist?
Mit dem Tod und der Angst

Wohin sie gehen wird
wenn sie geht?
Niemand weiß das

Von wo sie gekommen ist?
Von ganz nahe oder ganz weit

Wie lange sie bleiben wird?
Wenn du Glück hast
solange du lebst

Was sie von dir verlangt?
Nichts oder alles

Was soll das heißen?
Daß das ein und dasselbe ist

Was gibt sie dir
– oder auch mir – dafür?
Genau soviel wie sie nimmt
Sie behält nichts zurück

Hält sie dich
– oder mich – gefangen
oder gibt sie uns frei?
Es kann uns geschehen
daß sie uns die Freiheit schenkt

Frei sein von ihr
ist das gut oder schlecht?

Es ist das Ärgste
was uns zustoßen kann

Was ist sie eigentlich
und wie kann man sie definieren?
Es heißt, daß Gott gesagt hat
daß er sie ist.

Das Böse wird erst dann zum Bösen, wenn das Gleichgewicht nicht zugelassen wird, wenn von beiden Schalen der Waage nur eine gelten darf. Das geschieht, wenn wir den einen Pol der Gefühle verleugnen. In der Regel ist dies der Pol, den wir fürchten, weil uns das Böse unheimlich ist und wir Angst haben, dann nicht mehr geliebt zu werden. Das dumpfe Wissen und die Angst vor diesem Pol – denn ganz zu verleugnen ist er nie! – läßt die Angst zur Angst vor Unbekanntem, zur Angst vor der Angst werden. (So ähnlich geht es uns, wenn wir uns vor einer Zahnbehandlung fürchten und uns unsere Ängste vor den Spritzen, vor dem Ausgeliefertsein an den Bohrer, der Gewalt des Arztes, den Schmerzen usw. vorstellen. Diese Vorstellung von der Angst in der Angst ist meist schlimmer als die tatsächlichen Erlebnisse beim Zahnarzt.) Diese Angst ist destruktiv, weil sie die Lebensenergie in ihren Varianten und somit die Echtheit der Liebe und Freiheit blockiert. Der Lebensenergie werden nur bestimmte Kanäle zugewiesen, in denen sie sterilisiert und rigide reguliert wird, und sich schließlich anstaut. Dies passiert, wenn der Betroffene lediglich den positiven Pol zuläßt. Unter der Verleugnung des Negativen in seinem Selbst belügt er sich und ebnet sich den unechten Weg des Heuchlers, Kleinbürgers und immer korrekten Sittenpredigers.

Wenn man weder Feuer noch Wasser ist, wird man lau, labil, unverantwortlich, und hat wenig Achtung vor sich selbst und anderen. Mitgefühl hat man nur, wenn es nichts kostet, Liebe erlebt man lediglich als Genuß, man lacht über den eigenen Selbsthaß, man ist weder Fisch noch Fleisch. Ja eigentlich ist man noch gar nicht richtig geboren, als wenn einem die Widerstände, die Wehen bei der Geburt bis heute fehlen würden. Aber die nicht ausgegorene Lebensenergie verlangt um jeden Preis nach Abfuhr. Am bequemsten und am wenigsten kreativ geschieht das durch Berauschung und Ablenkung mit Hilfe von Drogen, Pornos, Reisen, Partys usw. Auf die stetigen Störungen des Antriebs, der Rhythmik, des Flusses der Lebensenergie reagiert der Körper auf seine eigene Art mit Muskelverspannungen, Krämpfen, Infarkten, Atemproblemen u.a.

Jedenfalls sind »die Menschen, die Schmerz und Leid als nicht ertragbar von sich abgetrennt haben, die Verfechter und Wächter eines Zerrbilds der Realität«.[18] Sie begehen die Reduktion des Selbst über alle Varianten der Amputationen und Lähmungen der Lebensenergie und wahrer Gefühle hinweg bis hin zur Selbstvernichtung. – Aber darüber erst einige Seiten später. Hier möchte ich nur darauf hinweisen, wie tödlich das Ausweichen vor den Gegensätzen für die Liebe zum Selbst und zum Nächsten sein kann, wenn der Mensch sich mit den Widrigkeiten nicht auseinandersetzen kann – und auch nicht muß.

Die Chance in der unausweichbaren Krise

Die Begegnung mit einer unausweichbaren Krise – unheilbarer Krebs, Aids, Querschnittslähmung, Erblindung oder schwere geistige Behinderung des eigenen Kindes – kann im Rahmen des Gesetzes der Polarität eine beinahe an ein Wunder grenzende Chance sein. Arbeitslosigkeit, finanzieller Bankrott, Tod des Ehegatten oder Scheitern einer Ehe zählen nicht voll dazu. Aus diesen Leiden kann man irgendeinen absehbaren Ausweg finden, der den Schicksalsschlag und die Veränderungen des ursprünglichen Lebenskonzepts erträglich macht. Ich finde Trost im Wissen, daß ich einer von vielen bin, und daß es anderen noch schlimmer geht, daß ich Ersatz für das Verlorene finden kann, wenn ich mich anstrenge, daß ich es einigermaßen in der Hand habe, wie lange die Krise dauern wird. Jedenfalls ist die Krise vorübergehend. Als mein Mann starb, und ich in meiner tiefen Trauer zeitweise sogar für den Himmel taub war, tröstete mich der Spruch: »Nur die frischeste Wunde schmerzt am meisten, sie wird sich schließen. Die Zeit heilt alle Wunden.« Und so war es auch.

Bei einer Querschnittslähmung bleibt die Abhängigkeit vom Rollstuhl und von Helfern bis zum Tode. Der Verlust des Augenlichts bringt die unerbitterliche Gewißheit, nie wieder sehen zu können. Aids heißt, bis zum Ende ausgestoßen zu sein von den vielen, die man lieben möchte, und einsam dahin zu siechen. Ein geistig behindertes Kind zu bekommen, halte ich für eine besonders schwere Aufgabe. Die Sorge um dieses nie selbständig werdende Kind zieht sich über die Grenze des eigenen Todes hin. Ich hörte viele Eltern klagen: »Wer wird es so lieb haben wie ich? Wer wird nach mir die mir vertrauten Lautäußerungen verstehen, daß mein Sohn Durst hat? Wer wird bei dem nicht sprechenden Kind einmal erahnen, ob und wann es Schmerzen oder Ängste hat, wenn es schreit? Ich müßte länger leben als mein Kind!« Sein früherer Tod wäre also die Lösung. Aber bereits dieser Gedanke ist mit Schuldgefühlen verbunden. Dem Kind, das auf so vieles verzichten muß, spricht man auch noch das Leben ab. Mit dieser Zukunftsangst geht die Angst vor Versäumnissen einher. Haben wir genug getan, haben wir die richtigen Fachleute aufgesucht und sind wir ihnen gefolgt, um die Behinderung zu verringern? Selbst wenn man die Sorgen auf ein Heim delegiert, wird man die Gewissensbisse nicht los, dem Kind nicht genug gegeben zu haben.

Eine solche unausweichbare Krise erscheint wie eine grausame Falle ohne Ausweg. Wie eine tiefe, dunkle Schlucht, der Rand einer totalen Kapitulation[19]. *Die tiefste Krise ist zugleich auch eine Wiedergeburt.* Hier stirbt das alte, eitle Ich ab, das sich selbst nur im Erfolg und unter einer schönen, makellosen Fassade lieben konnte, und das neue Ich wird geboren für neue Werte, für die große Vereinigung mit dem Kleinsten und Schwächsten, für die wahre Liebe. *Die Tiefen verwandeln sich in Höhen, die Dunkelheit in Licht, die Kapitulation in Freiheit.* Wo man alles verloren hat, hat man alles gewonnen.

So wie bei jeder Geburt gibt es auch hier Gefahren. Nicht jedes Kind schafft den Geburtsweg. Auch nicht für jeden von einer unausweichbaren Krise Betroffenen wird diese zur Chance. Diese Geburt durch eine existentielle Krise geschieht nämlich auf einer höheren Stufe als die Geburt, die durch leibliche Entbindung von der Mutter erfolgt. Beide Geburten sind allerdings *ganzheitliche, Leib und Seele betreffende Ereignisse,* aber die Gewichtung dieser beiden Lebenskräfte ist unterschiedlich. Bei der Geburt eines Kindes wird die Seele einverleibt, das körperliche Wachstum wird bedeutsam, das Kind wächst heran, um sich loszulösen, um die

Außenwelt zu erforschen, die sich vor ihm öffnet. *Dagegen wird der Mensch durch seine Krise wiedergeboren zur Vergeistigung und zur Verinnerlichung,* er entdeckt ideelle Werte, die ihm ohne die Krise nicht offenbar worden wären, er tritt durch das Mysterium des Leidens und der Erlösung an die kosmische Wahrheit heran.

Bei keinem Wissenschaftler, der sich mit der Verarbeitung des unausweichbaren Leidens befaßt, habe ich eine so klare Darstellung gefunden wie bei Schuchard. Den Prozeß stellt sie nicht als Stufen dar, sondern als eine Spirale, die viel besser die Dynamik des Geschehens ausdrückt. Sie »veranschaulicht sowohl das Moment der Unabgeschlossenheit als auch die Überlagerung solcher Spiralphasen; die Spirale lebt aus den sich wiederholenden und überlagernden Spiralringen des Aufstiegs und des Abstiegs.«[20] Auf der Spirale kann man genauso heruntergleiten wie auch zu »immer höheren Lernebenen schreiten«. Wenn man aber einmal durchgegangen und oben ist, weiß man auch, daß der Weg dorthin machbar ist: die bewährte Hoffnung gibt mehr Kraft.

Es ist mir wichtig, den Durchgang durch die Spirale ausführlich zu schildern, weil die Vergleiche zu Erlebnissen beim Festhalten naheliegen. In beiden Fällen geht es um die Bewältigung einer Krise. Das Erstaunlichste ist, daß die Reihenfolge der gefühlsmäßigen Erfahrungen, die in Spiralphasen von unten nach oben führt, immer die gleiche ist. Diese Gesetzmäßigkeit stellte Schuchard fest, nachdem sie die Krisenverarbeitung bei hunderten von Fällen verschiedenster Leiden genau untersuchte. Mit Teilnehmern meiner Elternseminare haben wir uns oftmals bemüht, diese Gesetzmäßigkeit in Frage zu stellen. Man erinnerte sich, daß dieser oder jener zum Beispiel keine aggressive Phase hatte. Letzten Endes fanden wir die Aggression aber doch, wenn auch in einer unterdrückten Form. Ich denke da an die Oma eines schwer tetraspastisch gelähmten Kindes, die jedesmal, wenn sie Gott anklagen wollte, weil er das zuließ, aus Furcht vor der Sünde sofort den Rosenkranz betete. Je nach Persönlichkeit ist auch der zeitliche Verlauf unterschiedlich. Mir ist der Fall eines evangelischen Pfarrers bekannt, der vom Geburtshelfer beauftragt war, seine Frau über den Mongolismus ihres Neugeborenen aufzuklären. Er ging während einer einzigen Nacht alle Spiralphasen unter Schweiß, Tränen und Verfluchen von Gott durch, bis er bei der Annahme der Prüfung – »Dein Wille geschehe« – landete.

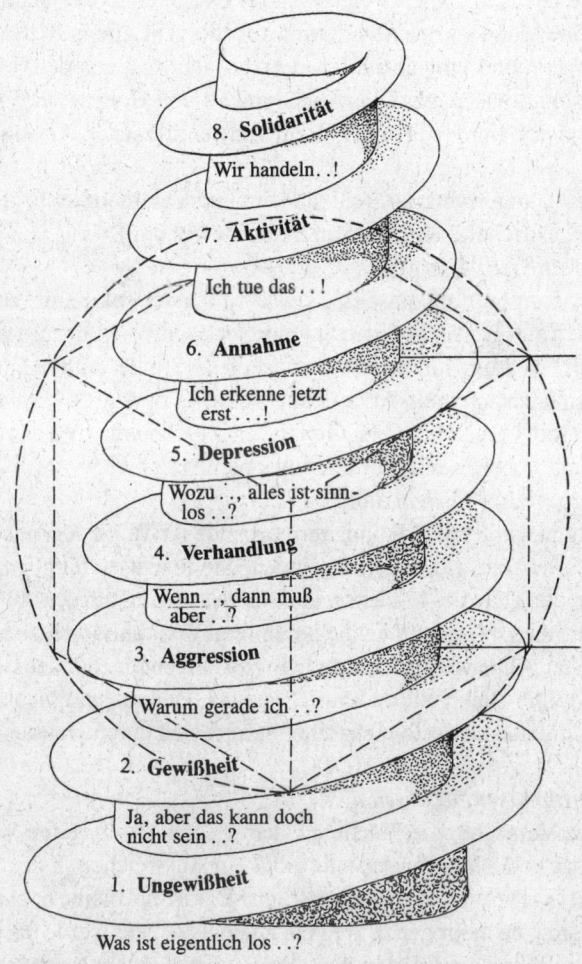

8. **Solidarität**

Wir handeln . . !

7. **Aktivität**

Ich tue das . . !

6. **Annahme**

Ich erkenne jetzt erst . . . !

5. **Depression**

Wozu . . , alles ist sinnlos . . ?

4. **Verhandlung**

Wenn . . , dann muß aber . . ?

3. **Aggression**

Warum gerade ich . . ?

2. **Gewißheit**

Ja, aber das kann doch nicht sein . . ?

1. **Ungewißheit**

Was ist eigentlich los . . ?

Krisenverarbeitung als Lernziel in acht Spiralphasen nach Schuchardt

1. Spiralphase: Ungewißheit

Die Nachricht über eine unheilbare Krankheit oder die Behinderung des Kindes wirkt wie ein Alptraum. Schreckensstarre und Panik werden ausgelöst, man möchte davor flüchten, aufwachen…

2. Spiralphase: Gewißheit

Das Leiden bekommt realere Umrisse. Es ist kein böser Traum, es ist wahr. Man stellt sich vor, wie es weitergeht: meine Lebenserwartungen sind unwiderruflich beendet, ich muß aus der Genußgesellschaft aussteigen, die Abhängigkeit von Helfern wird mich kränken, ich werde in Frage gestellt und bemitleidet… Angst steigt hoch.

Erst jetzt, angesichts der Realität, kann die Verarbeitung beginnen (siehe gestrichelte Kristallform in der Zeichnung).

3. Spiralphase: Aggression

Gegen die Grausamkeit dessen, was auf mich zukommt, bäume ich mich auf. Ich suche einen Schuldigen dafür. Warum ausgerechnet ich? Warum mußte ich gerade diese Straße entlangfahren? Warum hat mich mein Arzt nicht rechtzeitig operiert? Warum hat mich Gott verlassen? (Der Gipfel der Ablehnung: Es kann Gott gar nicht geben, sonst würde er dies nicht zulassen.)

4. Spiralphase: Verhandlung

Die Aggression hat nicht nur zermürbende Kraft, sie regt auch die Bereitschaft an, Lösungen zu finden. Sie macht es möglich, daß man in der Tiefe des Leidens nach Wundern sucht, um den Ängsten zu entrinnen. Man fährt an die berühmten Wallfahrtsorte, zu hochbezahlten Außenseitern der Medizin, zu heilversprechenden Gurus. Man opfert alles Geld dafür. Je weniger Heilungsmöglichkeiten man finden kann desto mehr betäubt man sich durch Heilungsutopien.

5. Spiralphase: Depression

All die Versuche, die Flucht vor dem Leiden zu ergreifen, scheitern kläglich. Nun steht fest: es gibt kein Ausweichen. Es ist hoffnungslos. Die tiefste Trauer tritt ein: Das Kind bleibt behindert. Ich werde nie mehr gehen können. Niemals wieder werde ich unter meinen Füßen die Erde spüren. Nie wieder werde ich mit meinen beiden Augen meine Frau und meine Kinder sehen können. Ja, ich habe Aids und nur noch einige Monate zu leben. Diese Phase ist die bedeutsamste im Rahmen der ganzen Spirale. Hier wird entschieden, ob man in dem Tief versinkt oder ob man noch die Kraft in sich findet, um Lichtblicke zu entdecken.

Der amerikanische Schriftsteller Wilder vergleicht in seinem Buch »Der achte Tag« das Leiden mit einem Perserteppich. Solange man mittendrin steckt, ist es, als sähe man den Teppich von unten: das ganze erscheint als ein Gewirr von Knoten und Fäden, erstickend und chaotisch. Erst wenn man durch ist, erkennt man, daß jeder Faden in einer Ordnung des gesamten Teppichs eingebettet ist und eine Bedeutung für die Schönheit des Musters hat.

6. Spiralphase: Annahme

Meine Entscheidung, mich der tiefsten Trauer zu stellen und »Ja« zur Auseinandersetzung mit der Krise zu sagen, gleicht dem Bild von dem Teppich. Indem ich dies aktiv tue, erkenne ich, wie sich die ursprünglichen Einstellungen verändern. Ich höre auf, das Materielle überzubewerten. An dessen Stelle entdecke ich das Gefühl, das Einfühlungsvermögen, die Freude an der eigenen Kraft und die Unterstützung durch Freunde. »Wenn ich durch Krebs beide Brüste und dann auch noch die Hoffnung ans Leben nicht verloren hätte, wäre mir gar nicht bewußt, wie sehr mich mein Mann liebt, welche innere Kraft er für mich ausstrahlt. Wir haben miteinander geweint und wir freuen uns miteinander. Anders als früher. Es ist weniger Genuß dabei, dafür spüren wir die Endlosigkeit, die Ewigkeit unserer Liebe. Und das ist mehr«, erzählte mir eine Frau.

7. Spiralphase: Aktivität

Die Bejahung der veränderten Lebenssituation setzt neue Lebensenergie frei. Ein erblindeter Maler (was kann einem Maler Schlimmeres passieren?) sagte: »Erst jetzt sehe ich...« und wandte seine Kreativität in Richtung des »innerlich Gesehenen« und mittels anderer Ausdrucksmöglichkeiten des Malens an. Es ist bekannt, daß viele Selbstmörder, denen die Umsetzung ihrer Tötungsabsicht nicht gelang und die durch einen Sturz in die Tiefe körperlich schwer behindert blieben, keinen neuen Selbstmord mehr versuchen. Sie haben unter der Behinderung einen völlig neuen Sinn im

Leben gefunden, den sie vorher nicht finden konnten. Erst jetzt beginnen sie ihre Kräfte realistisch einzuschätzen und sinnvoll zu benutzen: sie lernen mühsam auf Prothesen zu gehen, sich mit dem Rollstuhl in fremden Häusern zurechtzufinden, das Schreiben von der rechten, entstellten Hand auf die linke umzustellen und anderes mehr.

8. Spiralphase: Solidarität

In dieser Situation wird man Menschen suchen, die einen verstehen und einen so lieben, wie man ist: mit dem amputierten Bein, der abgenommenen Brust, obwohl und eben weil ein Kind behindert ist. Man hat aber auch das Bedürfnis, solche Menschen zu suchen, die ähnlich oder anders betroffen sind, um zu erfahren, wie es denen geht: Ich hole mir von ihnen Unterstützung für mich. Und wenn ich merke, daß der andere noch in seinem Schmerz versunken ist, dann möchte ich ihm helfen. Ich weiß ja aus eigener Erfahrung, was er braucht. Ich kann ihm sagen, wie der Weg nach vorne weitergehen kann. Wir geben uns gegenseitig die Kraft, wir schließen uns in Selbsthilfegruppen zusammen. Albert Schweizer hat gesagt: »Jeder, der durch Schmerz und Elend geht und Erleichterung und Heilung findet, sollte sich einer Gemeinschaft von Gleichgesinnten anschließen und seine Erfahrungen anderen mitteilen.«[21]

Kübler-Ross erzählt von einer tiefgehenden Erfahrung, die sie während eines Workshops mit Aids-Patienten machte: »Inmitten der Angst, der Seelenqualen und der Tragödien von 35 jungen Männern... gab es einen jungen Mann, der eine vollkommene Ausstrahlung hatte, keine die aufgesetzt war, sondern die aus seinem Innersten kam... Er sagte mir, es hätte dieser entsetzlichen Krankheit bedurft, um ihn endgültig erkennen zu lassen, was bedingungslose Liebe sei. Wie er mir dann erzählte, stammte er aus einer fundamentalistisch orientierten christlichen Familie... Vater und Mutter waren schnell mit Strafen zur Hand, sie urteilten schnell und bekrittelten heftig seine Art zu leben. Er wünschte sie zum Teufel, sie wünschten ihn zum Teufel, und so ging er von zu Hause weg. Er kam vom Regen in die Traufe und endete schließlich als sterbenskranker Aids-Patient. Im Zuge seines Nachdenkens über die Erschütterungen in seinem Leben, aber auch die schönen Augenblicke in seinem Elternhaus, verspürte er Sehnsucht, noch einmal seine Eltern zu sehen. Er rief an und sagte: ›Mami, ich habe Krebs und werde nicht mehr lange leben.‹ (Dies war die einzige fromme Lüge, die er gebrauchte.) ›Ich möchte nach Hause kommen und dir auf Wiedersehen sagen.‹ Die Mutter sagte sehr ruhig: ›Wir freuen uns, dich noch einmal zu sehen.‹ Als er sie sah, wie sie mit ausgestreckten Armen auf ihn zukam, überkam ihn noch einmal eine große Angst. Er dachte sich: ›O Gott, wenn sie meine eingefallenen Wangen sieht, meine geschwollene purpurrote Nase, mein häßliches, nahezu abstoßendes Gesicht, dann wird sie stehenbleiben und mich nicht anfassen.‹ Doch er hatte durch die Erschütterungen in seinem Leben gelernt, das Leben als Herausforderung zu betrachten, nicht als Bedrohung. Er ging auf seine Mutter zu und sie auf ihn. Als sie ihn umarmte, drückte sie ihre Wange an die ihres Sohnes. Sie flüsterte ihm ins Ohr: ›Mein Junge, wir wissen, daß du Aids hast, und wir mögen dich.‹«[22]

Auf die Frage: »Was haben Sie durch die Behinderung Ihres Kindes verloren und was haben Sie gewonnen?«, die wir bei einem Elternseminar zu beantworten versuchten, antwortete ein Vater: »Wir haben alte, sogenannte Freunde verloren, weil sie sich von uns isoliert haben, aber wir haben neue Freunde gewonnen. Eigentlich gehen wir nur dorthin, wo unsere blinde, geistig behinderte Tochter gut angenommen wird. Das sind unsere wirklichen Freunde. So verhalf uns die Behinderung zum Überprüfen unseres Bekanntenkreises. Unbemerkt stiegen wir aus der oberflächlichen, nach Genuß trachtenden, erfolgreichen Gesellschaft aus und taten uns immer mehr mit Menschen zusammen, die lieben können und ähnlich wie wir tiefere Werte bevorzugen. Zu unserer großen Überraschung gehörten viele Helfer, die wir in den Einrichtungen für Behinderte kennengelernt hatten, dazu, aber auch Menschen, die wir rein zufällig auf der Straße kennenlernten, als sie mein Kind anlachten oder mir mit dem Rollstuhl halfen. Früher habe ich von Freundschaften nicht viel gehalten, ich gab meinem Basteln und Briefmarkensammeln den Vorrang. Erst durch mein behindertes Kind habe ich Freunde als meine Brüder und Schwestern kennengelernt. Eigentlich kann ich von Glück sprechen.«

Wenn ich mich mit der Integration von Behinderten in die übrige Gesellschaft befasse, fällt mir oft ein, daß die Integration gegenseitig sein sollte. Welch eine Chance würde sich den Nicht- Behinderten erschließen, wenn sie sich von den Behinderten, von den unheilbar Kranken, von den Taubstummen und Blinden integrieren ließen! Sie würden sich der Existenz der bedingungslosen Liebe bewußt werden und sich nach ihr sehnen. Wir brauchen die Behinderten, um die Humanität nicht nur als Begriff im Zusammenhang mit Spendenbescheinigungen zu gebrauchen, sondern sie mit Liebe zu füllen, um menschlicher zu werden.

Die Begleitung in Krisen

Bei einer schweren Geburt sind die Helfer zur Stelle
Vergleicht man die Geschichten der schweren, unausweichbaren Krisen mit den Geschichten der vielen vergleichsweise leichteren Krisen wie Abhängigkeit vom Alkohol, Arbeitslosigkeit, Versagen in der Schule u.a., fällt auf, daß das Wunder der Selbsterneuerung viel häufiger unter den Bedingungen einer schweren Geburt geschieht. Einen Teil der Antwort hierzu haben wir schon gefunden: Es ist die vom Schicksal aufgezwungene Notwendigkeit, sich mit dem Gesetz der Gegensätze auseinandersetzen zu müssen. Je bewußter das Tief der existentiellen Angst erlebt wurde, um so bewußter wird auch die erlösende Erkenntnis der neuen Lebenswerte erkannt und erlebt. Den anderen Teil der Antwort kann ich von den einzelnen Geschichten ableiten: *Das Hinübergehen von der Dunkelheit der Talsohle in das Licht war nur durch die erfahrbare Liebe möglich.* Die Selbstbejahung kommt ja erst dann in ihrer vollen Kraft zum Tragen, wenn ich auch den anderen liebe und ich mir in seinem Herzen begegne. Der andere muß aber da sein, ich muß ihn spüren. Ich muß mich von ihm gehalten fühlen, wenn es mir am dreckigsten geht. Nur knapp die Hälfte der Betroffenen dringt zur Annahme der Krise durch. Ihre Lebensläufe zeigen, daß zwar jeder einzelne mit seiner

gesamten Kraft durch die Krise hindurch mußte und daß ihm das Kreuz von niemandem abgenommen wurde, daß er aber eine Begleitung spürte. So wie bei einer schweren Geburt die Anwesenheit der Geburtshelfer über das Gelingen oder Nichtgelingen der Geburt entscheidet, so verhält es sich auch bei der höheren Form der Neugeburt. Die Schwere der existentiellen Krise – die unheilbare Krankheit, die Behinderung, die Sinnesschädigung – bringt die Gegenwart der »Geburtshelfer« mit sich. Bei dem AIDS-Kranken waren es die Mitpatienten, die Ärzte und die professionelle Hilfe der Psychotherapie zur Trauerverarbeitung. Die entscheidendste Bedeutung aber hatte die Mutter. Bei ihr spürte er nicht nur die ursprüngliche Bindung, die er als schuldloses Kind genoß, sondern die Bedingungslosigkeit ihrer Liebe. Die Frau mit dem Brustkrebs fühlte sich durch ihren Mann bestätigt. Jener Pfarrer, der sich durch alle Windungen der Spirale bis hin zur Annahme des Problems, ein mongoloides Kind zu haben, quälte, hatte seinen Begleiter vor allem in Gott gefunden. Den Halt durch ihn spürte er aber erst, nachdem er ihn verdammte und trotzdem seine Nähe fühlte, nachdem er sich in seinem Glauben auf die unendliche Liebe seines Gottes und dessen weise Pläne verlassen konnte. Insgesamt haben es tiefgläubige Christen wesentlich leichter, sich den Krisen zu stellen. Die vorbehaltlose Liebe Christi bestand aus dem verkörperten Sich-Einfühlen, Sich-Fügen in das Gesetz der Polarität und somit auch in die Angst und in die Krise als unabdingbare Voraussetzung für die Erneuerung. Am Abend vor seiner Hinrichtung überfiel Jesus eine fast unerträgliche Angst, so daß er – nach dem Modell von Schuchhardt – in die Verhandlungsphase fiel und darum bat: »Vater, wenn es möglich ist, nimm diesen Kelch von mir.« Am Kreuz kam er in die Phase der Aggression, als er seinen Vater anklagte: »Warum hast Du mich verlassen?!« In seiner Ambivalenz zwischen dem Mißtrauen und dem Vertrauen entschied die Liebe darüber, daß er sich doch in die Hände seines Vaters fallen lassen konnte.

Alleinsein als größtes Leiden

Die schwierigsten Situationen waren auch bei Jesus diejenigen, in denen er sich von allen verlassen fühlte, in denen er anstatt von Menschen in Liebe gehalten zu werden, von einem leblosen Gegenstand – dem Kreuz – gehalten wurde.

So frage ich, ob vielleicht die unausweichbaren Krisen deshalb leichter durchzustehen sind, weil man Begleiter findet, als die scheinbar kleinen Krisen, in denen sich der Mensch vom Menschen verlassen fühlt? Das Ausmaß des Leidens ist immer relativ, und hängt nicht zuletzt auch von der Verarbeitungsfähigkeit des einzelnen ab. Das Leiden wird von dem Zeitpunkt an unerträglich, von dem an man es nicht mehr ertragen kann. So einfach ist die Logik.

Die Tragödie des Nicht-Liebens besteht darin, daß wir es bei unserem Nächsten nicht spüren, wenn er es nicht mitteilen kann. Besonders Kinder sind Opfer dieser Tragödie. Eine Nacht in einem fremden Krankenhauszimmer ausgeliefert zu sein und aussichtslos bis zur Erschöpfung zu schreien, bedeutet für ein Kleinkind die gleiche Katastrophe, wie für einen Autofahrer, dem nach dem Unfall mitgeteilt wird, er sei querschnittsgelähmt. Für einen Schüler, der sich unter Leistungsdruck setzt, um sich von den Eltern geliebt zu fühlen, bedeutet die Fünf eine ebenso große Krise, wie für einen Erwachsenen die Arbeitslosigkeit. Erwachsene neigen dazu, die Ängste der Kinder zu unterschätzen, indem sie sich nur in ihre eigene und nicht in die Perspektive der Kinder hineinfühlen und verharmlosen diese gerne: »die Sorge möchte ich haben«. Sie tadeln das nervöse Kind wegen seiner mangelhaften Frustrationstoleranz und stiften dadurch noch größere Versagensängste. Das Kind fühlt sich unverstanden und von allen verlassen.

In jedem von uns ist immer noch das Kind von damals. Die unverarbeiteten Ängste von damals lassen das Kind in uns noch lange, oftmals das ganze Leben lang nach Geborgenheit schreien. Aber die Signale, die wir bewußt aussenden, kommen kaum an. »Solange ich noch hoffte, Menschen zu finden, die meine Depression verstehen – die mich immer wieder zum Weintrinken treibt –, suchte ich solche Menschen. Aber ich fand sie weder im Beruf, noch in der Freizeit, noch in den Kneipen. Bei niemandem kann ich mich ausweinen. Statt dessen sagen die Kumpel, daß ich unausstehlich wäre, schon wieder heule, lieber in eine psychotherapeutische Klinik gehen solle, nur weg mit mir. Dort fühlte ich mich etwas wohler. Als ich zurückkam, war es noch schlimmer. Mir sei nicht zu helfen und ich saufe gerne, meinten die anderen. Wo ist der Platz für meine Tränen, wenn jeder nur seiner Unterhaltung nachläuft und nicht gestört werden möchte? Alleine zu Hause wage ich schon gleich gar nicht zu heulen, weil ich fürchterliche Angst habe, nicht mehr aufhören zu können und verrückt zu werden. Dann greife ich lieber gleich zur Flasche«, hörte ich von einer Alkoholikerin.

Die Krise wird im Keim erstickt und zugleich der Funke Hoffnung, einen Krisenbegleiter zu finden. Die Krise müßte sich wahrscheinlich noch mehr zuspitzen, in Alkoholabhängigkeit oder gescheiterten Entziehungskuren, um vielleicht dann das Glück zu haben, sich in einer Gruppe von Anonymen Alkoholikern verstanden und angenommen zu fühlen. Normalerweise werden die verschlüsselten Hilferufe wie Freßsucht, Spielsucht, Drogensucht, Arbeitssucht, Computersucht, perfektionistische Zwänge – und wie die vielen Süchte und Zwänge auch heißen mögen – nicht verstanden. Im Gegenteil: anstatt die bedingungslose Liebe seines Begleiters zu erfahren, nach der er durstet, werden dem Leidenden Bedingungen gestellt: »So kann ich mit dir nicht leben. So mag ich dich nicht. Ich könnte vielleicht noch einmal lernen, dich zu lieben, wenn du anders wärest, wenn du endlich mit deinem Zeug aufhören würdest, wenn du wieder eine ordentliche Arbeit hättest…« Die Bedingungen verschärfen sich. Aus Angst vor dieser unzuverlässigen und verratenden Nähe kapselt sich der Mensch total ab. Seine Sicherheit findet er nun im Gegenstand seiner Sucht. Die Zigarette fühlt sich auf den Lippen immer gleich an. Der Schnaps schmeckt wie erwartet. Der Computer funktioniert wie das Programm es verspricht. Für die unbezahlten Überstunden wird man wie erwartet gelobt. Man bewegt sich im Kreise herum, ohne sich selbst lieben zu können.

Aber es geht nicht nur um die typischen Neurotiker und Süchtigen. Ich denke an so viele, die erst im späteren Alter ihre Distanz zu den Menschen entwickelt haben, weil sie in einem kritischen Lebensabschnitt den eigenen Halt verloren haben und den notwendigen Halt bei ihren Nächsten nicht bekommen haben. Frauen, die in jungen Jahren heimlich abgetrieben haben, unfruchtbar geblieben sind und sich mit Schuldgefühlen und der Sehnsucht nach einem Kind herumplagen oder sich vor einer Ehe fürchten. Flüchtlinge, die ihre alte Heimat aufgegeben und die neue nicht gefunden haben, weil ihnen niemand bei ihrer schweren Integration beistand. Das Erfahren des Nicht-Willkommenseins verletzt die Selbstliebe. Diese Kränkung wird auf die Ehefrau und die Kinder übertragen und der innere Zusammenhalt zerbricht. Letztendlich vegetiert jeder in seinem kleinen Ghetto innerhalb des großen Ghettos vor sich hin, die Ansprache kommt lediglich vom Fernsehen oder Video. Ferner denke ich an Männer und Frauen, die im mittleren Alter Angst vor dem Älterwerden haben, und krampfhaft versuchen, ihre jugendliche Freiheit nachzuholen. Sie verlassen die Ehepartner und scheitern jämmerlich auf ihrem Weg in die Freiheit. Weder die Geliebte noch der Ehepartner lieben sie. Ich denke an die alten Menschen, bei denen die Krise erst beim Wechsel ins Altersheim eintrat. Sie plagen sich mit Zweifeln, ob die Kinder, deren Besuche immer seltener werden und die sie nur noch konventionell umarmen, sie überhaupt noch lieben?

Diese verwundeten Menschen sind hilflos und befinden sich in einer Sackgasse. Die Verängstigung, Enttäuschung und Beleidigung hindern sie, den Nächsten um den Halt zu bitten. Sie befürchten eine noch größere Verwundung durch eine Abweisung. *In dieser kritischen Zeit sind sie nicht in der Lage, zu geben; aber ohne Geben können sie auch nicht nehmen. Sie können sich auch nicht alleine ausweinen, denn das würde bedeuten, daß sie ihre Selbstbeherrschung aufgeben müßten.* Sie müßten ihren starken Panzer, mit dem sie sich vor Menschen und vor sich selbst schützen, ablegen und nackt vor sich selbst dastehen. Einige wenige Tränen trauen wir uns in einer solchen Verzweiflung schon zu, auch ein stilles Weinen. Aber wenn die Seele den Haß und den

Schreck loslassen möchte, dann dämpfen wir den Schrei, noch bevor er vom Bauch in die Kehle gelangt. Wir schnüren die Kehle zu, denn wohl *niemand von uns traut sich, seine Verzweiflung im Alleingang auszuschreien.* Allein schon die Vorstellung grenzt an Wahnsinn. Ich verliere mich in der unendlich tiefen Schlucht, in die ich stürze. Verlassener und ausgelieferter kann ich gar nicht sein. Normalerweise gestatten wir uns nur dann das Schreien, wenn wir uns durch eine Menschenmasse oder durch Regeln geschützt fühlen. Deshalb geht so mancher von uns gerne auf den Fußballplatz oder zu einer Beerdigung.

Als mein Mann starb, machte ich eine seltsame Erfahrung. Es kamen sehr viele Menschen auf mich zu, um mich in den Arm zu nehmen. Meine Freunde, die vom Festhalten etwas verstehen, Freunde meines Mannes, denen als verbündete Freiheitskämpfer diese festhaltende Lebensform vertraut war, haben mich dichter und länger umarmt als es der Konvention nach üblich ist. Sie haben mich weinen lassen und mit mir geweint. Wir lösten unsere Umarmung nicht, solange noch einer schluchzte. Dadurch aufgemuntert haben manche Nachbarn und entferntere Bekannte ihr »Korsett« abgelegt. Anstelle mit Händedruck das übliche Klischee »mein herzliches Beileid« kundzutun, haben auch sie mich lange und wortlos festgehalten. Einige weinten mit, obwohl sie weder zu mir noch zu meinem Mann ein herzliches Verhältnis hatten. Und es war hier nicht nur Mitgefühl am Werk. Sie nutzten die Chance, in dieser liebevollen Umarmung ihren Schmerz endlich abladen zu können. Ich habe diese Menschen viel mehr festhalten müssen, als sie mich festhalten wollten. Es war auf jeden Fall eine unvergeßliche Gegenseitigkeit und Gegensätzlichkeit: Freude am offenen Grab. Nie in meinem Leben erlebte ich an einem Tag so viel Liebe. Bis heute begegnen wir uns als gute Freunde, wo wir doch früher nur flüchtige Bekannte waren.

Wenn ich deinen Rückzug nicht zulasse
Die Lösung ist so einfach! Hier muß ich mich jedoch korrigieren und »wäre« schreiben. Wenn der Ist-Zustand bereits existierte, würde sich dieses Buch erübrigen.

Die Lösung heißt nämlich: Mein liebes Kind, meine liebe Frau, mein lieber Mann, Bruder oder Schwester: Deine Angst, deine Verzweiflung, dein Haß, deine Abscheu vor dir selbst, deine Trauer sind nichts Schlechtes. Du bist berechtigt, dies alles auszuleben und auszuschreien, auch gegen mich, wenn du es so fühlst. *Ich werde dich festhalten, damit du dich traust*, in deine Spirale einzusteigen, und ich gehe mit dir, bis du durch alle Windungen hindurch bist, bis sich

deine Anspannung in Entspannung,

deine Angst in Geborgenheit,

dein Haß in Liebe,

deine Trauer in Freude

verwandelt hat. Erst, wenn du dieses Gleichgewicht erreicht hast, bist du frei – und solange halte ich durch. Du bist mir so wichtig, weil ich dich so lieb habe.

Das gemeinsame Erleben des Festhaltens verläuft im Hinblick auf die affektive Dynamik nach den gleichen Stationen, wie die Krisenverarbeitung nach Schuchhardt. Ich habe mich sehr gefreut, als ich viel später, nachdem ich den Wandel der Gefühle als Gesetzmäßigkeit beim Festhalten erkannte, die gleichen Stufen beim »Bonding« nach Casriel und Lechler fand (siehe Abbildung auf Seite 71).

– Wie wäre es... wenn ich als Krankenschwester nicht zulassen würde, daß das kleine Kind die ganze Nacht in seinem Bettchen schreit, und ich etwas dafür tue, daß die Mutter mitaufgenommen wird? Sollte dies nicht möglich sein, dann nehme ich das Kind auf den Arm, als wäre ich seine Mutter, und wiege und tröste es, bis es sich in meinem Ersatznest fallen lassen kann.

– Wie wäre es... wenn der vom Schulerfolg abhängige Junge bei Mißerfolg von seinen Eltern festgehalten würde? Wenn sie ihn spüren lassen und ihm sagen: »Du brauchst keine guten Noten, um dich von uns geliebt zu fühlen. Wir lieben dich so, wie du bist, immer und unter allen Umständen. Selbst wenn du das schlechteste Zeugnis der Welt heimbrächtest, wenn du dich trauen würdest, mir gegenüber Gift und Galle zu spucken, wir lieben dich, einfach, weil du da bist.«

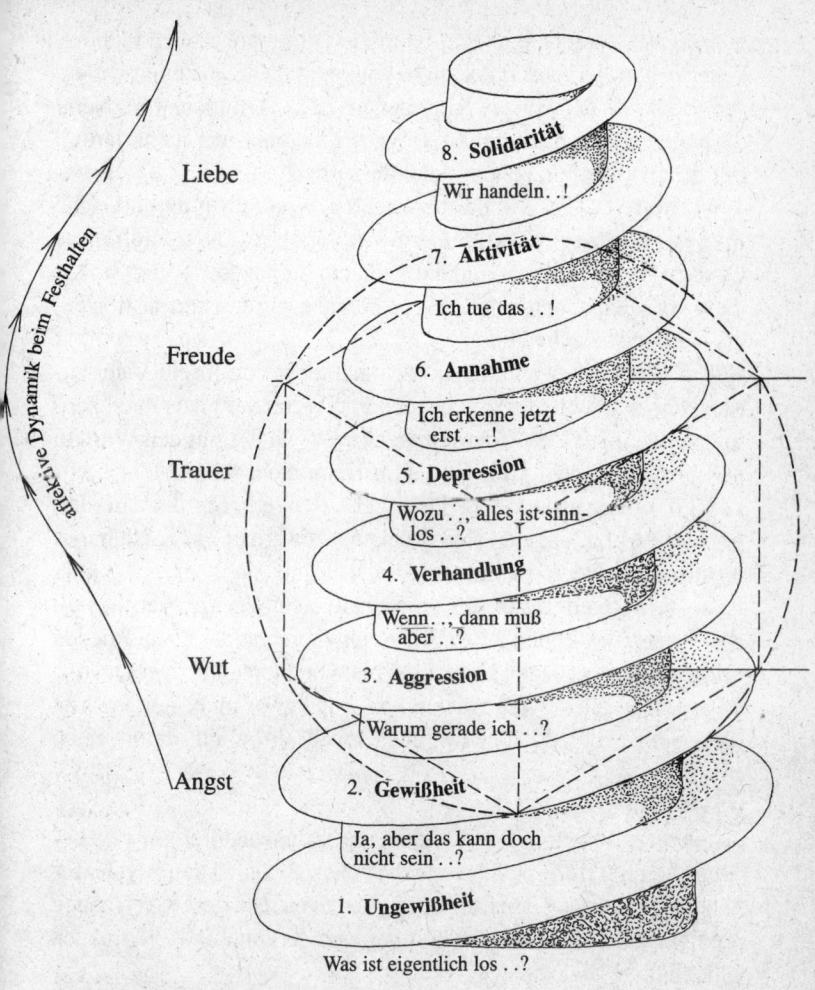

affektive Dynamik beim Festhalten

Liebe

Freude

Trauer

Wut

Angst

8. **Solidarität**

Wir handeln. . !

7. **Aktivität**

Ich tue das . . !

6. **Annahme**

Ich erkenne jetzt
erst . . . !

5. **Depression**

Wozu . ., alles ist sinn-
los . .?

4. **Verhandlung**

Wenn . .; dann muß
aber . .?

3. **Aggression**

Warum gerade ich . .?

2. **Gewißheit**

Ja, aber das kann doch
nicht sein . .?

1. **Ungewißheit**

Was ist eigentlich los . .?

Vergleich des Wandels der affektiven Dynamik beim Festhalten mit der Spirale
der Krisenverarbeitung

– Wie wäre es… wenn am Stammtisch ein warmherziger Kumpel
die Tränen der jungen Trinkerin bemerken würde, er sie vielleicht
vom Stammtisch weg auf die Straße führen würde, um ihr Zeit zu
lassen, ihren Schmerz nicht mit Alkohol, sondern mit Tränen weg-

zuspülen? Wenn er ihr sagen würde: »Du brauchst dich nicht zu beherrschen. Ich beschütze dich. Du kannst dich auf mich verlassen. Heule deinen ganzen Kummer aus. Du bist liebenswert. Nein, du brauchst mir nichts dafür zu geben. Es geht mir nicht darum, mit dir zu schlafen, sondern daß du zufrieden bist.«

– Wie wäre es… wenn Sie beobachten, wie traurig die türkische Frau ist, weil man sie im Supermarkt vor allen ausschimpfte, das Obst zu lange in ihren Händen gehalten zu haben? Wenn Sie sie dann vor allen anderen in den Arm nehmen würden und sie trösten, bis sie wieder lachen kann?

– Wie wäre es… wenn Sie sich einmal nicht von Ihrem Vater zurückweisen lassen, der sich bei der Verabschiedung aus Ihren kantigen und eingeübten Umarmungen herauswindet mit den Worten: »Oh, laß mich doch, mir geht's im Heim nicht schlecht. Geh nur zu Deinen Leuten und lebe Dein Leben.« Wenn Sie ihn dann liebevoll fest und lange an sich drücken, als wäre er ein Kind, damit er in seinem Herzen glauben kann, daß Ihre Liebe zu ihm größer ist als sein Zweifel, daß Sie ihn deshalb nicht weniger lieben, weil Sie Ihr eigenes Leben leben. Ihr Vater kann erst dann den Frieden erleben, wenn er sagen kann: »Du bist vor allem dafür verantwortlich, daß du alles wirst, was du bist – und zwar nicht nur, weil du dich selbst liebst, sondern auch, weil du mich damit reich machst.«[23]

– Wie wäre es…

Ja, wenn es so wäre, dann könnten wir wahrscheinlich die psychologischen Beratungsstellen und die vielen Betten in den Psychiatrischen Kliniken und den Entziehungskliniken reduzieren. Wir hätten weniger Scheidungskinder und weniger Kriminalität. Wir hätten glücklichere Menschen.

Dann hätten wir die entscheidendste Wendung in der großen Krise unserer Zivilisation geschafft und eine neue Epoche des Friedens und der Liebe könnte beginnen.

Ich stelle dir meinen Leib und meine Seele zur Verfügung

Es ist nicht leicht, einen zu halten, der von seinen zerstörenden Affekten besessen ist und vor sich und seinem »Retter« flüchten möchte. Lesen wir den Bericht von Jackie Lair in ihrem gemeinsam mit Walther Lechler herausgegebenen Buch »Von mir aus nennt es Wahnsinn«.[24] In diesem Protokoll ihrer Heilung beschreibt sie ihre Erlebnisse beim Festhalten, das sie in Form von »Bonding« in der von Walther Lechler geführten Psychosomatischen Klinik in Bad Herrenalb erfuhr. Ich wähle bewußt den Bericht eines Erwachsenen, weil er seine Gefühle für den erwachsenen Leser differenzierter ausdrücken kann als ein Kind.

Das therapeutische Konzept von Lechler möchte ich später noch ausführlich beschreiben, denn sein therapeutisches Verfahren mit Erwachsenen, das »Bonding«, ist mit dem von Welch und mir eingeführtem Festhalten für Kinder geschwisterlich verwandt. An dieser Stelle geht es mir um Jackies Selbsterfahrungsbericht. Jackie war damals 48 Jahre alt, mit einem Psychologen verheiratet und Mutter und Großmutter. Wegen Zweifeln an ihrem Selbstwert und dem Sinn des Lebens rutschte sie in eine Medikamentenabhängigkeit hinein. Nach mehreren gescheiterten Psychotherapien kam sie von den USA nach Bad Herrenalb in die Klinik. Hier lernte sie, das Schreien als ein Werkzeug zu benützen, um sich in den tiefsten Schmerz und Zorn fallen lassen zu können und das aufgeblasene Ich schrumpfen zu lassen, sich dabei von ihren Mitmenschen in der Gruppe geschützt und angenommen zu fühlen und die beglückende Freilegung ihrer Lebensenergien wahrzunehmen. Obwohl sie um die wohltuende Wirkung des Schreiens wußte, stieg immer wieder panische Angst in ihr hoch.

Jackie berichtet, wie sie einen anderen festgehalten hat.

»Walther spricht, und ich brauche keinen Dolmetscher. Seine Ansprachen sind immer verschieden und doch alle gleich. Bedingungslose Kapitulation, Bonding, unser Hunger und Durst, neue Erfahrungen machen, die alten Verhaltensweisen ablegen, wir müssen sterben, um wiedergeboren zu werden. Bald stehen wir auf, fassen uns an den Händen und schreien. Ich mache Claus ein Zeichen, daß ich ihn umarmen möchte, bevor wir anfangen, und er kommt zu mir rüber. Wir umarmen uns, und dann schließen wir uns den anderen an und bilden alle einen Kreis. Ich weiß noch nicht, mit wem ich auf die Matten gehen werde, da ist immer noch ein Rest der alten Hemmungen, wenn es darum geht, jemanden auszuwählen. Wir schreien Ahhh, und wieder Ahhh, immer wieder. Der junge Claus bricht zusammen und fängt an zu schluchzen. Er windet sich in seiner Qual. Ich brauche nicht lange zu überlegen. Wir gehen miteinander auf die Matten, dieser junge Mann und ich. Erinnerung! Auf einmal erinnere ich mich an den Tag in Horsts Gruppe, als ich mit Dieter Bonding erlebt habe, wie es zwischen Mutter und Sohn sein kann. An diesem Nachmittag in der Kegelbahn war Claus zu mir herübergekommen und hatte gefragt, ob er seinen Kopf in meinen Schoß legen dürfe.

Er hatte gesagt: ›Als ich dich heute morgen mit Dieter beobachtet habe, hätte ich etwas darum gegeben, wenn ich an seiner Stelle gewesen wäre.‹ Ich habe ihn in den Arm genommen, und dann hat er seinen Kopf in meinen Schoß gelegt, aber ich habe nicht weiter darüber nachgedacht. Vielleicht werde ich heute erfahren, was er gebraucht hat. Aber möglicherweise ist das vollkommen unwichtig. Ich werde offen sein für alles, was sich ergeben wird. Claus schluchzt heftig. Ein herzzerreißendes Schluchzen schüttelt ihn, während er auf dem Rücken liegt. Ich liege auf ihm drauf und lege meine Arme um ihn. Einen Teil meines Gewichts verlagere ich auf mein rechtes Knie. Ich halte ihn fest und fühle die Zerbrechlichkeit seiner menschlichen Natur. Er fängt an zu schreien. Sein Schmerz schüttelt mich. Er schreit weiter und weiter; Schmerz, Schmerz, Schmerz! Ich fühle, wie mir Tränen in die Augen steigen bei dem, was ich erlebe. Er ist so ein Bild von einem Jungen – warum müssen wir uns alle selbst solche höllischen Qualen bereiten?

Bald windet sich Claus unter mir. Jetzt wird sein Schmerz von Wut abgelöst. Ich packe ihn fester und er mich auch. In seiner Wut umklammert er mich so heftig, daß mir die Knochen weh tun, aber das ist unwichtig.

›Laß es raus, Claus, scheiß auf die Matten‹, denke ich. Seit mehr als einer Stunde halte ich ihn und seine Wut fest. Der Schweiß läuft mir den Rücken herunter und zwischen meinen Brüsten hindurch – das spüre ich. Mein Haar hängt mir in wilden Strähnen ins Gesicht, und Schweißtropfen laufen mir in die Augen. Ich fahre

Claus mit der Hand durchs Haar, er ist auch in Schweiß gebadet. Wieder eine Erfahrung in diesem neuen Leben, das ich führe! Das ist harte körperliche Arbeit, aber die Freude, mit einem anderen Menschen so eng zusammen zu sein, gibt Kraft, und ich werde nicht müde weiterzumachen. Claus ist unbändig stark in seiner Wut und wirft mich hin und her. Aus Erfahrung weiß ich, daß mir heute abend sämtliche Muskeln weh tun werden.

Claus ist fertig, und wir entspannen uns und bleiben einfach noch eine Weile zusammen auf den Matten. Ich habe meine Arme um ihn geschlungen und er hält mich, und das ist wunderschön.«[25]

Was fühlt der Festhaltende? Es ist ein Sprung ins Dunkle. In die Dunkelheit der Gefühle. Ich weiß nicht, was auf mich zukommt. Ich weiß nicht, ob ich nicht Angst vor der Tiefe deiner Verzweiflung bekomme. Ich weiß nicht, ob ich es durchstehe. Bei Bonding ist es um Einiges leichter, den Haß des Bedürftigen zu ertragen. Er sieht in mir seinen Psychotherapeuten, seinen Beschützer; der Haß ist nicht persönlich gegen mich gerichtet, ich bin an seiner Verzweiflung nicht schuld. Ich bin nur »als ob« ich derjenige sei, der seine Ängste zündete. Ich habe mit seiner Vergangenheit nichts zu tun. Anstelle ihrer leiblichen Mutter oder ihres Vaters läßt sich Jackie mal von Monika, mal von Walther, mal von Claus und mal von Dieter halten. Und sie hält Claus, als wäre er ihr Sohn. Die verzweifelte Wut des Leidenden kann ich in meinem freundlichen Samariter-Arm um so leichter abfangen, als ich durch die anwesende psychotherapeutische Gruppe geschützt bin. Es kann nichts schief gehen. Ich selber kann mich in dieser großen Einheit vertrauensvoll fallen lassen.

Wenn wir aber nur zu zweit sind und wenn ich mich dir zuliebe entschließe, dich nicht alleine an der dunkelsten Windung deiner Krise zu lassen, und wenn ich mit dir in deine Hölle einsteige, wenn ich mich in deine Not hineinfühle und mit dir verschmelze, mit dir bebe, mit dir schreie und mit dir weine… verliere ich mich nicht selber? Bin ich stark und fest genug? Werde ich nicht vor dir flüchten, noch bevor ich den Vorhof deiner Hölle betreten habe? Kann ich deine Wut gegen mich, deine Schimpfworte, deine Anklagen, dein schrilles Schreien ertragen? Von wo nehme ich die

Entschlossenheit, wenn nicht aus meiner Verzweiflung, daß du selber verzweifelt bist? Von wo nehme ich die Kraft dazu, wenn nicht aus meiner Wut? Nicht nur du, auch ich habe Wut, wenn ich merke, wie meine Liebe zu dir leidet – so wie auch deine zu mir. Diese Angst vor dem Nicht-Geliebtsein ist die grausamste Angst. Und diese Angst aller Ängste will ich in Sicherheit umwandeln, damit wir deine Liebe und meine Liebe, damit wir unsere Liebe erretten. Ich gehe zu dir dorthin, wo du dich plagst. Ich lasse dich nicht alleine, und ich lasse dich nicht früher los, bevor du nicht Glanz in den Augen hast. Selbst wenn es bis ans Ende der Welt dauern sollte.

Es ist der Nachteil eines Buches, daß man für die Erlebnisse, die nur mit der Körpersprache vermittelbar sind, die Sprache der Worte benutzen muß. *Die seelische Anstrengung*, die ich bisher mit den qualvollen Fragen, Zweifeln und verbalen Entschlüssen seitens des Festhaltenden zu schildern versuchte, *drückt sich unmittelbar leiblich aus. Nicht die Gedanken, sondern der Körper ist das führende Fahrzeug für die Gefühle und Affekte beim Festhalten.* Die auszutragen ist nicht etwa weniger anstrengend, im Gegenteil. Beim Reden kann man sich taub stellen, Gefühle zerreden, »verkopfen« und dergleichen, während *die Haut in einer elementaren Eindeutigkeit die Gefühle in Richtung des Geistes, der Seele, des Inneren* (Montagu) *leitet.*

Von beiden Seiten erfolgt dieser *Dialog bei enger Umarmung und höchster Konzentration. Seine Dynamik äußert sich in Bewegungen der Lebensenergie, den Anspannungen. Einerseits in Widerstand, Strecken, unregelmäßigem Rhythmus, Abstoßen, andererseits in Entspannung, Lockern, regelmäßigem Rhythmus, Anlehnen und Bindung.* Wichtige Fragen können gestellt werden, wie: »Bist du stark genug, um mich zu halten? Um meine Ausbrüche auszuhalten? Hab ich nicht doch recht, wenn ich meine, daß du mich im Stich läßt? Gibst du mich auf? Hältst du mich fest genug, damit ich an deine Liebe glauben kann? Magst du mich auch dann, wenn ich wild um mich schlage und gegen dich stoße, dich drücke, zwicke und beiße oder an dir zerre?« Der Körper dechiffriert auch die Antworten des ihn Haltenden: »Ja, ich bin für dich da, du darfst dich verläßlich auf mich stemmen, damit du deine Widerstände aus dem Tiefsten herausholen kannst, damit du deinen Panzer platzen lassen kannst. Ich ertrage deine Aggressionen. Komm nur noch mehr aus dir heraus! Zeig, wieviel Kraft du hast, laß deine Energie strömen! Fürchte dich nicht, ich habe die Kraft, die du bei mir erwartest. Ich habe mehr Kraft zum Durchhalten, als du zu deiner Abwehr hast. Ich liebe dich, auch wenn du wüst bist. Ich liebe deinen fetten Körper, ich liebe deine alten Falten, ich liebe deine durch Aids stigmatisierte Haut. Du bist für mich wie auch für dich immer unter allen Umständen liebenswert.«

Dies ist die Geburt. Jetzt liegt das Baby noch feucht vom Fruchtwasser am verschwitzten Bauch der Mutter. Bindung, Wärme, Geborgenheit. »Endlich habe ich dich gefunden, Mama,« sagen die beiden kleinen Hände an ihrem Gesicht. »O ja«, antwortet ihr zärtliches Streicheln, »wir haben uns wiedergefunden. Die Liebe ist wiedergeboren. Jetzt bist du da. Ich habe meinen Leib in deinen Leib und meine Seele in deine Seele gegeben, als du mich brauchtest. Wir waren eins. Aber jetzt bist du frei und kannst eigenständig sein. Geh deinen Weg. Solltest du mich brauchen, komm wieder zu mir. Du weißt jetzt doch, daß es keine Krise gibt, die wir nicht miteinander schaffen würden.«

Jedesmal, wenn ich beim Festhalten den beglückenden Strom der Liebe betrachte, habe ich das Gefühl, es ist ein Wunder. Das einzige für Menschen machbare Wunder. *Dieses Wunder besteht aus der Wandlung von zerstörerischen Affekten zu lebensbejahenden* – von Angst zu Geborgenheit, von Haß zu Liebe, von Trauer zu Freude – unter den gleichen Bedingungen: es ist immer noch die gleiche enge Umarmung wie zu Beginn, das Kind hat immer noch schlechte Noten, der junge Mann hat immer noch Aids. An der Lebenslage der Betroffenen hat sich nichts verändert. Aber er ist ausgeglichener, er kann sich selbst bejahen, so wie er ist, und die anderen Menschen auch. *Diese Wandlung geschieht allein unter dem Einfluß der verkörperten aktiven Liebe.*

Man muß nicht religiös sein, weder christlich, taoistisch oder buddhistisch, um diese Erfahrungen einzuordnen. Wenn man sie erlebt, ist man mittendrin im Fluß. Man wird sich umsonst bemühen, mittels Gedanken, Worten und Zahlen den Zustand zu erforschen, unter dem die Transzendenz zu spüren ist und die nahtlose Verankerung in dieser dreidimensionalen Welt mit allen Sinnen und mit jeder Zelle des Körpers wahrnehmbar ist. Wenn man das noch nie gefühlt hat, kann man es sich auch schwer vorstellen. Denn *der Zustand ist nur vermittelbar durch das Erfühlen.* Wenn man das noch nie bewußt gefühlt hat, kann man es sich auch schwer vorstellen. Jeder von uns aber hat den Zustand des Festgehalten-Werdens wahrgenommen, solange er noch nicht denken konnte. Dies erlebten wir noch unbewußt im Leibe der Mutter und wer von uns das Glück hatte, auch noch einige Zeit danach.

Zur Persönlichkeitsentwicklung des Kleinkindes – ein kleiner Exkurs in die Entwicklungspsychologie

Festhalten als Urzustand

Obwohl uns allen die Erfahrung von 9 Monaten im Mutterleib gemeinsam ist, wissen wir nur wenig darüber. Die körperliche Entwicklung des Embryos und des Fetus hat die naturwissenschaftliche Medizin genau erforscht; so perfekt (nicht mit »gut« zu verwechseln), daß sie Gene umprogrammieren und Kinder in Retorten zu züchten vermag. Von der seelischen Entwicklung in der frühesten Lebenszeit wissen wir bis heute noch immer relativ wenig. Schuld daran ist nicht zuletzt die Psychologie. Während sie sich vorwiegend mit quantifizierbaren Methoden als exakte Wissenschaft zu profilieren versuchte, und deshalb einzelne Merkmale des Verhaltens, der Intelligenz und Neurophysiologie beobachtete und maß, entging ihr die Ganzheitlichkeit des Menschen. Am wenigsten gelang es ihr, die früheste Kindheit zu erforschen, denn das gefühlsmäßige Erleben des Embryos läßt sich kaum erfassen: es läßt sich nicht testen und schon gar nicht durch strukturierte Fragesysteme erheben. So passierte das Gegenteil des Erwünschten: die Psychologie kam im Vergleich zur Technik ins Hintertreffen.

Noch in der ersten Hälfte des 20. Jahrhunderts – der technische Fortschritt war inzwischen so weit, daß die erste Atombombe fiel und der Weg für die Astronautik frei war – wußte die Wissenschaft kaum etwas über die Beziehung von Mutter und Kind. Man nahm an, ein Kind sei im 1. Lebensjahr ein ganz und gar unbewußtes Wesen, dessen Erlebnisse keinerlei Bedeutung für seine weitere Entwicklung haben. »Lange Zeit war man auch in der Pädiatrie und Chirurgie der Meinung, das Neugeborene und der kleine Säugling seien schmerzunempfindlich, sie seien also noch nicht ›reif‹, um Schmerz zu empfinden…«[26], schreibt Reinhart Lempp in Zusammenhang mit seiner Empfehlung zur Korrektur der heutigen Kinderpsychiatrie und verweist darauf, daß eigentlich erst mit Freud der Hinweis auf die Bedeutung der frühen Kindheit kam. Für Freud war das Kleinkind jedoch noch ein passiver Empfänger und zugleich Opfer von äußeren Eindrücken. Melanie Kleins Hinweise auf tief verwurzelte aggressive und destruktive Impulse und Ängste im frühesten Säuglingsalter blieben weitgehend unbeachtet. Erst im Zusammenhang mit der Erforschung der Flüchtlingskinder nach dem 2. Weltkrieg konnte René Spitz durch eine Untersuchung nachweisen, daß ein Kind schon um den 8. Monat herum eine Bindung mit der Mutter bewußt wahrnimmt, aktiv pflegt und diese auch vermißt, was zu Hospitalismus-Schäden führen kann. Zum gleichen Zeitpunkt wurde diese bahnbrechende Erkenntnis aufgrund der von Harlow durchgeführten Experimente mit Äffchen nicht nur bestätigt, sondern vertieft. Die Tatsache, daß die Äffchen beim Streß nicht vordergründig an der Milchquelle bei der Mutter-Attrappe saugen wollten, sondern eindeutig bevorzugten, sich am Fell der Mutter-Attrappe zu *halten*, bewies die Zweitrangigkeit der oralen Befriedigungen. Auf das Bedürfnis nach dem spürbaren Gehalten-Werden und Sich-Halten an der Mutter, auf die Notwendigkeit ihrer einfühlsamen fürsorglichen Anpassung an das Kind, auf die Wichtigkeit der Bindung und der Nestwärme wiesen Bindungstheoretiker wie Bowlby, Ainsworth und Psychoanalytiker wie Erikson, Mahler und Winnicott hin.

Das menschliche Neugeborene muß die Bindung am Bauch und in den Armen um so mehr spüren, da es sich nach dem Zoologen und Anthropologen Portmann um eine »physiologische Frühgeburt« handelt. Im Unterschied zu vielen primären Nesthockern wie Welpen und Katzen, die nach der Geburt schon aktiv im Nest den Weg zur Mutterbrust suchen, kann sich das menschliche Neugeborene noch nicht einmal kriechend gezielt fortbewegen. Merkwürdig, welche entscheidenden Beiträge zum Verständnis der menschlichen Bedürfnisse ausgerechnet die Zoologen geleistet haben! Der Verhaltensbiologe Bernhard Hassenstein[27] ordnete das menschliche Baby dem biologischen Typus der »Traglinge« zu.

Weil es in mancher Hinsicht hilfloser als manch primärer Nesthocker ist, allerdings mit Greifreflexen ausgerüstet, hat es nicht das Bedürfnis, »im Nest zu hocken«, sondern am Körper der Mutter gehalten und dabei bewegt zu werden. Dies kommt am ehesten zustande, wenn das Kind getragen wird.

In den 70er Jahren begriffen wir allmählich, daß das Kleinkind die Bindung zur Mutter von Geburt an braucht. Diese Bindung muß es mit allen Sinnen wahrnehmen und vor allem spüren können. Es ist, wie das Ehepaar Papoušek nachweisen konnte, von Anfang an ein aktives, wahrnehmungsfähiges Kind, das einen richtigen Dialog mit der Mutter mittels Blickkontakt, der imitierten Mimik, sowie der Imitation seiner eigenen Laute pflegen kann.

Die Forschungen von Graber, Grof, Schindler u.a. in den 80er Jahren schließlich zeigten, daß die seelische Entwicklung eines Kindes schon in der vorgeburtlichen Zeit beginnt. Auch das Urvertrauen entsteht schon im Mutterleib.

Wie das Urvertrauen entsteht

Die ganze Schwangerschaft hindurch wird das Kind im Mutterleib gehalten. Dabei nimmt es stets den Rhythmus der wiegenden Bewegungen mit der Mutter wahr. Dieser symbiotische Kontakt wird mit Hilfe des zuallererst entwickelten Sinneskanals für Gleichgewicht, Bewegung und Tasten von der 7. Schwangerschaftswoche an wahrgenommen. (Die Anthroposophen sprechen treffend von Lebenssinn.) Je größer der Fetus ist, und je weniger er seine eigene Körperlage ändern kann, um so intensiver nimmt er die Bewegungen mit der Mutter wahr. Diese kommen rund um die Uhr zustande, selbst dann, wenn die Mutter schläft, wird das Kind durch ihre atmenden Bewegungen ins rhythmische Mitschwingen gebracht. Der Takt und das Tempo verändern sich, je nachdem, wie die Mutter geht, wie sie sich bei der Arbeit, beim Sport, beim Trösten ihrer größeren Kinder, beim sexuellen Verkehr usw. bewegt. Jedesmal wird die Gewöhnung an die neue Struktur durch ihr rhythmisches Wiederholen vermittelt. Dazu nimmt das Kind die Vibration und die Geräusche des regelmäßig pulsierenden Herzens der Mutter und seines eigenen wahr. In diesem ozeanischen Gefühl der rauschenden wiederkehrenden Wellen eingebettet, erlebt das Kind das Prinzip der Sicherheit, das aus dem Erfüllen der erwarteten Erfahrungen besteht.

Es kann sich auch auf das Beantworten seiner eigenen Bewegungen verlassen. Typischerweise hält die schwangere Frau ihre Hände am Bauch und reagiert streichelnd auf die Lebensäußerungen ihres Kindes. Je erwünschter das Kind, um so intensiver wird dieser Dialog stattfinden. Nur durch die Mutter erlebt das Kind »seine eigene Lebendigkeit, … während es sich selbst, losgelöst von der Mutter, noch nicht zu erleben vermag«, schreibt der Anthropologe Klaus Conrad, Präsident der Deutschen Liga für das Kind in der Familie und Gesellschaft[28].

Mit Sicherheit ist jedoch anzunehmen, daß das Kind im Mutterleib nicht nur angenehme Erfahrungen macht, sondern auch dramatische Krisen durchlebt. Die Ängste der Mutter spürt auch das Kind; durch den veränderten Herzschlag der Mutter wird es verängstigt, es nimmt Teil an ihrem erhöhten Adrenalinspiegel. Es macht aber auch eigene Gefährdungen durch, zum Beispiel wenn es unter Sauerstoffmangel gerät oder sich die Nabelschnur um den Hals wickelt. Die Krisen sind sicher schwer. Jedesmal aber kehrt das Kind durch das rhythmische Wiegen in die Urvertrautheit zurück.

Auch die Geburt selbst ist für das Kind eine Krise. Nach der schier unerträglichen Enge der letzten Tage im Mutterleib muß es den schweren Weg durch den Geburtskanal auf sich nehmen und sich den Gegensätzen in der Welt stellen. Sämtliche Sinne sowie die Art des Atmens, der Nahrungsaufnahme und der Körperlage müssen sich neu orientieren: Anstelle von Dunkelheit erlebt es jetzt Helligkeit, anstelle von vertrauter Wärme Kälte, anstelle des Lebens im Wasser nun Trockenheit, anstelle der Einengung Freiheit für seine Bewegungen. Mit diesen nicht vorhersehbaren Erfahrungen kann das Kind noch nicht alleine umgehen. Es braucht den Schutz der Mutter. Indem sie es an ihre Brust legt, kann das

Kind durch das vertraute Wiegen auch den Herzschlag und die Stimme der Mutter wiedererkennen und den sanften Dialog fortsetzen, der durch die Geburt unterbrochen wurde. Diesmal kommt auch noch der Blickkontakt und das Saugen an der Brustwarze dazu. Aber nur solange das Kind spürt: »Ja, es ist die gleiche Bindung an das gleiche urvertraute Nest, hier kann ich mich fallen lassen.« Und unter diesem Wiedererkennen kann es in aller Zufriedenheit wieder einschlafen.

Das Festhalten als Grundform der Betreuung im Kleinkindalter

Gehen wir von zwei Tatsachen aus:

1. Tatsache: Seit es Menschen auf der Welt gibt und bis heute noch bei vielen sogenannten »primitiven« Kulturen, werden die Kinder in den ersten zwei bis drei Jahren im Tragetuch gehalten. Dies geschieht aus der Zwangslage der Lebenssituation heraus, nicht aufgrund eines pädagogischen Konzeptes: weil kein Kinderwagen und kein Auto mit Kindersitz vorhanden ist, weil man die Kinder beschützen muß vor Kälte oder Insekten, weil man bei der Arbeit, beim Marsch in der Karawane oder auf der Flucht keine Chance hat, das Kind loszulassen. Das Tragen nimmt je nach Tradition und klimatischen Bedingungen unterschiedliche Formen an: mal auf dem Rücken, mal auf der Hüfte. In klimatisch sehr warmen Gebieten muß sich der Säugling selber an der Mutter halten, während er in frostigeren Gegenden ganz eingehüllt wird, so daß er nicht nur in den Bewegungen, sondern auch am Sehen gehindert wird. Mal wird er leichter gehalten, mal fester – aber immer fest genug, damit er nicht herunterfällt. Das Kind muß nichts »leisten«, es muß sich lediglich an alle Körperlagen und Körperbewegungen des ihn Tragenden anpassen. »Idealerweise bewirkt der Gestaltfluß ein Hineinwachsen auf angenehme, aber auch ein Wegschrumpfen von unangenehmen Stimuli. Häufiges Anpassen an die eigenen rhythmischen Gestaltveränderungen und die begleitenden der Mutter machen das Kind mit den Dimensionen und Formen beider Körper vertraut. Äußere und innere Reize strukturieren die Bilder von Fülle – Leere, Ausdehnung – Einengung, Vergrößerung – Verkleinerung. Durch korrespondierende Spannungsveränderungen variieren die Grenzen der Gestalt zwischen den Polen des freien und gebundenen Flusses«, beschreibt H.P. Kapfhammer[29] die Erfahrungen der Gegensätze unter dem Halten. Weil das Halten alsbald von der Mama an den Papa, mal an Geschwister, die Großeltern, Tanten oder Onkel übertragen wird, entsteht eine große Variationsbreite von Erfahrungen, die ein breites Spektrum der Anpassungsprozesse und der Neugierde mit sich bringen. Das Kind erlebt neben der Bindung an die Mutter noch eine andere Art von Bindung an einen anderen Träger.

Ein Schwarzer aus Ghana, der heute mit einer Deutschen in Stuttgart verheiratet ist, erzählte mir: »Ich hatte sie alle gern, all die Tanten waren wie meine Mutter. Sie haben mich alle getragen und gemocht. Bis heute sind wir eine große Familie, die zusammenhält. Danach habe ich Sehnsucht.«

Nach D.W. Winnicott wird allerdings unter diesem physischen Halten auch die Zuverlässigkeit der Mutter gemeint, die ihr Verhalten dem Kinde vorhersagbar macht, die stufenweise Anpassung der Mutter an die wechselnden, sich erweiternden Bedürfnisse des Kindes, dessen Wachstumsprozesse es zu Unabhängigkeit und Abenteuer treiben sowie die gesamte Vorsorge.[30] Die Erfahrungen körperlicher, sinnlicher, emotionaler und gedanklicher Art sind sehr eng miteinander zu einem Ganzen vernetzt.

Unter dem Schutzmantel der Eltern wird das Kind gefordert, sich mit *neuen Erfahrungen* zu konfrontieren (anderen Menschen, Tieren, Feuer, Gewitter…), die sowohl lustvoll sein können aber auch Angst auslösen. Das Lustempfinden bestätigt die Mutter mit ihrer Freude, und bei Angst tröstet sie das Kind so lange, bis es die angstmachende Situation durchstehen kann. Je mehr das Kind schreit und somit seine Angst signalisiert, um so fester wird es gehalten und rhythmisch getätschelt und gestreichelt, als möchte man ihm nochmals das Urvertrauen im Mutterleib in Erinnerung rufen. Sie lehrt das Kind, nicht nur seine Angst zu mildern bzw. diese zu ertragen, sondern auch den Mut zu neuen Erfahrungen und somit zur Entwicklung seiner Neugierde. Diese ist eine wichtige Voraussetzung für die Entwicklung der Intelligenz. Bei allen Konfrontationen macht das Kind die Erfahrung, daß es sich auf die Feinfühligkeit seiner Eltern *verlassen* und sich bei ihnen geborgen fühlen kann.

Der Ghanese erzählte mir weiter: »Zum Einkaufen mußte meine Mutter einige Stunden weit gehen. Den Einkauf trug sie auf dem Kopf und ich hing dahinter im Tragtuch. Ich konnte mir vorstellen, was sie alles in dem Korb hatte und beobachten, wie er auf ihrem Kopf hin und her wackelte, ich sah die Landschaft und die Menschen um uns herum. Besonders eine Stelle zwischen den Felsen war sehr düster. Ich hatte aber keine Angst, solange ich auf dem Rücken meiner Mutter war. Erst als ich als großer Junge alleine zu den Felsen gehen sollte, mußte ich mit meiner Angst kämpfen. Aber natürlich habe ich die Angst besiegt. Meine Mutter und alle meine Tanten doch auch!«

Aber nicht nur den Ängsten kann das Kind begegnen, es erfährt auch Trost, wenn es sich schwach und unleidlich fühlt. Das Kind ist voller Wut und Zorn auf seine Eltern, wenn seine Wünsche nach Nahrung oder Bewegungsfreiheit nicht erfüllt werden. Es wird aber deshalb nicht isoliert oder geschlagen, sondern im wahrsten Sinne festgehalten. Dabei kann es seine *aversiven Gefühle* im Arm seiner tragenden Bezugsperson frei ausschreien, den Wunsch bekommt es aber trotzdem nicht erfüllt. So lernt das Kind das »Nein« zu ertragen und den Widerstand seiner Eltern, aber auch seinen eigenen zu testen, ohne daß die Welt untergeht. Ganz im Gegenteil: es fühlt sich trotzdem und eben deswegen *vorbehaltlos geliebt*.

Ich fragte den Ghanesen danach, ob er seinen Trotz und seinen Haß gegen die Eltern richten konnte. Zunächst wußte er nicht, wovon ich sprach. Auf meine Frage, was die Mutter mit ihm machte, wenn er auf ihrem Rücken wütend schrie, weil er nicht herunter durfte oder weil er Durst hatte, sagte er: »Ah, dann hat mich meine Mutter nach vorne auf ihren Bauch genommen, mich vielleicht auch ausgeschimpft, wenn ich frech war, aber weiterhin getröstet. Was hätte sie mit mir auch machen können? Die Einkaufsreise mußte sie fortsetzen. Wenn sie keine Milch mehr für mich hatte, mußte ich auch dürsten. Aber weniger lieb hatte ich sie deshalb nicht.«

Von dem Kind im Tragtuch wird noch keine Leistung verlangt. Es kann aus der Blickhöhe der Erwachsenen beobachten, wie diese miteinander verkehren, wie sie miteinander reden, arbeiten, feiern, streiten und sich versöhnen, wie sie sich versorgen. Und allmählich, sowie es seine zunehmenden Fähigkeiten zulassen, bemüht sich das Kind »so groß« zu sein und alles »alleine« zu machen, so wie es die Großen tun. Das Ich möchte sich dem Du angleichen, es möchte auch so reif sein. Deshalb ahmt es auch die Erwachsenen nach. Es setzt in die eigene Praxis um, was ihm die Großen *vorleben.* Sie erscheinen ihm nachahmungswürdig, weil sie für ihn die Großen, die ihn Beschützenden und vorbehaltlos Liebenden sind. Wenn sich das Kind einigermaßen so verhalten kann wie die Großen, und deshalb weniger Schutz und Versorgung braucht, kann es seinem Grundbedürfnis nach Loslösung nachgehen.

Fassen wir noch einmal zusammen: Das Kleinkind bekommt nicht alle Wünsche nach Freiheit, Nahrung usw. erfüllt, bekommt aber jedesmal, wenn es ihm nicht gut geht, die bedingungslose Liebe, Geborgenheit und zuverlässige Einbettung in die Bindung mit der Mutter und der großen Familie zu spüren. Die Art des Haltens und Festhaltens entspricht den instinktiven Bedürfnissen des Menschen, der als »physiologische Frühgeburt« und vom biologischen Typus her als »Tragling« zur Welt kommt. Unter dem Festhalten macht das Kind alle seine starken Auseinandersetzungen mit der Vielfalt gegensätzlicher Erfahrungen, einschließlich der Krisen (Ängste, Trotz, Wut wegen Nicht-Erfüllung seiner Wünsche, Schmerzen, Trauer) durch. Es lernt dabei, seine Gefühle offen auszudrücken, kann die beschützende Stärke der Eltern spüren, sich unter dieser Obhut allmählich loslösen und das von den Eltern Vorgelebte nachahmen.

Wie Forschungen nachweisen, wird in den primitiveren Kreisen weniger Erziehung betrieben wie in der zivilisierten Gesellschaft. Von Strafen wird weniger Gebrauch gemacht. Ersatzbefriedigungen wie Schnuller oder Übergangsobjekte wie Teddybär oder Schmusedecke werden wesentlich weniger benützt. Dem Fremdling vom anderen Kulturkreis erscheint das oftmals aufgezwungene Festhalten des Kindes als Hemmung des Willens. Das Gegenteil davon ist wahr, wie die ganze Geschichte der als Kinder getragenen mutigen Indianer, Kelten, Germanen, alten Griechen und Römer beweist. Außer der Tapferkeit haben diese »gesättigten Traglinge« noch weitere Vorteile. Nicht nur, daß sie aufgrund des jahrelangen intensiven, sensomotorischen Trainings am Körper der Großen gewandt und ausdauernd wurden, hauptsächlich ist zu schätzen, daß sie spontan und offen im gefühlsmäßigen Ausdruck sind, daß sie sich freuen können, daß sie liebesfähig sind (auch sexuell potent) und sich solidarisieren können. Der Preis ist möglicherweise ein eingeschränkter Individualismus. Nichtsdestoweniger maße ich mir die Behauptung an, daß das Festhalten der Kinder im Tragetuch der ethischen Entwicklung der Menschheit nicht geschadet hat. Eher ist ein Zerfall von menschlichen Werten in den Kulturkreisen zu finden, wo diese ursprüngliche Art der Kinderbetreuung aufgelöst wurde.

2. Tatsache: Für die Persönlichkeitsentwicklung eines Menschen ist von entscheidender Bedeutung, wie es ihm in den ersten zwei bis drei Jahren gelang, das Grundbedürfnis nach Bindung und Geborgenheit zu sättigen. In dieser Zeit wird nach dem Motto »was Hänschen nicht lernt, lernt Hans nimmermehr« oder lieber positiv ausgedrückt »was das Hänschen lernte, behält der Hans«, entschieden, ob das Kind als Erwachsener ein liebesfähiger, sozialer, willensstarker,in sich ruhender Mensch wird oder das traurige Gegenteil davon.

Erst wenn das ES Bindung und Geborgenheit ausgiebig erfuhr, kann es stufenweise wagen, dieses Fundament weiter auszubauen. Dann kann es als ICH Selbstvertrauen entfalten und dem Mißtrauischen zum Vertrauen verhelfen. Fühlte sich das Kind aufgrund der Einfühlsamkeit der Mutter verstanden, kann es sich auch in andere einfühlen und diese verstehen.

Wenn es lernte, sich im festhaltenden Arm der Bezugsperson seinen Ängsten zu stellen und diese auszuhalten, wird es auch später mit Ängsten umgehen und sich neuen Erfahrungen öffnen können. So kann man sagen, »das Selbstwertgefühl des Kindes entsteht grundlegend aus der Bindungsqualität, das heißt aus dem

Spiegel der elterlichen Reaktionen«.[31] Ein Beispiel mag dies noch verdeutlichen: Wenn ein Eskimokind Angst vor einem Fremden bekommt, der das Iglu betritt, geht die Mutter nicht mit ihm weg, sondern tröstet das Kind in ihren Armen solange, bis es den Fremden ertragen kann, und möglicherweise Freude an ihm findet. Arno Gruen weist auf diese Tatsache in seinem Buch »Der Verrat am Selbst« hin und betont, daß man das Selbst, das Ich, nicht erwerben kann, wenn man sich als Es nicht geborgen gefühlt hat. Wenn man das Urvertrauen bei der Mutter nicht gefunden hat, kann man kein Selbstvertrauen entwickeln und weitergeben. Und wenn man in dieser frühen Zeit keine Bindung erfahren hat, kann man sich auch nicht loslösen. Hat man in dieser Zeit gelernt, sich anzupassen, kann man sich auch später durchsetzen.

Schema der Persönlichkeitsentwicklung

Die Persönlichkeitsentwicklung scheint einem gesetzmäßigen Aufbau von psycho-sozialen *Stufen* unterworfen zu sein. So wie die Blüte nicht aus der Blüte, sondern aus dem Samen erwächst, so beginnt sich das selbständige, freie ICH nicht in der Selbständigkeit und Freiheit, sondern im Zustand einer Hilflosigkeit und Abhängigkeit zu entwickeln. Die Sättigung des Bedürfnisses nach Bindung und Geborgenheit ist die Voraussetzung für das Bewußtwerden und für die Sättigung der daraus folgenden Bedürfnisse nach Willen, Durchsetzung und Loslösung.

Den Instinkten und der Liebe entfremdet

Als ich dieses Kapitel beginnen wollte, rutschte ich in einen ungemütlichen Zustand eigener Ambivalenz. Ich habe mich mit Stößen von Büchern über die Untergangserscheinungen unserer Menschlichkeit umgeben, um die geeignetsten Weisheiten zum Zitieren herauszusuchen. Eine schwere Wahl! Ein Buch weiser als das andere: Von der die Selbstvernichtung der Weißen prophezeienden Ansprache des kapitulierenden Indianerhäuptlings an den 1. Präsidenten der USA[32] über Bertolt Brechts Galilei, Konrad Lorenz warnende Hinweise auf den apokalyptischen Zerfall der Werte durch die »Acht Todsünden der Menschheit« bis hin zu Christa Meves Büchern über die »ruinierte Generation«[33] durch die »Manipulierte Maßlosigkeit«[34]. Mein Anliegen ist es nicht, ein Buch über die drohende seelische Verwüstung zu schreiben. Vielmehr habe ich mir zum Ziel gemacht, »lieber eine Kerze anzuzünden, als über die Finsternis zu klagen«, wie es in einem chinesischen Spruch heißt, indem ich auf das Festhalten als eine Hoffnung für die Erneuerung der menschlichen Liebesfähigkeit hinweise. Am liebsten würde ich nur bei diesem positiven Pol anknüpfen. Ich weiß jedoch, daß ich mindestens ein Stückchen des dunklen Weges gehen muß.

Ich kehre also in die im vorhergehenden Kapitel beschriebene Kluft zurück und möchte kurz die instinktive Grundform der Kinderbetreuung nach den Kriterien von »Haben und Sein«, wie wir sie von Erich Fromm her kennen, betrachten.

Die Beobachtung der sogenannten primitiven Kulturkreise, welche die Kinder während der ersten zwei bis drei Jahre meist unter dem Halten oder Festhalten am Körper der Eltern betreuen, hätte uns viel eindringlicher zu der Erkenntnis führen müssen, daß das Kind ein »Nesthocker« ist. Dies bedeutet für das Kind, daß es, um die Nestwärme zu bekommen, alle Konsequenzen der Unbequemlichkeit sowohl der Umgebung als auch des tragenden (haltenden) Elternteils auf sich nehmen muß (zum Beispiel die Störung seines Freiheitsbedürfnisses). Die zwar richtigen tiefenpsychologischen Erkenntnisse, daß die Sättigung oder Nicht-Sättigung des Grundbedürfnisses nach Geborgenheit in den ersten zwei bis drei Jahren über die ganze Persönlichkeitsentwicklung entscheidet, wurden jedoch mehr nach den Kriterien des »Haben« gesehen. Was *hat* das Kind von diesem Nest, welcher Vorteil ergibt sich daraus? So weisen die Tiefenpsychologen mit bewußter Begründung auf die Notwendigkeit der gleichbleibenden, die *Nestwärme* spendende Bezugsperson hin und bevorzugen in den Psychotherapien den Rückgang zu den prägenden jüngsten Entwicklungsstufen. Die Schlüsselerfahrungen des Kindes am Körper der Mutter deuten sie aber einseitig paradieshaft, als wäre das Kind stets bei der Milchquelle, geherzt und verständnisvoll behandelt. Sie betrachten nur das ihrer positiven Erwartungshaltung Entsprechende, da sie selbst das Negative verdrängen und nicht zulassen wollen. Dabei koppeln sie den Begriff des Nestes derart eng an den Begriff der Wärme, daß bei derem geringstem Verlust das ganze Nest seine Existenzberechtigung verliert. Der andere Pol der Erfahrungen – oftmals Verzicht auf Nahrung, Miterleben der Wut der Mutter, Haß gegen sie wegen Nicht-Erfüllen der Wünsche u.a. – wird ausgeklammert, ist aber eben doch unverzichtbarer Bestandteil der Geborgenheit dieses Nestes.

Etwas mehr wird die Lebenswichtigkeit der affektiven Polarisation bei Psychotherapien Erwachsener eingesehen. Im Bereich der Kinderpsychotherapien weicht man aber dem Ausleben zerstörerischer Affekte aus und geht den einseitig sanften Weg mittels indirektiven Spiels, autogenen Trainings etc. Wenn Aggressionen ausgelebt werden, dann unter dem Psychodrama »als ob« und in künstlich gestalteten Kunsttherapien. (Damit kein Mißverständnis entsteht: ich schätze diese Therapien sehr, meine aber, daß sie dem Erleben der affektiven Polarität etwas schuldig sind.)

Die primitiven Völker haben offensichtlich die Bedeutung des langjährigen Tragens der Kinder als Schlüsselerfahrung für das ganze Leben gedanklich nie nachvollzogen. Sonst hätten sie unter dem ansteckenden Beispiel der zivilisierten Kulturkreise ihre ursprüngliche Tradition nicht so leicht aufgegeben. Es sei mir erlaubt, an dieser Stelle die Gedanken von Lis und Niko Tinbergen darzulegen: Eine Gattung braucht Millionen und zumindest zehntausende von Jahren, um einzelne Merkmale zu ändern. So lange braucht der Mensch, bis er aufgrund des wachsenden Lernvermögens die Zeitspanne zwischen Geburt und Erwachsensein verlängerte. So lange wird er auch brauchen, bis sein Kopf wegen des computerhaften Denkens größer wird und die Hände wegen der auf das Knopfberühren eingeschränkten Tätigkeiten kleiner werden. Auch für die Veränderung der genetischen Informationen über die Zugehörigkeit zum biologischen Typus »Tragling« wird der Mensch Generationen brauchen. Aufgrund der menschlichen Intelligenz schreitet dennoch die Kultur-Evolution viel schneller voran. Dazu drängt besonders rasch der technische Fortschritt in unseren Lebensstil hinein und verändert ihn von Jahr zu Jahr, ohne Rücksicht auf die weit hinter sich bleibende genetische Evolution. »Hiermit verändert sich unsere Umwelt so, daß sie an uns angepaßt wird und nicht mehr wir an sie. Da nun ein gesundes Leben auf Angepaßtsein angewiesen ist und da jeder Organismus – bei Todesstrafe! – tun muß, was seine Umgebung von ihm fordert, haben die vom Menschen gemachten Veränderungen in der Umwelt unsere (genetisch auf vorkulturelle Zustände geprägte) Angepaßtheit in Bedrängnis gebracht. Im großen und ganzen erwies sich diese Manipulation der Umgebung unserer Absicht entsprechend und erleichterte uns das Leben… aber jetzt stellt es sich leider allmählich heraus, daß sich unsere ›Beherrschung der Natur‹ durchaus nicht nur günstig auswirkt.« (vgl. Anm. 2)

Die Unheilssträhne zieht sich her, seit der Mensch nach »dem verbotenen Apfel« griff, als Steinzeitmensch den Keil und als Ägypter das Rad erfand, auf seine *reine Vernunft* eitel wurde, keine andere Wissenschaft als die analysierende, exakt meßbare zuließ, somit auch das *meßbare Materielle* vergötterte und letzten Endes den gesamten Lebensraum der präzis funktionierenden Technologie und Organisation unterwarf. Die schwer faßbare Liebe paßte nicht mehr in das wissenschaftliche Vokabular. Das mütterliche Fühlen und die Gefühle überhaupt (mitsamt der genetischen Information über Instinkte) kamen ins Hintertreffen.

Für die Beherrschung der Erfindungen und Ausweitung der *Technik* sind die »linkshemisphärisch« denkenden Männer zuständig. Auf diese Weise wurde eine *männliche Welt* geschaffen. Das polare Gleichgewicht zwischen den Geschlechtern wurde zerstört. Indem sich die unterdrückte Frau bemüht, sich dem Mann anzugleichen anstatt ihre starke Weiblichkeit auszubilden, wird die Nivellierung der Geschlechter noch mehr verstärkt.

Als im 19. Jahrhundert der Kinderwagen erfunden wurde, kam eigentlich die *erste Entfremdung des Babys von der Mutter*. In der 1. Hälfte des 20. Jahrhunderts fing die technische Revolution gegen den Menschen auf dem Geburtstisch an. Damals hatten wir noch keine Bedenken, keine Ahnung von den Schattenseiten der Technik. Es gab noch kein Tschernobyl und noch kein Ölteppich verpestete den See bei Alaska. Auch ahnten unsere Eltern nichts von der bevorstehenden seelischen Erkrankung der ganzen Epoche. Die Menschen waren gutgläubig gegenüber der Technik. Sie freuten sich über die Ausrottung der Flöhe und Wanzen, ohne geahnt zu haben, daß uns später auch die Fische in den Flüssen fehlen würden. Sie freuten sich über die Massenmedien, ohne dabei bedacht zu haben, daß dadurch die Freude am Gespräch verloren geht. So ließen Frauen auch die Trennung ihrer Kinder gleich nach der Geburt zu – manche mit blutendem Herzen, weil sie eine Verletzung der Instinkte spürten –, aber sie folgten der geachteten medizinisch-technischen Wissenschaft, die es doch sicher gut meint. Das Kind wurde also sofort von der Mutter getrennt. Dringendst zu beachten waren die Sterilität und das Alleinsein im Bettchen, weit weg im entfernten Zimmer. Weitere Richtlinien der Kinder-erziehung kamen von dem amerikanischen Psychologen John B. Watson. Seinen Ratschlägen fielen die heutigen Erwachsenen als Babys zum Opfer – vor allem die älteren Jahrgänge. Manche sind von der Richtigkeit bis heute überzeugt. Es war verpönt, ein weinendes Kind in den Arm zu nehmen und zu trösten, weil es später verwöhnt sein könnte. Das Kind soll alleine, laut und lange genug schreien, damit es seine Stimmbänder und seine Lunge für die spätere Übernahme des Sprachvermögens trainiert. Das Wiegen im Arm wurde unterbunden und die Wiege aus dem Haushalt entfernt mit der Begründung, das Kind könne unter den stereotypen Bewegungen verdummen. Selbst das Stillen galt als schädlich. Die gleiche patriarchalische Gesellschaft gestattete den Kindern weder, sich die Geborgenheit bei der Mutter zu holen, noch aversive Gefühle auszudrücken. Besonders Jungen wurde das Weinen verboten, dies war nur »schwachen« Mädchen erlaubt. Den Trost holten sich die Kinder bei Ersatzbefriedigungen, die viel zuverlässiger erreichbar waren als die Mutter – bei Schnuller, Flasche, Süßigkeiten, im Spiel – und wurden in vielen Fällen davon abhängig, zum Teil bis zur Sucht.

Diese frühen Prägungen, die für Geborgenheit standen, sind besonders hartnäckig. Trotz wurde streng verboten und hart und autoritär bestraft. Es galt der Wille des Herren. Das Kind hatte selbst nichts zu entscheiden. Angenommen hat sich das Kind nur bei Überanpassung, Sauberkeit und Ordnung gefühlt, bei perfekten Leistungen und Erfolgen, bei Sparsamkeit und Besitz. Diese Werte bekamen auch deshalb eine außerordentlich große Bedeutung, da sie nicht nur von den Eltern als erzieherisches Ideal gepriesen wurden, sondern dem Kind auch eine Ersatzsicherheit geworden sind. Und von diesen Ersatzsicherheiten entstand in vielen Fällen eine Abhängigkeit. Sie führte zu Leistungsängsten, Arbeitssucht, Erfolgszwängen, Perfektionismus, Egoismus und Geiz. Die Überbewertung intellektueller Leistungen führte schließlich zur Spaltung von Denken und Fühlen. Der gegen die Eltern nicht ausgedrückte Haß wurde in Aggressionen gegen den nächsten Schwächeren abgeleitet oder nach innen geschluckt, wo er Gallensteine, Muskelverspannungen und andere psychosomatische Beschwerden erzeugte. Nur unter bestimmten Bedingungen konnte sich das Hänschen von damals und der Hans von heute geliebt fühlen, allerdings niemals vorbehaltlos. Deshalb besteht er auf bestimmten Bedingungen und darauf, dafür bewundert zu werden. Genauso, wie sich in ihm seine Mutter spiegelte, um in dieser Übertragung ihre eigenen, unerfüllten Wünsche nach Selbstbehauptung zu verwirklichen. Nun müssen ihn seine Frau, seine Kinder, seine untergebenen Mitarbeiter bewundern. Sie müssen so denken, wie er es sich wünscht. Sonst fühlt er sich einsam. Und davor hat er Angst, die alte Angst von früher, als er sich alleine in seinem Bettchen beruhigen mußte. Damals konnte er dann die Lampe mit dem Schalter an- und ausknipsen, heute wendet er sich seinem Fernseher und den Knöpfen an der Fernbedienung zu. Wie zuverlässig, den Erwartungen entsprechend, es funktioniert! Genauso wie ein tolles Auto oder ein Computer. Die Geräte sind im allgemeinen zuverlässiger als die Menschen. Nur Liebe geben sie nicht.

Diesen neurotischen Mechanismen ist nicht leicht zu entrinnen, weil sie zum Lebensstil legalisiert wurden. Es ist doch gut, ein perfektes Auto zu fahren, dies gibt Sicherheit! Das eigene Dach über dem Kopf zu haben, ist doch das Zuhause! Wenn du heute keinen Computer beherrschst, bist du ein halber Mensch. Wir sind in unseren Ersatzbefriedigungen gefangen und arbeiten perfekt, um diese zu befriedigen, aber auch um die Gegenstände unserer Ersatzbefriedigungen zu erreichen (Alkohol, Drogen, Spielautomaten, Fernsehen usw.) Da das Tempo der technischen Entwicklung laufend zunimmt, steigen die Ansprüche und können immer schneller befriedigt werden: nach dem Fernsehen kommt das Video und der Kabelanschluß, nach dem PKW der Pilotenschein usw. Ein Teufelskreis!

Weil dem Menschen das Materielle anstelle der Liebe zur Ersatzsicherheit wurde, und weil er es selber »im Griff« haben muß, um sein inneres Gleichgewicht einigermaßen ins Lot zu bringen, bekommen die Werte, die man zählen, messen und wiegen kann, eine entscheidende Bedeutung. Durch diese Selektion wird die *Leben-*

digkeit gelähmt. Die Lebensqualitäten sind nach bestimmten Formeln zugeschnitten: die Schönheit beurteilen wir nach Umfang des Busens und der Taille, nach Länge der Beine; in der Speisekarte wählen wir nach Kalorien, weil wir unbedingt das Idealgewicht oder das Normalgewicht von so und sovielen Pfunden beibehalten möchten; Urlaubsgenuß entscheiden wir nach abgefahrenen Kilometern und Pensionskosten, in Geburtsberichten sind wir gewohnt, die Zahlen über Körpergewicht, Länge, Kopfumfang zu lesen. Ob das Kind zufrieden war, ob es nach der Mutter schaute, ob die schöne Frau auch noch gutherzig ist, das ist uns zweitrangig oder sogar unbedeutsam. Diese Meßbarkeit äußerte sich auch in der Psychologie. Anstatt den Menschen in seiner nicht meßbaren Gestalt zu verstehen, beschränkte sie sich entscheidende Jahrzehnte lang auf statistische Messungen, Errechnungen von Intelligenzquotienten usw. Keine psychologische Erscheinung und Deutung zählte, wenn man sie nicht quantifizieren konnte.

Durch ähnlich rigide Raster sichern wir auch unsere Erlebnisse ab: wir organisieren Geburtstagsparties für unsere Kinder nach bestimmten Schemen, verlassen uns auf die durch einen Computer organisierte Urlaubsreise, auf zuverlässig fahrende Lifte auf den Skipisten, auf präzise Abläufe auf den Intensivstationen.

Auch den menschlichen Körper betrachten wir durch die Brille unseres materialistischen, zweckgebundenen Denkens. Er ist das Mittel zum Vorzeigen der makellosen Schönheit, die Unterlage für teure Kleider, Schmuck und Schminke. Der Körper wird aber auch dargeboten, um die durch body-building gezüchtete Kraft oder Sexappeal vorzuzeigen, nicht jedoch als der Sitz der Seele, als abgerundete Gestalt, die die Gefühle mit Körper und Denken in Einklang bringt. Der Mensch verliert die lebendige Verbindung mit seinem Körper, er wird immer mehr ein Augenmensch, der selber nicht erlebt, sondern sich zeigen läßt, wie dies und jenes funktioniert und der sich durch Shows passiv unterhalten läßt. Es gibt auch werdende Mütter, die sich ihr Kind im Bauch vielmehr visuell vorstellen und im Ultraschall sehen wollen, als daß sie es körperlich spüren, wie Dores Beckord in ihrer psychologischen Doktorarbeit am Lehrstuhl von Professor Schindler in Salzburg ermittelte.[35]

Als wäre es ganz natürlich, machen wir die *körperliche Distanz zur Norm, ja sogar zum Tabu*. Es gehört sich nicht, daß der Lehrer seinen Schüler umarmt (wenn heute Pestalozzi leben würde, der beziehungsgestörte Kinder regelrecht festgehalten hatte, wäre er wohl sehr suspekt). Auch beim Arzt oder Seelsorger ist eine therapeutische Distanz erwünscht. (Während der heilige Franziskus von Assisi den Aussätzigen in die Arme geschlossen hat, um ihn seinen Beistand spüren zu lassen, schlich sich die Entfremdung in seinem Orden soweit ein, daß der Bruder für seinen Nächsten in Not am Tabernakel alleine betet, anstatt ihn, wie Franziskus, lieber zu umarmen. Übrigens ist es für mich eine der erfreulichsten Ereignisse, daß in einem Franziskaner-Orden das Festhalten auf die ursprüngliche franziskanische Weise wieder bewußt eingeführt wird. Die Nonne, die jahrelang über ihre Kränkungen schwieg, wird ermuntert, ihre Oberin festzuhalten, um sich zuzutrauen, darüber zu sprechen.)

Der mächtigste und heimtückischste Aspekt, unter dem der heutige Mensch in der technokratischen Welt aufgehört hat, lebendig zu sein, sich selbst und den anderen zu fühlen, ist für mich die Gleichschaltung der Gegensätze. Heimtückisch ist er deshalb, weil er sich unter dem Deckmantel der Freiheit, der Lust und der Liebe einschleicht. Er vermeidet aber das Erlebnis des Leidens und raubt somit dem Leben eine entscheidende Dimension, die zur Lebensfähigkeit führt.

Zum Bild der perfekt funktionierenden Technik und zu der sich vom Materialismus ableitenden Philosophie der Machbarkeit gehören keine Störungen. Die Leistungsgesellschaft läßt nur dann eine Störung zu, wenn sie diese auslöschen und einen makellosen Ersatz herstellen kann. Sie ist geradezu darauf ausgerichtet, Störungen zu beseitigen und einen genußvollen Konsum der angebotenen Güter zu sichern, denn Mangel, Gefährdungen, Schmerzen oder Angst darf es nicht geben. So brauchen wir auch im Winter nicht auf Erdbeeren zu verzichten. Allerdings können wir uns dann auf die eigene Erdbeersaison nicht mehr so recht freuen. Wir haben gegen jeden Schmerz ein Mittel, Zähne lassen wir uns ohne betäubende Spritze schon gar nicht mehr bohren. Bekommt ein Kind Angst, suchen wir sofort einen Psychotherapeuten auf, der die Angst wegnehmen soll. Das Altwerden ertragen wir nicht und benutzen deshalb Hormonspritzen, kosmetische Operationen usw. Gegen sämtliche Schäden sind wir versichert, und um sich der Versicherung sicher zu sein, haben wir noch den Rechtsschutz. Auch das Kind lassen wir keinen Mangel erleben. Die Eltern wagen es nicht, das Kind zu verärgern, indem sie es länger im Arm halten oder ihm seinen Wunsch im Supermarkt an der Kasse verweigern. Die Ablenkung des Kindes gilt als pädagogisches Geschick!

Eine weitere Folge der »störungslosen« Gesellschaft ist, daß wir nicht in der Lage sind, befriedigende Kompromisse zu schließen. Wir trennen uns schnell von allem, was uns stört! Wenn die Oma mit ihren Altersdepressionen unseren Lebenskreis stört, schieben wir sie ins Altersheim ab. Wenn der Ehemann nicht so ist, wie ich ihn will, dann darf er sich zum Teufel scheren und sich eine andere suchen, die sein Verhalten erduldet. Die heutige Bindungslosigkeit ist vielfach auf die Unfähigkeit, Störungen anzunehmen, zurückzuführen.

Weil wir Tiefen nicht ertragen, erleben wir auch keine Höhepunkte in unseren Beziehungen. Wenn wir keinen Hunger haben, freuen wir uns nicht auf das Essen. Wenn das Essen im Überfluß da ist, schmeckt es uns nicht mehr. Die jungen Menschen, die von klein auf im Auto herumgefahren wurden, überfüttert mit Eindrücken, sich im Stau auf den Autobahnen stundenlang gelangweilt und höchstens die Nervosität ihrer Eltern erlebt haben, nehmen keine Berge mehr wahr. Bei schönster Sicht schauen sie gar nicht mehr aus dem Fenster des fahrenden Busses hinaus. »Schon wieder Berge! Langweilig!« Sie könnten etwas weniger echt sein, dafür aber mit Attraktionen ausgestattet, etwa eine wilde Schießerei in den Bergen, wie sie im Fernsehen gezeigt wird. Und wenn heute ein junger Mann an allen Kiosken auf den Titelseiten der Illustrierten und beim Baden nackte Busen sieht, verliert dieser für ihn seinen Reiz. Irgendeine Attraktion, etwa Pornos, würden ihn vielleicht noch beleben.

Für die Ausbildung des eigenen Willens ist es notwendig, Gegensätze zu erleben: Werden alle Wünsche erfüllt, kann Verzicht nicht geübt werden. Wenn Liebe nur aus Nehmen besteht, so ist sie weniger als halb. Zur Liebe gehört, daß man gibt, sich in den anderen hineinfühlt, und auf dem Weg nochmals für sich nimmt.

In vielen Fällen gehen Mütter heute auf alle Wünsche ihres Kindes ein. Sie wollen ihrem Kind die Liebe und Freiheit geben, die sie selber nicht bekamen. Dabei übersehen sie aber die Bedeutung des Verzichts als gegensätzlicher Pol und als Voraussetzung für Freude. Oftmals machen sie sich zu einer manipulierbaren Dienerin des Kindes, anstatt ihm eine Mutter zu sein. Die Machtausübung wird dann dem Kind zur zuverlässigen Erfahrung und somit zum Zwang (darüber schrieb ich in »Der kleine Tyrann«).

Solange der Mensch seine Ersatzbefriedigungen hat, scheint er sich wohl zu fühlen. Erst wenn er auf sie verzichten muß, er in eine Leere kommt oder ihm eine Krise begegnet, die er mit seinem Repertoire an Ersatzsicherheiten nicht ausschalten kann, muß er zu einer mächtigeren Betäubung greifen, oder aber er wird krank.

Hierzu einige Zahlen aus Deutschland:

– im Jahre 1986 gab es 1,5 Millionen behandlungsbedürftige Alkoholkranke;

– 300.000 bis 500.000 Medikamentenabhängige;

– 50.000 geschätzte Drogenabhängige;

– 20 Millionen Mark ziehen die »Glücksspiele« jedes Jahr den Deutschen aus der Tasche;

– nach der Einführung des Kabelanschlusses sehen 7- bis 9jährige Kinder täglich 113 Minuten fern. In ihrer Freizeit unternehmen »Kabelfamilien« seltener etwas gemeinsam, das nichts mit Medien zu tun hat;

– jährlich versuchen rund 13.000 Kinder und Jugendliche sich umzubringen. Bei etwa 1000 jungen Menschen endet dieser Versuch mit dem Tod;

– 2,160 Millionen Kinder werden in einem Haushalt von alleinstehenden Müttern versorgt, 385.000 Kinder von alleinstehenden Vätern;

– fast jede 3. Ehe wird geschieden, pro Jahr sind davon 130.000 Familien mit etwa 100.000 Kindern betroffen;

– jeder vierte der untersuchten Erwachsenen zwischen 25 und 50 Jahren leidet mehr oder weniger schwer unter vorwiegend seelisch bedingten Störungen.

Menschen, die mit ihrem Ehe- oder Lebenspartner in einer positiven Beziehung leben und ihn als hilfreich empfinden, leiden weitaus seltener unter ernsthaften psychischen Störungen.[36]

Nur der Pessimist würde in dieser Entwicklung den unaufhaltsamen Weltuntergang sehen. Wenn wir uns unserer Polarität bewußt sind und unsere *Krise als einen Pol der Ambivalenz* sehen, bekommen wir Aussicht auf Lösung. Bis jetzt verläuft auch unser Weg auf diese Weise. Erst wenn sich der Mensch in seinem kastrierten Lebensraum alleine, sinnlos und traurig fühlt und unter seinen existentiellen Ängsten zusammenbricht, wird seine Sehnsucht nach dem Gegensatz geweckt. Auf diese Weise entstanden die vielen Psychotherapien (daß sie zu einem chaotischen Psychoboom ausgewuchert sind, lassen wir im Augenblick außer acht), die das tiefe Selbsterkennen anstreben, indem sie auch den Körper miteinbeziehen, so zum Beispiel bei Bonding, Bioenergetik, Sensory Awareness, Rolfing, Gestalttherapie, Focusing oder Yoga, um nur einige zu nennen. Auch die Festhalte-Therapie zählt dazu. Kennzeichnenderweise entstand sie als Lichtblick in der schwersten Krise, in die das Kind wegen seines Autismus mitsamt seiner Familie geriet. Aber erst das Erkennen, daß eigentlich die ganze gesellschaftliche Entwicklung unter dem gleichen Autismus leidet, führt dazu, daß wir das Festhalten als die *Chance zur Erneuerung unserer Menschlichkeit* zu verstehen beginnen.

Lieber Leser, prüfen Sie bitte an dieser Stelle Ihre Einstellungen und fragen Sie sich, ob Sie folgende Anlässe zum Festhalten gutheißen könnten?

Festhalten als

– Erziehungsmittel, das heißt als Strafe, als Mittel zum Zähmen (zur Anpassung an die Wünsche des Festhaltenden),

– mechanisch eingeplante Behandlungsmethode nach einem bestimmten Schema (zum Beispiel als eine rein verhaltenstherapeutische Desensibilisierung von Ängsten durch flooding oder als ein Wahrnehmungstraining),

– Mittel zur einseitigen egoistischen Befriedigung des Festhaltenden (etwa des eigenen Bedürfnisses nach Körpernähe oder zur Sättigung eigener Nachholbedürfnisse).

Wenn Sie mit »ja« antworten konnten, legen Sie dieses Buch bitte zur Seite, verzichten Sie auf jegliches Festhalten, halten Sie sich einfach heraus. Denn diese Anlässe sind *absolut unzulässig*.
Wenn Sie dennoch weiterlesen wollen, dann sollten Sie erfahren, was Ihnen bei dieser Einstellung entgeht.

Praxis des Festhaltens

Wenn ich von Festhalten spreche, meine ich, den Nächsten in seiner seelischen Krise so lange in meinem Arm mit meiner ganzen Liebe festzuhalten, bis er wieder in sein seelisches Gleichgewicht kommt.

Es gibt unzählige Variationen, wie das Festhalten angewandt werden kann – entsprechend der Vielfalt der Krisen und der Menschen, die sie auszutragen haben. Um bestimmte Allgemeinheiten abzuleiten, beschränke ich mich auf die Erfahrungen, die ich hauptsächlich mit Kindern und Eltern machte, und die in all den Jahren im Austausch mit anderen Anleitern des Festhaltens entstanden sind.

Wenn ich vom Kind spreche, heißt das nicht, daß nicht auch der Erwachsene gemeint sei. Denn auch er ist in Notlagen schwach und schutzbedürftig wie ein Kind. Und wenn ich von der Mutter spreche, meine ich jeden anderen, der seinen Nächsten in Not festhält. Selbstverständlich ist auch der Ehepartner und Vater gemeint.

Indikationen: Wer darf das Festhalten anwenden?

Den Personenkreis der Zu-Haltenden teile ich auf in drei Gruppen:

– Unter A und B geht es um die natürlichsten Zustände des Gehalten-Werdens und des Sich-Haltens am Körper des Nächsten. Hier ist das Festhalten im Sinne einer Lebensform gemeint.
– Unter C geht es um Mischformen zwischen dem Festhalten als Lebensform und der Festhalte-Therapie, sowie um das Festhalten als Primärtherapie.

A
Bedürftig nach Halten im Sinne einer instinktgebundenen *Grundform der Kinderbetreuung* sind natürlich kleine Kinder. Allerdings

ist uns diese ursprüngliche Form des Gehalten-Werdens, wie sie bei anderen Kulturen noch zu finden ist, weitgehend verlorengegangen (siehe dazu das Kapitel »Festhalten als Urzustand«). Den Müttern der technokratischen Gesellschaften fehlt auch die körperliche Kraft dazu, gehfähige Kinder stundenweise zu tragen. Es geht aber auch nicht um die Form des Tragens, sondern um die Vermittlung von Schlüsselerfahrungen, die ein Kleinkind in den ersten drei Jahren im Tragtuch macht. Sie muß daran denken und es bewußt pädagogisch planen – im Gegensatz zu der Mutter aus primitiven Kulturkreisen, die sich unbewußt durch die auf Instinkten ruhenden Traditionen leiten läßt. Vor allem geht es um die *Erfahrungen der Gegensätze* zwischen Anspannung und Entspannung, Angst und Geborgenheit, Wunsch und Verzicht, Wut und Liebe, Einengung und Freiheit. Ein starker Widerspruch in diesem polaren Erleben führt das Kind bzw. das Kind mit der Mutter in eine Krise hinein. Allerdings ist das Kind vor solchen Krisen nicht zu schonen – im Gegenteil, diese sind ihm zuzumuten. Erst das Ausleben und das *Austragen der Krisen* bis hin zum Erreichen des inneren Gleichgewichts machen das Kind lebendig, neugierig, dynamisch, belastbar und liebesfähig. Allerdings kann das Kind diese Krisen nur unter dem spürbaren Festgehaltenwerden im beschützenden Nest und der Sicherheit, unter allen Umständen geliebt zu sein, ertragen.

Die ersten Monate nach der Geburt

Jedes Unwohlsein des Kleinkindes ist ausschließlich am Körper der Mutter (des Vaters oder anderer vertrauter mütterlicher Personen) in Wohlbefinden überzuleiten. Als Ersatz dafür wären u.U. eine Wiege oder Hängematte denkbar, weil sie auf vergleichbare Weise wie die wiegende Mutter die Wahrnehmungen des rhythmischen Wiegens im Mutterleib in Erinnerung rufen. Dabei ist allerdings die Nähe des vertrauten Menschen unverzichtbar. Nur die Nähe läßt die Bedürfnisse des Kindes erfühlen und erfüllen. Bis zum Einsetzen des ersten zielgerichteten Denkens und Handelns (etwa um den siebten Lebensmonat) sollte das Kind noch nicht mit Erfahrungen von Hunger oder Verboten beim Greifen konfrontiert werden. Es kann noch nicht voraus denken und Konsequenzen einplanen. Auch sollte es zwar erste Erfahrungen mit der Bewegungsfreiheit machen können, aber zugleich auch noch Grenzen bekommen. Als einem jungen »Nesthocker« steht dem Kind ja noch die Hülle des sozialen Uterus zu. Sträubt es sich gegen die beschützende Umarmung, darf ihm dafür kein Freibrief erteilt werden, vielmehr eine nochmalige »Einverleibung«. Es soll hierbei die beschützende Stärke der Mutter als Garantie der Sicherheit und auch als nachahmungswürdiges sowie Orientierung bietendes Vorbild kennenlernen. Das mitfühlende Schnaufen, Lächeln und Trösten der Mutter bestätigt ihm, von ihr verstanden und unter allen Umständen geliebt zu werden.

Vom siebten Lebensmonat bis zweieinhalb Jahre
Aufgrund seines beginnenden Verständnisses für zeitliche Abfolgen und das einsetzende zielgerichtete Handeln sollte das Kind allmählich lernen, mehr Spannungen auszutragen. So sollte es konsequent mit Verboten konfrontiert werden, die sich auf die Berührung bestimmter Gegenstände, zum Beispiel elektrischer Haushaltsgegenstände beziehen. Es sollte auch lernen, daß der Vater nicht immer »Hoppe hoppe Reiter« mit ihm macht, wenn es danach verlangt. Die Menschen sollen sich dem Kind nicht wie zuverlässig funktionierende Hampelmänner darstellen, sondern als zuverlässige und überlegene Helfer in Krisen, bei denen man Trost, Halt, Aufmunterung und Bejahung unter allen Umständen erwarten kann. Wenn ein einjähriges Kind vom Schoß der Mutter wegstrebt, könnte die Mutter einige Versuche zulassen, es bei einigen aber auf dem Schoß festhalten trotz aller Proteste, das Kind seine Wut ausgiebig ausschreien lassen und zuverlässig bis zur endgültigen Zufriedenheit trösten. Nicht nur der feinfühlige, spürbare Halt im starken Arm, sondern auch der Halt im Einhalten der Regeln sättigen das Grundbedürfnis des Kindes. Das Vorleben solcher Verhaltensweisen durch die Älteren gewinnt mit zunehmender Beobachtungs- und Nachahmungsfähigkeit des Kindes immer mehr an Bedeutung. Bleiben auch der ältere Bruder und auch der Vater am Eßtisch sitzen, solange die Mahlzeit für alle noch nicht beendet ist,

und essen alle das Gleiche, ohne nach Extrawürsten zu verlangen, wird dies auch für den Kleinsten maßgebend.

Nicht ein sonniges, angepaßtes Duckmäuschen wollen wir fördern, sondern ein willensstarkes Kind. Deshalb sollte man die Protesthaltung des Kindes nicht durch stete Ablenkungen oder Nachgiebigkeit hemmen, sondern voll zum Ausbruch kommen lassen. Das Kind darf seinen Ärger von Angesicht zu Angesicht, von Brust zu Brust voll ausdrücken, es soll spüren (nicht nur sehen!), daß es das darf, seinem extra Wunsch wird aber trotzdem nicht nachgegeben. Wenn es sein inneres Gleichgewicht durch die erwachsene Bezugsperson wiedergefunden und neue Kräfte aufgetankt hat, darf es seine Loslösungsversuche fortsetzen.

Trotzphase (etwa zwei bis zweieinhalb Jahre)

Jetzt wird der eigene Wille entdeckt und lautstark verkündet: »Ich will… schon groß! … alleine! … ich auch! …«. Dabei gerät das Kind oft in ein affektives Chaos, wenn es mehr möchte, als es kann und als es darf. Es tobt, wenn es nicht nach dem Messer greifen darf, und wird wütend auf sich und den Einkaufswagen, wenn es nicht genug Kraft hat, um ihn zu fahren. Wenn es auch wie die Großen auf der Toilette seinen Stuhlgang machen möchte, dabei aber feststellt, daß die Klobrille unheimlich groß ist und es vor dem Reinfallen Angst hat, bekommt es Zorn gegen sich selbst, gegen die Großen, gegen die Toilette, gegen die ganze Welt. *Keinesfalls darf man den Trotzanfall mit Strafen unterdrücken,* sonst bleibt dieser Zwiespalt bestehen und der aggressive Fluß der Lebensenergie blockiert. Auch das Nichtbeachten oder die Isolierung im anderen Zimmer (»Dort darfst du schreien, nicht in meiner Nähe!«) ist nur selten gut. Das Kind müßte daraus schließen, daß es mit einer großen seelischen Not immer wieder allein gelassen wird, daß es mit seiner Krise unerwünscht, nicht angenommen, mißachtet ist und daß es seinen Zorn lieber nicht voll ausleben soll.

Die Auseinandersetzung mit dem Trotzanfall soll nicht einseitig, sondern in Gegensätzen erlebt werden. Zum einen soll das Kind lernen, sich alleine mit der Kränkung seines Willens auseinanderzusetzen (möglichst aber in der Nähe der Eltern). Zum anderen aber soll das Kind seine Affekte gegen diejenigen Menschen in aller Offenheit ausdrücken, die seinen Zorn verursacht haben. Die beiden müßten sich so lange – womöglich gegenseitig – halten und Störungen ausdrücken, bis der Friede wieder einkehren kann. »Du darfst alles sagen, alles ausschreien, was dir auf der Seele liegt. Schreie es laut heraus! Du sollst spüren, daß ich dich verstehe, daß ich zu dir halte, selbst dann, wenn du gerade sehr böse bist. Du sollst unseren Zusammenhalt spüren.« Aus solchen Schlüsselerfahrungen erwächst die Offenheit, Konflikt- und Versöhnungsbereitschaft.

Es leuchtet ein, daß das Kind die ersten derartigen Erfahrungen wie auch das Einüben aller anderen sozialen Verhaltensweisen im Kontakt mit den für ihn vertrautesten Menschen machen soll. Grundsätzlich sollten es die Eltern und Großeltern, oder auch die Pflegemutter sein. Die Erwachsenen sollten es dem Kind aber auch vorleben. Sie sollten ihre Konflikte durchaus in der Nähe des Kindes ausfechten, sich dabei halten und bei dem gleichen Halten versöhnen. In einem solchen Fall ist es für das Kind keinesfalls gefährlich, Streitigkeiten seiner Eltern mitzubekommen. Im Gegenteil, das Kind profitiert davon. Beängstigend sind für ein Kind nur solche Spannungen, deren Lösung es nicht miterlebt. Leider ist es gewöhnlich so, daß die Kinder zwar den Streit der Eltern miterleben, aber bei der Versöhnung – die oft erst beim Intimverkehr im Ehebett stattfindet – nie dabei sind.

In allen Entwicklungsstufen ist es wichtig, das Kind vor Ängsten nicht zu bewahren. Vielmehr soll es lernen, sich seinen Ängsten zu stellen. Ist das Kind noch nicht mutig genug, um die Nähe eines Hundes zu ertragen, oder einem ihm noch unbekannten Menschen die Hand zu reichen, so kann es auf dem elterlichen Arm erste Annäherungsversuche wagen. Auf diese Weise werden auch Ängste vor Gespenstern, angstbesetzte Träume oder eine bevorstehende Arztbehandlung erträglich: das Kind erfährt in der spürbar vermittelten Geborgenheit und Aufmunterung, daß es die Angst ertragen kann.

Je mehr das Kind im Halt der Eltern (sowohl im Arm als auch

mittels eingehaltener Regeln) Vertrauen und Selbstvertrauen entwickelt, lernt, daß Spannungen ausgetragen werden können und es Gebote und Verbote gibt, je bewußter es sich seiner eigenen Gefühle und der des anderen ist, je mehr Respekt es für sich selbst und vor den anderen hat und je mehr es lernt, die Gegenpole im Erleben herauszufordern und auszugleichen, um so eher wird es selbständige Entscheidungen treffen und sich durchsetzen können.

B
Es gibt zahlreiche Anlässe, bei denen jeder – auch ein Fremder – den (im wahrsten Sinne des Wortes) nächsten Schutzbedürftigen *bei akuter Gefahr* festhalten darf und soll, zum Beispiel, wenn jemand gerade eine Todesnachricht erhalten hat oder schwer depressiv ist und sich mit Selbstmordgedanken trägt. Allerdings darf dieser nicht früher losgelassen werden, bevor er nicht neue Hoffnung gefunden hat, oder man ihn einem noch Näherstehenden überlassen kann. So hält nach einem Autounfall beispielsweise den unter Schock Stehenden der nächste Tapfere so lange im Arm, bis er wieder wahrnehmungs- und denkfähig ist oder bis ein anderer Helfer die Sorge um ihn übernimmt. Das auf der Straße gefundene Kind tröstet der nächste Passant, (der natürlich auch weitergehende Suchdienste organisiert) und übergibt das Kind erst der Mama, Rotkreuzschwester etc. Durch den affektbesetzten dichten Körperkontakt entsteht immer eine Bindung (wie an anderer Stelle schon erwähnt, sogar zwischen einem Entführer und seinem Opfer oder auch zwischen dem mißhandelnden Elternteil und seinem mißhandelten Kind – im Unterschied zu Beziehungen mit körperlicher Distanz, die eine tragfähige Bindung nicht aufweisen). Aufgrund dieser Bindung ist damit zu rechnen, daß der fremde Helfer in dauerhafter Erinnerung bleibt. Allerdings kommt es darauf an, in welche Gefühle der Angstzustand sich während des Festhaltens verwandeln konnte. War es die Sicherheit, sich auf die Stärke, auf die Überlegenheit, auf den Mut, auf das Durchhaltevermögen verlassen zu können? Oder war es das Gefühl des Verlassenseins? Von dieser gefühlsmäßigen Botschaft des Gebenden an den Empfänger hängt auch die Qualität der Bindung ab (im Falle des miß-

handelnden Elternteils kann es auch eine von Rachelust und Haß besetzte Bindung sein).

C

Das Festhalten ist schließlich auch bei *gestörten Beziehungen* zu sich selbst und zwischen zwei Menschen angezeigt – keine Umwelt-, sondern eine innere Katastrophe, in die die Liebe zu sich selbst und zum anderen geriet. Es darf sich um keinen eindeutigen Haß handeln (in dem Fall wäre das Festhalten völlig unzulässig, aber auch undurchführbar, weil zum Festhalten die Durchhaltekräfte nur aus der Liebe kommen!), sondern um eine *Ambivalenz*. Solange im Zwiespalt zwischen Haß und Liebe, Angst vor Annäherung und Bedürfnis nach ihr die positive Seite überwiegt, ist der Weg für Alternativlösungen durch gemeinsames Tun, Miteinander-Sprechen und Kompromisse offen. Falls aber diese Liebesbereitschaft durch die zerstörerischen Affekte gelähmt ist, sollten die belebenden und ordnenden Kräfte aus den gleichen Urquellen geschöpft werden, aus denen auch die Liebe stammt. Es handelt sich

1. um chronische *Defizite der Bindung und der Geborgenheit*, die in suchtartige Abhängigkeiten von Ersatzbindungen und bei deren Ausbleiben in qualvollen Entzugserscheinungen *verschlüsselt* sind, und die zum Mißtrauen und zur Ablehnung der vorhandenen Liebesangebote führen. Dazu zählen Störungen wie frühkindlicher Autismus, Borderline-Psychose, mangelhaftes Vertrauen mit Anpassungsproblemen (zum Beispiel bei Adoptivkindern), Deprivationssyndrom infolge von Hospitalismus, Essensverweigerung, zwanghafte Abhängigkeiten und Süchte (einschließlich Destruktionszwänge, Herrschsucht und Leistungssucht), Depressionen, Ängste aller Art (hauptsächlich Berührungsängste und Ängste vor dem Nicht-Geliebt-Sein), psychosomatische Krankheiten wie Neurodermitis, Enkopresis u.a., psychogenes Anfallsleiden (Affektkrämpfe), in einigen Fällen auch Loslösungsängste oder langfristige, neurotische Beziehungsstörungen.

2. Das affektive Chaos wird durch eine akut ausgebrochene *Ambivalenz* »gezündet«. Die zerstörerischen Affekte (Angst, Wut, Trauer …) werden nicht verdrängt, sondern »entfachen« einen Feuerball. Der Pol der Liebesbereitschaft igelt sich ein. Die Berauschung durch den brennenden Schmerz läßt eine zum Gleichgewicht führende Entscheidung nicht zu. Es droht eine überstürzte Flucht oder eine kopflose Aggression dem Partner oder sich selbst gegenüber. Am liebsten würde man das Kind schlagen oder in einem anderen Zimmer isolieren. Damit werden die zerstörerischen Kräfte noch mehr geschürt. (Es könnte sich sowohl um Zornausbrüche eines Kindes handeln als auch um unerträgliches Nörgeln der Mutter.)

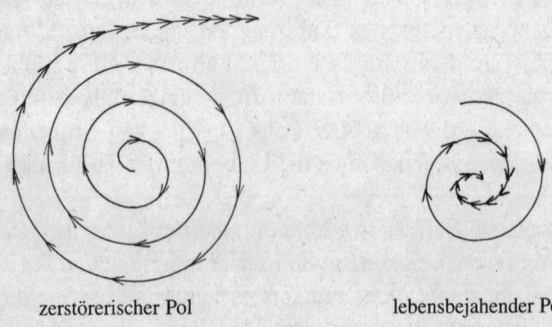

zerstörerischer Pol   lebensbejahender Pol

Keiner von den beiden äußert Wut oder Liebe, sondern sucht auf indirektem Wege sein Gleichgewicht. Die Mutter berauscht zum Beispiel bei einem ziellosen Einkaufsbummel, während das Kind zu Hause zum hundertsten Mal die gleiche Kassette hört.

In beiden Fällen besteht die Gefahr, in einen Teufelskreis, das heißt in spiralenförmig sich ausweitende Beziehungskrisen abzurutschen.

Weil durch das Festhalten eine Bindung entsteht, dürfen Fremde, das heißt auch der Therapeut, nicht festhalten, sondern die nächststehenden Menschen, die das Kind lieben wollen und den Wunsch haben, diese Beziehung zu verbessern. Allerdings darf das Festhalten auf die Großfamilie ausgeweitet werden. Unter den Bedin-

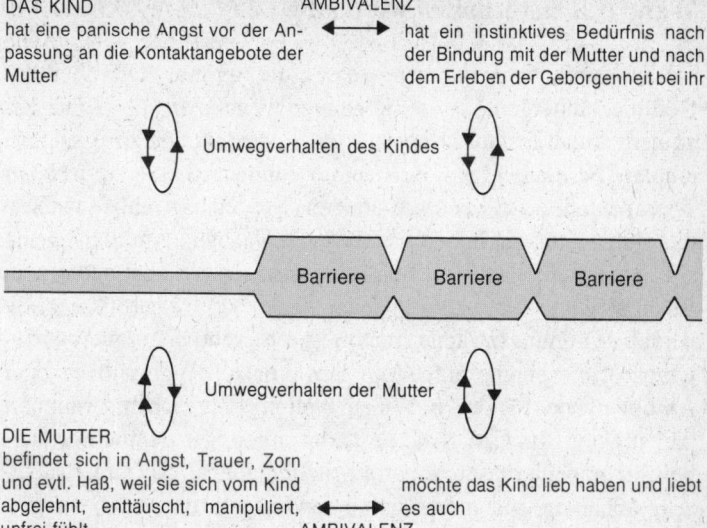

DAS KIND
hat eine panische Angst vor der Anpassung an die Kontaktangebote der Mutter

AMBIVALENZ

hat ein instinktives Bedürfnis nach der Bindung mit der Mutter und nach dem Erleben der Geborgenheit bei ihr

Umwegverhalten des Kindes

Barriere   Barriere   Barriere

Umwegverhalten der Mutter

DIE MUTTER
befindet sich in Angst, Trauer, Zorn und evtl. Haß, weil sie sich vom Kind abgelehnt, enttäuscht, manipuliert, unfrei fühlt

möchte das Kind lieb haben und liebt es auch

AMBIVALENZ

gungen des bei uns vorherrschenden Lebensstils können zu der Großfamilie auch die Kindergärtnerin, Tagesmutter u.ä. gezählt werden, falls sie für das Kind zur konstanten Bezugsperson geworden sind. Entscheidend ist, ob die Krise, in die die Beziehung geraten ist, bei der Bezugsperson Betroffenheit ausgelöst hat. Die Berechtigung zum Festhalten ist gegenseitig. *Auch das Kind hat das Recht, seine Eltern festzuhalten*, um sich von seinen negativen Gefühlen zu erleichtern, um herauszuschreien, wodurch es sich gestört fühlt, um die Eltern zu trösten oder um eine Versöhnung herbeizuführen.

Wann soll festgehalten werden?

Die Dynamik des Festhalteprozesses, die mit einer Offenheit der Gefühle einhergeht, ist stark genug, wenn man das Kind aus akutem Anlaß festhält. Das nach einem bestimmten Zeitplan vereinbarte Festhalten (zum Beispiel im Rahmen eines Termins beim Therapeuten, oder wenn die anderen Kinder bzw. die Nachbarn das Haus verlassen haben) ist eher von Nachteil. Am günstigsten sind die tiefen Nöte beim Entzug von Ersatzbefriedigungen (zum Beispiel wenn dem Autisten oder dem Zwangsneurotiker seine Rituale, Ordnungszwänge, motorische Stereotypien unterbunden werden), die bereits aufgeflammten Ängste, Aggressionen oder Amokläufe des Kindes. Bei einem bindungsschwachen, zwanghaft Abhängigen lassen sich die Festhaltesituationen ziemlich oft herbeiführen, denn dieser ist von Ersatzbindungen fast immer suchtartig abhängig. Mutet man ihm einen Entzug zu, führt dies regelmäßig zu einem affektiven Ausbruch. Dagegen ist bei den Menschen, die zwar durchaus eine Bindung aufgebaut haben, diese jedoch mit Zweifeln, Trauer, Angst, Wut und Haß drosseln, das Festhalten dann am richtigen Platz, wenn diese zerstörerischen Affekte bereits ausgebrochen sind.

Mit dem Grad des aktuellen Anlasses steigt auch das Verständnis für die Berechtigung des Festhaltens. Je angespannter, selbstvernichtender und destruktiver der Zustand des Kindes ist, um so legitimer erscheint es der Mutter oder dem Vater bzw. dem Heimerzieher, ihre Kräfte zur Bereinigung dieses Zustandes gegen den Widerstand des Kindes einzusetzen. Auch aus der Sicht des Kindes bekommt das Festhalten eine ordnende Bedeutung. So gelingt es auch den festhaltenden Bezugspersonen spontan, ihre aversiven Gefühle zu äußern, was das Ausleben beider Pole der affektiven Ambivalenz begünstigt. Grundsätzlich darf man sich das Festhalten nur dann zutrauen, wenn man überzeugt ist, es durchhalten zu können. Das heißt, wenn man weiß, daß kein Besuch kommt, daß man nicht zum Telefon muß, daß das andere kleine Kind nicht zwischenzeitlich aufwacht und seine Rechte verlangt; hauptsächlich aber, daß man genug Kräfte zum Durchhalten hat.

Äußere Bedingungen

Überall da, wo der Nächste in ein affektives Chaos gerät, ob auf der Straße oder im Klassenzimmer, ist das Festhalten möglich. Am günstigsten ist natürlich ein gut isolierter Raum, in dem man sich nach Herzenslust und vor allem nach Herzensnot ausschreien kann, und in dem man sich von außen nicht gestört fühlt. Ideal ist ein Raum, der mit Turnmatten oder Decken ausgestattet ist, damit man den Betroffenen in vielen Variationen halten kann, liegend oder sitzend und die Möglichkeit hat, sich an Wände anlehnen zu können.

Wichtig ist auch, mit Nachbarn oder anderen Nichteingeweihten zu sprechen, denn sie könnten aufgrund des Schreiens leicht den Verdacht einer Kindesmißhandlung hegen. Deshalb sollte man sie informieren oder sie zu einem Festhalten einladen. Es wäre sogar eine Chance, die nachbarschaftlichen Beziehungen aufzuwärmen oder zu vertiefen.

Es empfiehlt sich, weite, bequeme und schweißaufsaugende Kleidung zu tragen. Noch wirksamer ist das Festhalten Haut auf Haut. Auch das lauwarme Wasser im Schwimmbad oder in der Badewanne verleiht dem Festhalten eine besondere Wirkung. Die Energien fließen leichter ineinander, so als wäre man mit dem Fruchtwasser verbunden. Hier eignet sich aber das Festhalten eher zur Anbahnung und zum Aufbau der Bindung und weniger zum Ausdrücken der Aggressionen.

Ratsam ist es auch, vorher auf die Toilette zu gehen, um den Prozeß des Festhaltens nicht unterbrechen zu müssen. Wenn das Kind mittendrin den Wunsch äußert, zur Toilette zu gehen, kann dies ein Fluchtversuch sein. Das Kind darf, wenn es will, ohne weiteres einnässen. Es darf in dieser »Nestsituation« nach Herzenslust regredieren. Es wird trotz der nassen Hose weiter liebevoll gehalten, so als wäre nichts geschehen.

Die Teilnahme beider Eltern ist von äußerster Wichtigkeit. Es können aber auch weitere Bezugspersonen, die dem Kind nahestehen, dabei sein, wie Geschwister, Großeltern, Pflegemutter, Kindergärtnerin u.a. Nicht nur das Kind profitiert von dem Erleben, daß die Verwandten untereinander (trotz aller Widersprüche!) mit ihm eine Einheit bilden, sondern alle haben die großartige Gelegenheit, bei dem Festhalten den Zusammenhalt, das Aneinanderhalten, das Durchhalten in einer Krise und das gemeinsame Streben nach der Erneuerung der Liebe zu erleben. Es ist ein starkes, inniges Erlebnis für den einzelnen, das den Prozeß der Beziehung zu sich selbst und zu den anderen in Gang bringt. Wer außerhalb steht, begibt sich in die Gefahr, daß die Entwicklungsprozesse des Nächsten an ihm vorübergehen. Der andere Elternteil sollte deshalb der aktive Unterstützer und Beschützer seines haltenden Partners sein, damit dieser aus Angst vor Verlust der Selbstkontrolle nicht seine Affekte hemmen muß und somit nicht unfrei und unwahrhaftig wird. Auch für die Eltern bedeutet das Festhalten ihrer Kinder eine Chance – so wie jede andere Krise auch –, die eigenen Beziehungen und die gemeinsame Beziehung reifen zu lassen. Während einer Festhaltesitzung sollten sich die Eltern nicht ablösen. Das Kind wäre dadurch irritiert und irregeführt, denn es würde die Schwäche des einen und die Stärke des anderen erfahren. Derjenige, der anfängt, muß bis zum Schluß durchhalten.

Die Anwesenheit der Geschwister ist mit Behutsamkeit zu behandeln. Es geht nicht darum, daß die Geschwister das Festhalten als etwas Außerordentliches betrachten würden. Die naive, noch im magischen Denken lebende kindliche Seele versteht die Unermeßlichkeit der Gefühle beim Festhalten viel besser als ein erwachsener Intellektueller, und zwar eindeutig als Liebe. Um so mehr könnte es aber eifersüchtig werden. Es kommt ihm unheimlich vor, daß der umtriebige, aggressive Bruder schreien darf und obendrein dafür noch liebkost wird, während es selbst lieb und still sein soll.

Bevor man die Geschwister also am Festhalten teilhaben läßt, sollten auch sie das Festhalten erfahren haben und zwar genau dann, wenn sie meinen, weniger geliebt zu sein und glauben, sie müßten mit Leistungen und artigem Verhalten den Eltern gefallen. Während des Festhaltens ist das Wahren einer intimen Atmosphäre zu beachten. Die Anwesenden (zum Beispiel Großeltern, Praktikanten) begeben sich möglichst auf die gleiche Ebene wie die

Eltern und das Kind, das heißt alle sind auf der Matte. Obwohl manche Teilnehmer das Bedürfnis haben, das, was sie beobachten und selbst erfahren, sofort mitzuteilen, sollten sie sich besser zunächst zurückhalten und schweigen. Die festhaltende Mutter kann sich dadurch gestört und wie ein Gegenstand behandelt fühlen. Auch empfiehlt es sich, Gäste mit kritischer Einstellung nicht zuzulassen. Die Atmosphäre ist so sensibel, daß die Teilnehmer die unguten Stimmungen spüren und sich unfrei fühlen.

Verlauf

Lassen wir zunächst den Bericht einer Mutter auf uns wirken. Sie versuchte, ihre Gefühle und Gedanken, die ihr während des Festhaltens einfielen, in Worte zu fassen:

Du hast mich zornig gemacht, und ich halte Dich.
Ich bin wütend und halte Dich.
Ich will Dir die Liebe geben, die Du brauchst.
Du ekelst Dich vor mir. Du beschimpfst mich. Du schreist
und mit aller Macht willst Du weg. Das macht mich sehr
betroffen.
Ich weiß, ich darf nicht aufgeben. Ich will stark für Dich
sein – ich bin stark. Damit Du mir vertrauen kannst.
Ich werde Dich lehren zu lieben. Liebe zu nehmen und zu
geben. Ich werde Dir zumuten, meine Nähe zu ertragen.
Dein Widerstand dauert so lange! Du bist außer Dir.
Es fällt mir so schwer, wenn ich nur ausweichen könnte.
Du ziehst alle Register –
Du willst aufs Klo, willst trinken, Du meinst zu ersticken,
bekommst keine Luft mehr, die Tränen brennen in den Augen,
Du kannst nichts mehr sehen, kannst nichts mehr hören.
Ein Haar ist in Deinem Mund. Dein Arm schläft
ein, bricht ab. Der Bauch tut weh, die Beine! Die Beine!
Dein Widerstand dauert so lange! Du bist außer Dir – es
fällt mir so schwer, wenn ich nur ausweichen könnte. Ich
weine laut in Deine Haut. Wir weinen zusammen.
Du zwingst Dich zum Blickkontakt, willst keinen Kuß mehr,
lieber Blickkontakt. Du schreist, Du seist schon ganz locker.
Aber die Zehenspitzen sind ganz gestreckt. Dein Atem ist
angespannt, Du bist ganz verkrampft.

Du willst mit mir verhandeln. Nur die Hand übers Gesicht.
Wir weinen zusammen.
Du möchtest anders liegen. Ich küsse Dich im Gesicht und wir
weinen.
Ich will Dir die Liebe geben, die Du brauchst.
Wir weinen zusammen und ich fühle die Liebe zu Dir, zu Dir,
meinem Kind.
Du schluchzt, Du wirst vom Schluchzen geschüttelt. Ich
wiege Dich hin und her. Spreche beruhigende Worte. Du beginnst
Dich an mir zu halten. – Wirst ruhiger. Weinst leise in mich
hinein. Du läßt Dich von mir wiegen und trösten.
Du suchst meinen Blick. –
Du lachst mich an – so glücklich hast Du mich noch nie
angelacht. Du liebes Kind – Du bist entspannt.
Ich bin so glücklich. Ich mache mit meinen Fingern kleine
alberne Spiele in Deinem Gesicht, auf Deinem Körper.
Wir lachen befreit!
Unsere Körper sind tropfnaß – wir sind erschöpft und so
glücklich.
Ich weiß, Du fühlst, daß ich Dich nie loslasse, daß ich immer
zu Dir halte, wenn Du mich brauchst, ganz gleich, was ist.
Ich liebe Dich, Du kleiner Schatz.

Analysieren wir nun die Bedingungen, die zu diesem befreienden
Ereignis führen:
Die ganze Situation, bezogen auf die körperliche Erfahrung, auf
den sozialen Prozeß, auf das Erlebnis der miteinander durchgestan-
denen Krise, auf den Gewinn der vertrauten Bindung und auf die
gelebte Liebe, ist die eines Kindes im Tragtuch.

Körperliche Bedingungen

Bei einem akuten Anlaß wird das Kind in die Arme geschlossen.
Die Umarmung ist ganz natürlich und normal: Kein Drücken und
keine Atemnot. Es ist aber eine sehr dichte Umarmung, in der das
Kind weder über seine Körperlage noch über seine Bewegungen
entscheidet, und in der es sich auch keinerlei Ablenkung verschaffen darf. Der Blickkontakt muß nicht unbedingt hergestellt werden,
darf aber gelegentlich stattfinden. Die Geborgenheit entsteht nicht

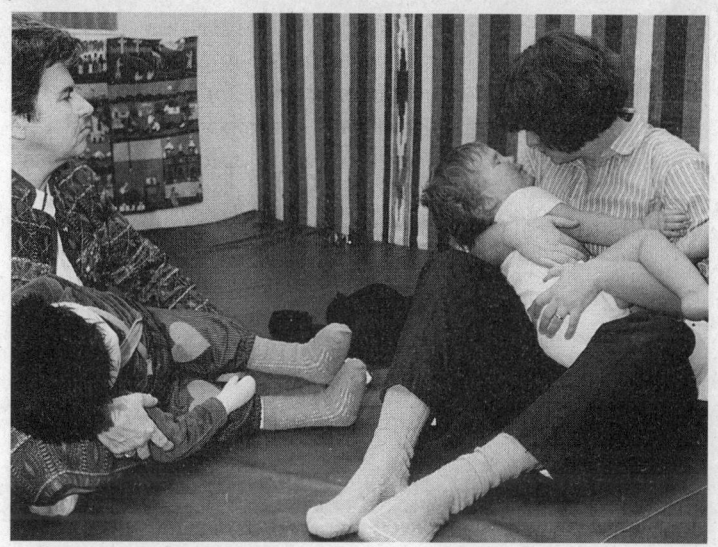

durch das Schauen, sondern durch das Spüren. Am besten hält man den Kopf des Betroffenen in der Vertiefung zwischen Kopf, Schultern und Hals, Brust an Brust und Bauch an Bauch. Die Hände des Kindes sollen frei sein, aber keinen Gegenstand halten. Jede Art von Selbststimulation, wie Daumen oder Schnuller im Mund, eine Lampe anschauen, mit der Halskette der Mutter spielen, das Reden und Manipulieren mit Fragen ist zu unterbinden. Die Körperlage ist gleichgültig, es kann sitzend oder liegend sein. Während man ein Kleinkind (siehe Foto) leicht im Arme hält, wird man ein größeres Kind oder gar einen Erwachsenen bei gleicher Muskelanspannung und seelischer Unruhe nur mit großer körperlicher Anstrengung halten. Hier empfiehlt sich, daß die Mutter seitlich liegend das Kind dicht am Körper hält oder über ihm kniet, und zwar so, daß sie beide Kopf an Kopf und Bauch an Bauch sind. Bei einem größeren Menschen ist auch die Mithilfe von anderen Helfern angezeigt. Man kann sich helfen, indem der Gehaltene mit dem Rücken an der Wand oder in einer Hängematte liegt. Man kann ihn auch in eine Decke wickeln oder sich mit ihm gemeinsam in eine Decke einwickeln. Dieser enge körperliche Zustand führt zu keinem sexuellen Ereignis. Es wird vielmehr als Nestsituation wie bei einem Kleinkind und seiner Mutter erlebt. Dennoch ist es empfehlenswert, den Gegengeschlechtlichen so zu halten, daß sich die genitalen Bereiche nicht berühren. Falls das Kind destruktiv aggressiv ist, beißt und an den Haaren reißt, soll ihm der Festhaltende zwar eindeutig kundtun, daß es weh tut, sich aber nicht auf den gleichen Kampf einlassen, sondern sich vor den Aggressionen schützen. Der Festhaltende soll seine Hände möglichst frei haben, um das Kind streicheln und seinen Kopf halten zu können. Er soll das Kind gelegentlich zum Blickkontakt auffordern, es ansprechen, es bei seinen aggressiven Äußerungen rütteln und ermutigen, alle Aggressionen auszuschreien.

Kurve der affektiven Ambivalenz

Die zerstörerischen Kräfte, die u.U. auch schon den Anlaß zum Festhalten heraufbeschwört haben, lassen das Angebot der liebevollen Umarmung nicht zu. Die verschlüsselten Widerstandskräfte, die sich bis dahin in Unruhe, passiver Ablehnung oder in der Bevorzugung von Ersatzbefriedigungen geäußert haben, werden jetzt aktiv und gegen die Mutter gerichtet. Sie wird zum Blitzableiter. Je feiner ihre innere Antenne ist und je fester ihr Halt, um so besser gelingt es ihr, bei ihrem Kind die Energien herauszufordern, zu empfangen und zu ordnen. Aber auch sie selbst befindet sich in ihrer eigenen Ambivalenz und auch das Kind ist Empfänger ihrer aufgewühlten Gefühle.
Die Krise ist ausgebrochen und der Sinn des Festhaltens ist es, sie anzunehmen, durch sie hindurchzugehen, indem die affektive Ambivalenz ausgelebt und geordnet wird. Die Absicht der Mutter ist, dem Kind zu helfen, seine Fluchttendenzen in Bindung, seine Anspannung in Entspannung, seine Ängste in Geborgenheit, seine Wut in Lust, seine Trauer in Freude, seinen Haß in Liebe zu ordnen. Sie kann erst dann aufhören, wenn die Liebe zu spüren ist (siehe Schema).

116

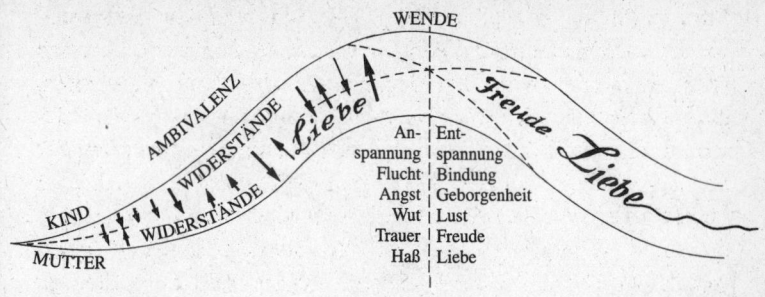

Notwendige Dynamik beim Austragen der affektiven Ambivalenz beim Festhalten

Vergleichen wir die Kurve des dynamischen Erlebens beim Festhalten mit der Darstellung des Durchgangs durch die Krise (Seite 119), so sieht man Parallelen:
Es leuchtet ein, daß ein Abbrechen des Festhaltens mitten im Widerstand für den Gehaltenen und für den Haltenden unbefriedigend ist. Eine solch unerlöste Begegnung würde das Kind eher als Belästigung empfinden und es müßte zwangsläufig den Eindruck gewinnen, stärker als die Mutter zu sein und sich demzufolge auch nicht auf sie verlassen zu können. Allerdings kostet das Durchhalten viel Kraft. Die Mutter muß den großen Schmerz ertragen, daß ihr Kind sich gegen ihre Liebe wehrt und gegen sie Haß empfindet, und sie muß die möglicherweise lange Zeit, in der sich der wandelnde Prozeß abspielt, durchhalten.

Dauer

Das Festhalten kann unterschiedlich lange dauern, je nach Temperament und Schweregrad der gestörten Beziehung, aber auch je nach Fähigkeit, Fluchtstrategien zu entdecken (zum Beispiel Selbststimulation mit dem eigenen Speichel im Mund). Entscheidend ist auch, wie die Mutter die lebensweckenden Energien und den dynamischen Prozeß vorantreibt.

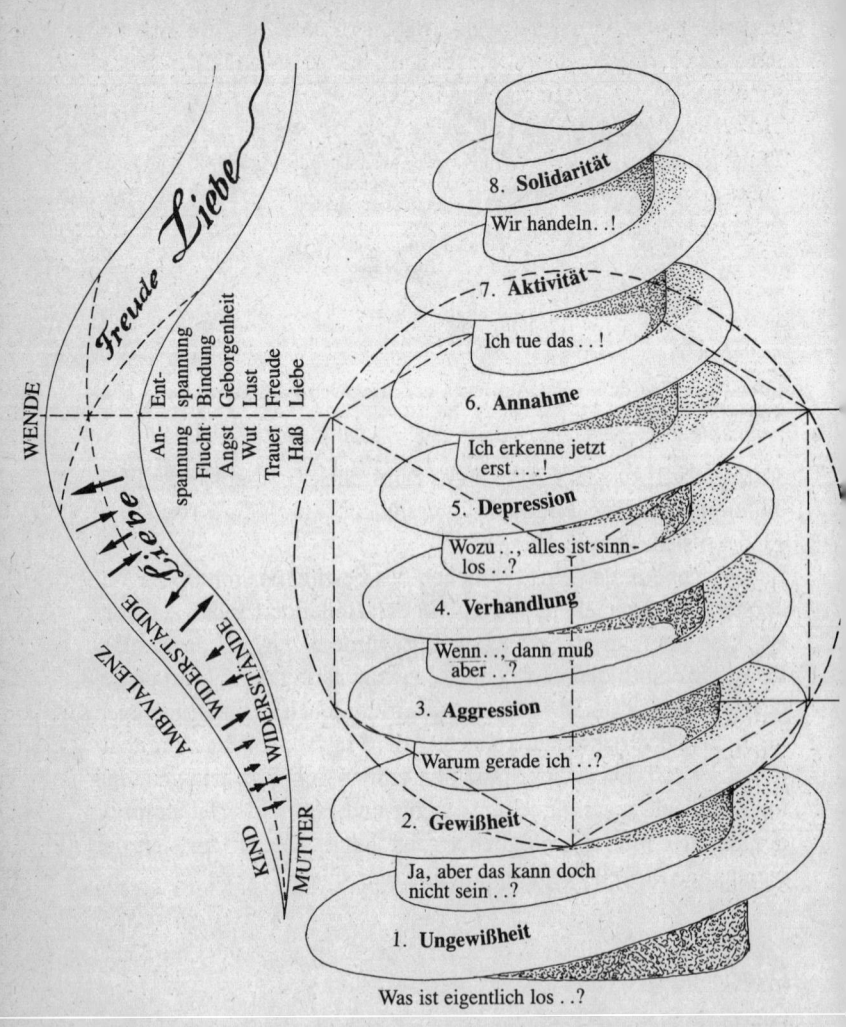

Freude Liebe

WENDE

Liebe

AMBIVALENZ

KIND   MUTTER

WIDERSTÄNDE   WIDERSTÄNDE

Ent-
spannung

An-
spannung

Bindung   Geborgenheit
Flucht   Lust
Angst   Freude
Wut   Liebe
Trauer
Haß

8. **Solidarität**

Wir handeln..!

7. **Aktivität**

Ich tue das..!

6. **Annahme**

Ich erkenne jetzt
erst...!

5. **Depression**

Wozu.., alles ist sinn-
los..?

4. **Verhandlung**

Wenn.., dann muß
aber..?

3. **Aggression**

Warum gerade ich..?

2. **Gewißheit**

Ja, aber das kann doch
nicht sein..?

1. **Ungewißheit**

Was ist eigentlich los..?

Lange »Mammut-Sitzungen« von vielen Stunden ergeben sich
meist dann, wenn die Mutter müde wird, ihre Ausstrahlungskraft
und die Herausforderung der Widerstände des Kindes nachlassen.
Es kann aber auch daran liegen, daß sich die Mutter die Konfrontation mit den Widerständen nicht zutraut, die Konflikte meidet

und das Kind viel zu früh besänftigen möchte. Dann ergibt sich eine Sinus- Kurve, in deren Rahmen viele Verschnaufpausen geschehen und die kleinen Wutausbrüche zwar prickeln, aber die große Wut bleibt und somit die Liebe nicht fließen kann. Der Prozeß mündet dann in eine beiderseitige Ermüdung. (Trotz aller unausgegorener Widerstände wird allerdings auch in einem solchen Fall die Bindung angeknüpft.)

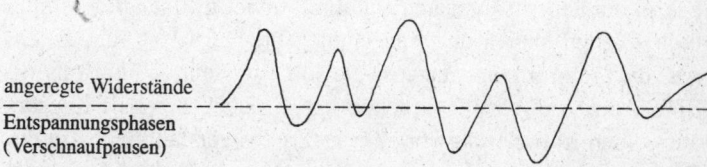

angeregte Widerstände

Entspannungsphasen
(Verschnaufpausen)

Eine nicht optimale Dynamik während einer Festhaltesitzung

Weitaus befriedigender ist es für beide Seiten, wenn der Widerstand des Kindes steil zu einem Höhepunkt getrieben wird und in eine restlose Beglückung mündet. Dies gelingt am ehesten, wenn Mutter und Kind ein ähnliches Temperament haben. Es ist dann so, wie wenn zwei Wolken aufeinanderprallen. Ein solches »Gewitter« erlebe ich am häufigsten bei extrovertierten, geltungsbedürftigen Kindern, die ihre Eltern vollständig tyrannisieren. (Einmal war ich hingerissen von einem leidenschaftlichen Kampf eines 5jährigen farbigen Bubens mit seiner Mutter: Er ließ eine Kanonade von grausamen Schimpfworten auf die Mutter los, spuckte ihr ins Gesicht, sein kleiner Körper bebte vor Wut wie bei einem Erdbeben, sein Lockenkopf war pitschnaß. Als er sich nach 20 Minuten ausgetobt hatte, schloß er seine Mutter in die Arme und jubelte laut: »Mama, ich mag Dich!«)
Ganz sicher wird das erste Festhalten nicht kürzer als eine Stunde sein. Allerdings ist nicht die Dauer das Entscheidende, sondern über das Gelingen des Festhaltens entscheidet die ausgelebte und umgewandelte Dynamik.

Sofern das Kind spontan von Angesicht zu Angesicht seine Angst benennen und seine Wut ausschreien kann, und sich dabei bis zur Versöhnung halten läßt (so haben es Kinder bei wiederholtem Festhalten als Lebensform bei sich selbst und innerhalb der familiären Beziehungen gelernt), fällt das Festhalten nicht schwer.

Man soll das Kind lediglich aufmuntern, noch mehr aus sich herauszukommen: »Schrei und schimpf, soviel du magst. Ich halte dich solange, bis es dir wieder gut geht! Du darfst alles sagen, was dich an mir stört, nur los! Du sollst wissen, daß ich zuhöre! Spürst du, wie ich mit Drücken und Streicheln deines Körpers auf deinen Kummer antworte?« Ganz selbstverständlich wird der Widerstand des Kindes mobilisiert, wenn auch die Mutter mit ihren negativen Gefühlen herauskommt. Es ist für beide die Stunde der Wahrheit.

Je mehr das Kind zur Abkapselung neigt, entweder zur offensichtlichen Flucht, zur inneren Emigration oder aber seine verschlüsselten Sicherheitsbedürfnisse in Form von zwanghaften Selbststimulationen und Manipulationen äußert, um so mehr müssen die versteckten Widerstände aktualisiert werden. Auf gar keinen Fall dürfen körperlich schmerzhafte Aggressionen wie Schläge, in Atemnot versetzen, o.ä. benützt werden, um die ganzheitliche Muskelanspannung bis zum erlösenden Schreien zu erreichen. Es genügt, wenn die krankmachenden Fluchtwege verhindert werden und die Konfrontation mit den angstauslösenden Situationen ermöglicht wird, wie Angst vor Dunkelheit, vor einem Umzug, vor dem Duschen, vor fremdem Besuch, vor Veränderung der Sitzordnung, u.a. Dem Kind wird der Entzug seiner Ersatzbindungen und Ersatzbefriedigungen, sowie seiner zwanghaften Manipulationen zugemutet. Schon die ganz natürliche und liebevolle Umarmung der Mutter – allerdings so, wie es die Mutter will – kann zur Plage werden. Die Anpassung an die Mutter erscheint dem Kind bedrohlich (für Kinder mit Anpassungsproblemen ist es beispielsweise typisch, daß sie wenige Minuten die Umarmung genießen, aber sobald sie merken, daß sie über das zeitliche Ausmaß nicht bestimmen dürfen, sondern sich den Wünschen der Mutter anpassen sollen, bricht die Wut aus). Dem Kind werden die zwanghaften Stereotypien verboten und es wird mit Wahrnehmungsangeboten, auf die es überempfindlich reagiert (die aber durchaus zum Normalen gehören) überflutet. Es wird immer wieder zum Blickkontakt aufgemuntert, Nase an Nase gerieben, am ganzen Körper geküßt, gestreichelt und massiert. Es wird mit vielen Veränderungen der Körperlage, mit Schmusen und Streicheln sowie Flüstern ins Ohr konfrontiert. Das Abreagieren durch Redezwänge wird verhindert und die zwanghaft manipulierenden Fragen werden nicht beantwortet. Auf die Fluchtmanöver (wie zur Toilette gehen, trinken wollen) wird nicht eingegangen. (Es ist mir einige Male passiert, daß ich dem Wunsch des Kindes nach Sprudel nicht widerstehen konnte. Es schlug mir das Glas aus der Hand und wandte sich weg von mir und hin zur Mutter.) Auf Anklagen und Anschuldigungen (»Warum tust du mir das an? Das ist gemein von dir!«) sollte man entweder gar nicht eingehen, weil das Kind eigentlich gar keine Begründung verlangt, sondern vielmehr abzulenken versucht, oder aber einmalig und klar antworten: »Ich halte dich fest, weil ich dich lieb habe. Solange es dir nicht gut geht, lasse ich dich nicht im Stich. Ich werde dich solange halten, bis du deine ganze Wut ausgeschrien hast! In dieser Umarmung sollst du spüren, daß du lieben kannst.«!

Am Verhalten des Kindes kann man seine früheren und heutigen Ersatzsicherheiten erkennen. Das Bild der grausamen Vereinsamung von damals bekommt deutlichere Umrisse, wenn man das flehentliche Rufen des Kindes hört: »Wand, hilf mir! Lampe, nicht ausgehen, bleib da! Kette, wo bist du?« Oft, wenn ich das fürchterliche Geschrei eines Tyrannen erwartete, hörte ich ein schmerzhaftes, ungetröstetes, aussichtsloses Weinen eines verlassenen Babys von damals.

Ebenso sind die beiden affektiven Pole erkennbar, etwa wenn das Kind schreit: »Nein, laß mich los, geh weg«, und gleichzeitig seine Ärmchen um den Hals der Mutter legt. Es drückt seinen Mund an die Wange der Mutter und schreit: »Nie mehr küssen! Alle Liebe gehört in den Müll! Nicht mehr streicheln! Dableiben, hinausschlüpfen. Du sollst sterben Mama! Nachher gehst du mit mir in die Eisdiele« usw.

Die Kontraste von An- und Entspannung, von Wärme und Kälte, das ganze Chaos wird auch sehr stark leiblich wahrgenommen: »Ich schwitze, ich sterbe, ich friere, es ist zu heiß.«

Für das Beenden des Schreiens soll die Mutter zuerst den Grund prüfen. Es kann sein, daß das Kind einen Fluchtweg in Form von Selbststimulationen gefunden hat, zum Beispiel stimuliert es sich mit bestimmten Lauten oder beobachtet hinter dem Rücken der Mutter seine Finger. Hier sollte der Fluchtweg versperrt werden: Das Kind wird in einer anderen Lage gehalten, das Licht wird gelöscht, es wird mit Küssen auf den Mund an seiner oralen Stimulation gehindert. Der erneute Schreiausbruch ist die Bestätigung für die richtige Interpretation der Beruhigung. Es mag auch sein, daß das Kind die therapeutische Absicht durchschaute – so wie es viele behinderte und nichtbehinderte Kinder in den wiederholten Festhaltesitzungen herausgefunden haben, und so tut, als wenn es zufrieden wäre, um dem weiteren Halten auszuweichen. Auch hier muß man sich bewußt machen, daß die Ambivalenz noch nicht geordnet ist und die liebesfeindlichen Tendenzen überwiegen. Deshalb sollte man das Festhalten fortsetzen und das Kind testen. Freut es sich darüber? Schließlich handelt es sich um eine normale Umarmung, über die man sich normalerweise freut. Wenn ja, dann ist das Kind tatsächlich soweit und man geht in die Phase der Entspannung über. Wehrt sich aber das Kind erneut dagegen, so ist das Festhalten fortzusetzen.

Ob das Kind noch voller Widerstände oder schon auf dem Wege zur Bejahung der Liebe ist, erkennt man an seiner Körpersprache. Diese ist stets zu beobachten und zu erspüren. Sind die Muskeln noch angespannt? Oft erkennt man noch eine Anspannung in den gestreckten Fußzehen, während die anderen Körperteile weich und anschmiegsam sind. Hierbei handelt es sich meist um die Ambivalenz in der Körpersprache, nämlich sowohl die An- als auch die Entspannung. Hat das Kind schon geschwitzt? Wie atmet es, immer noch oberflächlich und unruhig vom Zwerchfell aus oder atmet es durchlässig, tief und ruhig?

Es ist empfehlenswert, den Widerstand, der sich im Ausschreien, Kämpfen, in Muskelanspannung und Schwitzen äußert, das innerliche Streiten der beiden Gefühlspole und das Hadern mit der Liebe, möglichst lange herauszufordern. Der Festhaltende soll soviel Widerstand des Kindes zulassen, wie er selbst aushalten kann. Das Ausleben des Widerstandes hat die entscheidende Bedeutung für das »bereinigende Gefühlsbad« und für die Geburt der Liebe. (Siehe Kapitel »Bedeutung des ganzheitlich geleisteten Widerstandes«)

Jedenfalls muß in diesem ganzheitlich, so auch leiblich geführten Dialog, die Festigkeit und die Eindeutigkeit der Antworten leiblich spürbar sein. Keinesfalls würde eine nur weiche und nur nachgiebige Umarmung dem Leidenden die Sicherheit vermitteln, seine zerstörerischen Kräfte hochkommen zu lassen und abladen zu können. Wenn du »gegen die Wand rennen« könntest und »mit der Faust auf den Tisch hauen« möchtest, dürfen diese Schlagflächen auf keinen Fall aus Papier, Stoff oder Gummi sein. Sie müssen eine feste Rückkoppelung garantieren, damit sich das Kind über seine Kräfte und die des Gegenübers im klaren sein kann. »Ich bin nicht passiv für dich vorhanden, sondern auch ich handle. Du kannst mich aktiv spüren!«

Ich habe erwähnt, daß der Festhaltende möglichst viel Widerstand aushalten soll. Sicherlich ist die Belastbarkeit der festhaltenden Helfer unterschiedlich. Es kommt darauf an, ob und wie er darauf gefaßt ist, die geballte Ladung von Haß und Ablehnung abzufangen. Ob er körperlich in der Lage ist, die Festhaltesituation in verschiedenen Körperlagen durchzuhalten. Noch größer sind aber die Unterschiede bei den Gehaltenen. Wenn auch die innere Zerrissenheit gleich ist, und das Festhalten bei einem Autisten genauso indiziert ist wie bei einem Neurotiker, so ist der Grad des Vertrauens und der Grad des körperlichen Widerstandes oft sehr unterschiedlich. Je mehr der Intellekt mitschwingt und somit die »therapeutische Einsicht« mitbedingt, um so größer ist die Selbstkontrolle der eigenen Kräfte gegen den Krisenbegleiter. Ich habe mich gegen meinen Valentin nicht mit rabiaten Aggressionen, wie Haarereißen und Beißen gewehrt. Dies würde aber ein geistig Behinderter oder ein Kleinkind beim ersten, noch unvertrauten Festgehalten-Werden tun.

Das Ausmaß der körperlichen Aggressionen wird erheblich durch das Ausmaß der Betroffenheit des Krisenbegleiters bestimmt. Er ist ja in den meisten Fällen auch der Mitverursacher der Krise, gegen den sich der Haß auch tatsächlich richtet. Kinder haben den Vorteil, daß sie ihren Haß und Zorn direkt gegen die haltenden Eltern richten können. Je kleiner das Kind ist, um so leichter können die Eltern die Aggressionen aushalten oder sich dagegen schützen (zum Beispiel die Haare hinten zusammenbinden). Je größer das Kind (oder auch der geistig Behinderte, dessen körperliche Kräfte stärker als die der Eltern sind), und je mehr Raum der Haß und die Mißachtung anstatt die Sehnsucht nach Nestwärme in der Ambivalenz einnehmen, um so schwieriger ist es rein körperlich, die Aggressionen abzufangen. Ich denke dabei an Jugendliche, die sich unbedingt loslösen wollen und keine Achtung mehr vor den Eltern haben. Oder ich denke an die Frau, die ihren Geliebten so gerne an sich binden möchte, der sie aber mehr haßt als liebt. Hier zeichnen sich die Grenzen der Machbarkeit und der Zulässigkeit auf. (Darüber finden Sie mehr Informationen in dem Kapitel: »Kontraindikationen«). Im Vergleich zu Kindern, die mit ihren Eltern das Festhalten noch weitgehend natürlich und direkt erleben können, sind neurotische Erwachsene im Nachteil. Sie können statt des versäumten Festgehaltenwerdens in ihrer Kindheit jetzt Festhalten im Sinne von »Bonding« erleben. Dies findet unter therapeutischer Begleitung und Aufsicht statt, indem sie ihren Zorn und auch die Liebe auf einen sogenannten Vertreter (für die Eltern) projizieren. Er ist dann der Freund und Beschützer. Die in seinen Armen abgefangenen Aggressionen gelten eigentlich nicht ihm. So ist dieser Samariterdienst leichter zu ertragen.

Der Widerstand der Mutter

Stets sollte man die Lage des Kindes einfühlsam betrachten oder, wie es der Vater der Heilpädagogik, Paul Moor, so schön sagt: »Das Kind da abholen, wo es steht.«

1. Stufe: Es gibt Kinder, die seit der Trennung von der Mutter nach der Geburt – oder durch Krankenhausaufenthalte – *die Bindung zur Mutter verloren haben* und sich ersatzweise suchtartig an nicht lebendige Objekte und wiederkehrende Schemata binden. Zu dieser Gruppe gehören vor allem die Autisten. Gemeint sind die intelligenten Autisten, die ihre Sicherheiten im Umgang mit Computern, mit Analysieren, Quantifizieren und Kategorisieren suchen, aber auch die vielen geistig Behinderten, die ihre Sicherheit in zwanghaften Stereotypen gefunden haben. Beiden gemeinsam ist die Abwendung von Menschen und der Rückzug in sich selbst. Kinder, die wohl eine Bindung zu den Eltern haben, die aber unzuverlässig und mit *wenig Vertrauen* gefüllt ist, *fühlen sich ungeliebt.* Sie lügen, um die letzten Reste des Vertrauens nicht zu verlieren. Sie meinen, mit Überanpassung und hohen Leistungen das Gefühl des Angenommenseins zu gewinnen. Sie trösten sich mit Daumen und Schnuller, Essen und Trinken. Sie suchen stets die Ersatzmutter und geraten in Depressionen oder aber auch in einen verzweifelten Amoklauf, wenn die Ersatzsicherheiten und Ersatzmütter versagen.

Wenn ein solches Kind festgehalten wird, *gleicht es einer Entbindung.* Die Bindung muß erst geboren werden. Wie verhält sich da eine Mutter? Obwohl eine Geburt schmerzhaft ist, sie Angst hat und Wut der Hebamme gegenüber empfindet, läßt sie den Schmerz nicht erkennen. Sie erleidet alles und freut sich über jede Lebensäußerung ihres Kindes, indem sie seine Laute, sein Schluchzen, sein Gähnen widerspiegelt. Sie möchte, daß sich das Kind verstanden fühlt. Feinfühlig erspürt sie jedes Unbehagen und tröstet das Kind sofort. Obwohl die Aggressionen des in der Zwischenzeit groß gewordenen Kindes schwerer zu ertragen sind, soll sich die Mutter lieber dagegen schützen (zum Beispiel mit einer Windel auf ihrer nackten Schulter dem Beißen des Kindes entgegenwirken), aber dem Kind die »Geburtswehen« gestatten. Sie soll sich aus ihrer Angst und ihrer Trauer nicht selbst aussperren. Sie soll die Tränen fließen lassen. Lediglich mit ihrer Wut gegen ihr Kind soll sie sich so lange zurückhalten, so lange auch das Kind seine Wut gegen sie zurückhält. Vielmehr soll sie sich bemühen, den alten, noch nicht ausgeweinten und noch nicht getrösteten Schmerz, der im Kind steckt, herauszufordern und den ausgiebigen Trost zu spenden.

2. Stufe: Es gibt Kinder, die durchaus eine Bindung zu ihren Eltern herstellen konnten, die aber aufgrund von Erziehungsfehlern oder Schicksalsschlägen dazu verleitet wurden, ihre Eltern *egozentrisch* zu benützen. Hier handelt es sich um Kinder, die zu sehr verwöhnt wurden, um nicht abgelöste Kinder, um die »kleinen Tyrannen«, oder um narzißtische Kinder. (In diese Stufe schreiten auch die Kinder von der Stufe 1 fort, sobald sie die Bindung gewonnen haben. Aus den Autisten werden Autokraten, die ehemaligen Ungeliebten testen die Liebe der Mutter auf einer höheren Stufe: »Liebst du mich tatsächlich bedingungslos? Auch dann noch, wenn ich böse bin?«)

Vergleichbar mit der Situation des 1 bis 2jährigen Kindes im Tragtuch, *ist auch die Mutter berechtigt, ihren Unmut zu äußern,* wenn das Kind sie drangsaliert, in die Brust beißt, usw. Die Wut muß deshalb ehrlich zugelassen und ausgedrückt werden, um die Beziehungskrise nicht durch offene Machtkämpfe noch zu steigern. Die Wut und der Haß sind nicht nur gegen den anderen, sondern auch gegen sich selbst gerichtet. Die Machtverhältnisse gerieten aus den Fugen und das Kind hat schon von klein auf den Eindruck gewinnen müssen, daß seine Eltern die Schwächeren sind.

Die Empfehlung für das Festhalten heißt: Weil das Festhalten aus Gründen der akuten mütterlichen Kränkung als Reaktion auf das zerstörerische Verhalten des Kindes geschieht, hat die Mutter auch das Recht, dem Kind gegenüber ihre negativen Gefühle zu äußern, vorausgesetzt allerdings, sie will die Störungen beseitigen, um die Liebe walten zu lassen. Falls sie sich die Offenheit nicht zutraut und fürchtet, ihr Haß könnte stärker als ihre Selbstbeherrschung sein, so soll sie nur in Gegenwart eines Dritten halten und bis dahin, lieber genauso ambivalent wie vorher, das Kind meiden.

Beim Halten nimmt sie das Gesicht des Kindes in ihre Hände, fordert möglichst den Blickkontakt und sagt ihm, wie sie sich bei seinem Drangsalieren fühlt. Wenn das Kind wegschaut, oder so tut, als wenn es nicht hört, muß die mütterliche Mitteilung um so deutlicher spürbar für das Kind sein. »Hör mal, so kann ich nicht, ich mag mich selbst schon nicht mehr, ich habe so viel Wut in mir, daß ich platze, ich will nicht jeden Tag mit dieser Angst beginnen, daß du schon wieder...«. »Wenn du meinst, mir Befehle erteilen zu dürfen, dann probiere, wer mehr Kraft von uns beiden hat. Komm nur heraus mit deiner Kraft und mit deiner Wut. Sag, was dir an mir stinkt. Ich lasse dich nicht los, bis wir beide ins Reine gekommen sind«.

Wenn das Kind heftig zuschlägt oder beißt, darf die Mutter nicht so tun, als wenn sie nichts spürt. Dieses Kind ist sich dessen bewußt (im Unterschied zu einem Kind der Gruppe (1)) und soll die Wahrheit über die Gefühle, die es bei der Mutter ausgelöst hat, erfahren. Es muß eindeutig erfahren, wo die Grenze des Ertragbaren bei der Mutter ist. Diese dramatische Kulmination der Widerstandskräfte bewirkt meist die Wende im Festhalte-Prozeß. Das Kind setzt hauptsächlich den Widerstand ein, um die Kräfte der Mutter spüren zu können. Im Unbewußten wünscht sich nämlich dieses Kleinkind von damals, das Küken der starken Henne zu sein und unter deren mächtigen Flügeln die Nestwärme zu finden. Es hat diese Geborgenheit und die Liebe erst dann gewonnen, wenn die Mutter den »Test« bestanden hat. Jetzt kann sich das Kind an die Mutter anschmiegen.

Es gibt Mütter, die Probleme »unter den Teppich kehren«. Die Gründe liegen wohl in der Angst vor dem eigenen Schmerz, der eigenen Wut und Trauer. Wenn sich die Mutter nicht traut, ihre eigenen Widerstände zu äußern und die des Kindes nicht wahrhaben möchte, wenn sie meint, ihr Kind schmust gerne und läßt sich von ihr ohne weiteres halten, dann beginnen wir mit dem Festhalten, so wie bei den Kindern der Gruppe (1). Das ist dann zusätzlich noch ein differentialdiagnostischer Test. Kann sich das Kind der Mutter in einer solch außerordentlichen Lage anpassen, sich mit ihr angesichts meiner Aufforderung solidarisieren, dann erübrigt sich das Festhalten von selbst. Reagiert das Kind aber auf die zärtliche Umarmung der Mutter mit Vehemenz, wird die Mutter durch das Erkennen der Wahrheit schockiert. Dieser Schock ist jedoch heilsam. Er mobilisiert die Kräfte, die bis dahin in einer scheinbaren Zufriedenheit brach lagen.

Der Trost

Mit dem Trost sollte angefangen werden, erst nachdem das Kind seine Unzufriedenheit äußert. Nicht eher, um den Widerstand, der therapeutische Bedeutung hat, nicht zu hemmen. Es geht um das Erleben des Trostes und nicht der Zärtlichkeit. Der Trost ist ähnlich, wie wenn eine Mutter ihr weinendes Baby tröstet: durch Wiegen, Streicheln, Massieren, Reiben, Kitzeln, Küssen, Summen, Zureden, Ermutigung zum Weinen (»wein dich aus, ich bin bei dir und halte dich so lange fest, bis es dir gut geht«). Von allen Mitteln ist ein intensiver Körperkontakt das Wichtigste. Es empfiehlt sich, alle Äußerungen des Kindes nachzuahmen, das heißt mit ihm zu atmen, zu stöhnen, zu sprechen (der sogenannte »baby-talk«). Es soll sich verstanden fühlen, indem man seine Lebensäußerungen widerspiegelt. Eine ganz wichtige Regel ist, daß nicht das Kind über die Art des Trostes entscheidet, sondern ausschließlich die Mutter. Kann das Kind die aufheiternden Angebote der Mutter noch nicht mit Lust beantworten, ist es ein Zeichen, daß es noch nicht »durch« ist. Gegebenenfalls ist das Festhalten erneut aufzunehmen. Läßt es sich aufheitern, macht es mit, dann ist *die Wende* eingetreten.

Nur in den seltensten Fällen geschieht die Wende blitzartig. Am ehesten ist dieses Wunder der Liebe von einer Sekunde auf die andere zu beobachten, wenn Mutter und Kind das gleiche Temperament haben. Manche Mütter sind wahre Zauberinnen, wie sie mit ihrer Fähigkeit, mit dem Kind mitzuschwingen, die innere Verwandlung ihres Kindes auslösen. Man stelle sich eine Waage vor: je schneller die Schale mit der Wut abgeladen und erleichtert wird, um so mehr wiegt die Schale mit der Liebe. So manches proportionierte Ab- und Beladen der Waagschalen benötigt ein allmähliches Ausweigen. In den meisten Fällen kommt die Entspannung langsam Schritt für Schritt.

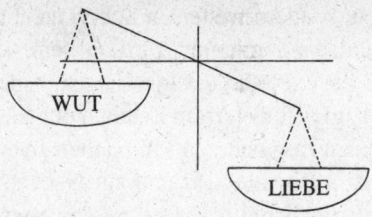

Woran erkennt man, daß die Liebe nun wirklich fließt – wenn man sich auf das eigene Gefühl nicht ganz verlassen möchte? (So oft verleitet die Hoffnung auf das Glück des Kindes dazu, die Not zu unterschätzen! Man neigt daher eher dazu, das Unangenehme ungeschehen zu machen.) Die Verkrampfungen in seinem Gesichtchen lösen sich. Das Kind schmiegt sich an. Die ganze Muskulatur ist lockerer. Es atmet tiefer. Die Augen glänzen. *Das Kind genießt nun diese Umarmung, gegen die es sich vorher aufbäumen mußte.* Wenn das Kind sofort, nachdem die Mutter die Umarmung lockerte, weggeht und nicht gerne wieder zu ihr zurückkommt, ist es kein gutes Zeichen für die Vollendung des ganzen Prozesses. (Es kann natürlich sein, daß das Kind sich schnell ein Getränk holen möchte und danach gerne wieder zur Mutter zurückkehrt.) Das sicherste Zeichen ist, wenn das Kind ohne weitere Aufforderungen bereit ist, sich innig anzuschmiegen.

Die Entspannungsphase

Immer wieder kann es passieren, daß das Kind beim Festhalten nur ruhen möchte oder einschläft. Schlaf oder das bequeme Ausruhen können vom Kind jedoch als Ausweichmöglichkeiten benutzt werden. Auf alle Fälle soll man es bei Kleinkindern zulassen. Sie nehmen den symbiotischen Kontakt mit der Mutter auch im Schlaf wahr. Auch bei Größeren kann dies der Fall sein. Nicht nur wach füreinander da zu sein, sondern auch mit dem Nächsten zu ruhen, unter seinem Schutz in sich zu ruhen, ist ein schönes Erlebnis der Liebe. Keinesfalls sollte man das eingeschlafene Kind auf die Seite legen, sondern weiter im Schoß halten, sein Aufwachen abwarten und dann mit ihm zärtlich sein. Die Phase der aktiven Freude an der Liebe ist der Inhalt der Entspannungsphase. Genauso gut ist es, gleich die ersten Zeichen der Entspannung mit lustvollen Angeboten zum heiteren Mitmachen zu testen. Läßt das Kind sich gerne zum Blickkontakt und zur Nachahmung animieren, ist es von sich aus bereit, das Gesicht der Mutter zu untersuchen und mit ihr zu schmusen, sollte man diese Freude an gemeinsamer Unterhaltung ausgiebig genießen. Die Art der Kommunikation hängt vom Entwicklungsstand des Kindes ab – sie reicht vom Aneinanderreiben der Nasen über Zeigen und Benennen der Körperteile, Bewegungsspiele im gegenseitigen Einvernehmen, Nachsprechen von Namen bis hin zu Gesprächen über Erlebnisse. Auch lustige Machtkämpfe wie Tauziehen, gegenseitiges kraftvolles Händeklatschen (»wer kann es lauter, einmal ich, einmal du? Wer kann die Hand des anderen fester drücken?« usw.) eignen sich. Die anderen Anwesenden können in die Spiele miteinbezogen werden, wenn das Kind dazu Lust hat und es auch die anderen wollen. Das Ende bestimmt die Mutter und zwar in dem Augenblick, in dem es für das Kind am schönsten ist, in dem es das Miteinander am liebsten noch fortsetzen würde.

Zur weiteren Handhabung

Nach der ersten Anleitung fragen mich oft die Eltern: »Ja, wie oft müssen wir das jetzt tun?« Hinter der Frage steht nicht nur die Mühsal der bereits durchkämpften dramatischen Krisen, sondern auch die Hoffnung auf eine neue Lebensqualität. In der Tat müßte diese Chance jeder bekommen. Ausbleiben dürfte das Gehaltenwerden bei keinem von uns, solange wir lebendig und liebesfähig sein wollen.

Sicherlich ist das Festhalten dann angezeigt, wenn der Nächste in eine Krise gerät. Die Erfahrung lehrt, daß die Widerstandsphasen bei wiederholtem Festhalten milder und kürzer werden. Mit jeder

Erfahrung des Festgehalten-Werdens wird das Gefühl des Vertrauens, des Sich-Verlassen-Könnens stärker. Wie wenn ein Stein durch Wassertropfen ausgehöhlt würde, so formt sich eine neue Lebensqualität, und mit dem Grad des Vertrauens verinnerlicht sich das Festhalten.

Je weniger Verarbeitungsmöglichkeiten ein Mensch in Krisen hat, um so mehr braucht er es, in Krisen gehalten zu werden, um ihnen nicht ausweichen zu müssen. Am bedürftigsten ist in diesem Sinne sicherlich das Kind. Je kleiner es ist, um so häufiger, zuverlässiger, fester muß es festgehalten werden.

Ähnlich wie ein Kleinkind ist auch der scheinbar große, aber seelisch schwache Mensch bedürftig nach Festgehalten-Werden. Die im Kleinkindalter nicht ausgelebten Bedürfnisse nach Bindung und Geborgenheit machen ihn seelisch krank. Das Festhalten, das als Lebensform versagte, muß als Therapie eingesetzt werden, und nicht nur in Krisen, sondern auch bei kleinen Anlässen.

Das Festhalten sollte das Kind nicht »tierisch ernst« erleben, sondern zusammen mit allen anderen Affekten, die zum breiten Spektrum des Gefühlslebens gehören. (Später, als Erwachsener, wird das Kind diese Offenheit und Spontaneität in seiner Partnerschaft gebrauchen können, nicht nur bei harten Lebensprüfungen, sondern auch zum innigen und lustvollen Ausleben von Erotik und Sexualität). Wenn ich mich ganz schlecht fühle, genügt die Erinnerung an die bewußte Erfahrung des hautnahen Erlebnisses des Festhaltens und an die dort erlebte Treue, um wieder Freude zu empfinden. Die leiblich wahrgenommene Erfahrung ist jedoch die Voraussetzung für diese Verinnerlichung.

Festhalten in Gruppen

Manche mögen es intim, am liebsten ohne den Therapeuten. Und manche mögen es in Gruppen, im Sinne eines Workshops. Dann treffen sich regelmäßig drei bis fünf Familien. Jede Familie baut sich nach Belieben ein »Nest« aus Decken und Matratzen, zieht sich dorthin zurück und hält das Kind fest oder das Kind hält einen von seinen Eltern fest. Das Schreien von nebenan stört überhaupt nicht. Jede Familie ist so auf die eigenen Gefühlswallungen konzentriert, daß sie das übrige Geschehen im Raum gar nicht wahrnimmt.

Manche Eltern haben Bedenken, ob sie das Schreien des eigenen Kindes ertragen werden. Wenn dann innerhalb der Gruppe in jedem »Nestchen« geschrien wird, hören es die Eltern überhaupt nicht. (Es ist nicht ratsam, Menschen, die das Festhalten praktisch noch nie erlebt haben, einen Film darüber zu zeigen. Sie können sich die feinen emotionalen Prozesse nicht vorstellen und lassen sich vom Schreien übermäßig beeindrucken. Sie übertragen auch die eigene Situation – die des Zuhörers und die des Zuschauers – auf die Gefilmten: sie meinen, daß auch die Festhaltenden sich vom Publikum beobachtet fühlen. Das Gegenteil ist wahr: die Festhaltenden fühlen sich in einem intimen Raum.) Nachdem in allen Familien eine Entspannung eingetreten ist, kommen sie miteinander ins Gespräch, sowohl die Eltern mit ihren Kindern, aber auch die Eltern alleine dürfen sich über ihre Probleme aussprechen, und die Kinder kommen im Spiel zusammen.

Überall, wo festhaltende Eltern voneinander erfahren und sich annähern wollen, entstehen spontan solche Selbsthilfegruppen. Zu Beginn steht meist die Hilfsbereitschaft einer erfahrenen Mutter, die der Einladung einer noch unsicheren Mutter folgt. Vorteilhaft ist es natürlich, wenn die Selbsthilfegruppe mit einem Fachmann in Verbindung steht. Er kann auf versteckte Probleme und die Notwendigkeit einer therapeutischen Unterstützung hinweisen, diese eventuell übernehmen oder vermitteln und auch Anregungen für die spezielle Förderung der Kinder geben.

Im Sinne eines therapeutischen Systems führte die Begründerin des Festhaltens, Martha Welch, die Elterngruppen ein. In New York baute sie ein Mutter-Kind-Zentrum auf, wo sich solche Gruppen unter ihrer therapeutischen Leitung treffen.

Eine Gruppe hat Vor- und Nachteile.

Die Nachteile:
Weder das Kind noch die Eltern haben einen akuten Anlaß zum Festhalten. Die erwünschte Dynamik kommt so selten zustande.

Die Vorteile:
– Gerade weil oft kein akuter Anlaß vorhanden ist, fördert die Gruppe die Dynamik, man steckt sich gegenseitig an. Es fällt leichter, sich den gehörten Schreien anzuschließen, als alleine damit anzufangen. Genauso ansteckend ist auch die Entspannung. Die Stimmungen fließen ineinander. (Vergleichen könnte man es mit Stimmungen der Neugeborenen im Säuglingszimmer.)
– Die Eltern kommen leichter aus sich heraus und trauen sich im Schutz der Gruppe, mehr Widerstand zuzulassen. Am Beispiel anderer merkt man den eigenen Mangel, ohne daß man darüber Gespräche mit dem Therapeuten führen müßte. (Ein Vater sitzt auf Distanz zu seinem Kind, das von der Mutter gehalten wird, und sucht stets Gründe, um den Raum zu verlassen. Dann merkt er, daß am anderen Ende des Raumes ein anderer Vater alle beide – seine Frau und das Kind – in seinen Armen hält. Und er tut das gleiche. Ein anderes Beispiel: In einer Gruppe mit bis dahin unbekannten Menschen hielt eine Mutter auf eine sehr artige, selbstbeherrschte Weise ihr adoptiertes Kind fest. Kein Laut, nur stille Tränen kamen aus ihr heraus. Neben ihr schrie und jammerte eine Mutter genauso laut wie ihre Tochter und klagte über das gleiche: daß auch sie sich die ganze Kindheit hindurch mit dem Gefühl gequält hatte, weniger geliebt zu sein als das jüngere Geschwister. Ich hatte den Eindruck, daß es der zuhörenden Adoptivmutter zuviel war, als hielte sie es für eine Anmaßung für alle Teilnehmer. Ich fragte sie, wie sie sich fühle. »Mir ging es genauso!« brach aus ihr heraus.)
– Die Eltern bekommen Gelegenheit zum Erfahrungsaustausch, nicht nur über die Erlebnisse, die Entdeckungen an sich selbst, die Erneuerung der Beziehungen innerhalb der Familie, die Förderung des Kindes und die alten sowie die neu aufgetauchten familiären Probleme, sondern auch über allgemeine Probleme der gesell-

schaftlichen Entwicklung. Mehr als andere sind diese Menschen sensibel für die Gefährdung der Menschlichkeit.

– Die Eltern finden im Rahmen dieser Gruppen Verständnis, Bestätigung und Unterstützung und gewinnen auf diese Weise neue Freunde.

Als Anleiterin des Festhaltens bevorzuge ich die Einzelsituation, weil ich mich konzentriert in das Kind, die Mutter, den Vater oder andere Begleiter hineinfühlen kann. Die Vorteile der Gruppen schätze ich allerdings auch hoch ein. Wenn ich das Geschehen in einer solchen Gruppe betrachte, habe ich das Gefühl, daß es sich um etwas ganz Normales handelt, um etwas, was die menschliche Gesellschaft schon immer hatte und lebte. Eine Großfamilie geriet in Probleme: die Karawane durfte nicht weitergehen, eine Überflutung drohte, der Feind belagerte das Dorf, man flüchtete vom Zuhause ins Ungewisse. Aber die Menschen hielten alle zusammen, sie sprachen alle die gleiche Sprache des Herzens. Es ist gut, wenn Kinder, die in der heutigen entfremdeten Gesellschaft kaum noch einen innigen, mit allen Sinnen wahrnehmbaren Zusammenhalt einer größeren Menschengruppe unter angespannten Bedingungen erleben, die Chance dazu zumindest in Festhaltegruppen bekommen.

Die Bedeutung und Berechtigung des ganzheitlich geleisteten Widerstandes

Dem Widerstand kommt beim Festhalten eine zentrale Bedeutung zu, denn er ist die Bedingung, ohne die Festhalten nicht möglich ist, gleichzeitig aber auch der Stein des Anstoßes. Denn das Handeln gegen den Widerstand, das gewaltsame Eingreifen in die Kompetenzsphäre des anderen ist für uns ein Tabu. Wir beharren auf dem Grundsatz der Freiwilligkeit jeder therapeutischen Einmischung. Dabei lassen wir merkwürdigerweise außer acht, daß zur Übernahme der Verantwortung, die für eine sogenannte therapeutische Einsicht unabdingbar ist, der klare Verstand notwendig ist, wozu das Kind, das noch kein oder nur ein schwaches Bewußtsein der Ich-Identität hat und Lösungsalternativen nicht erdenken kann, nicht in der Lage ist. Es kann sich nicht entscheiden für eine Primärtherapie, für Bonding oder Bioenergetik. Für das Kind muß derjenige entscheiden, der denken und die Verantwortung übernehmen kann. Dies gilt auch für den intelligenten Erwachsenen, der bereits seelisch behindert, schwach, krank oder nicht in der Lage ist, für sich zu sorgen. Es wird auch die Frage gestellt: »Wie kann der Erwachsene wissen, was für das Kind gut ist?« Die Antwort ist nicht leicht. Wenn der Erwachsene jedoch nicht seine eigenen Bedürfnisse nach Freiheit auf das Kind überträgt, sondern von den Bedürfnissen des Kindes nach Geborgenheit und Halt ausgeht – wenn also der Erwachsene nicht ichbezogen denkt, sondern die Eigenart der kindlichen Persönlichkeitsentwicklung respektiert und sich in das Kind einfühlt, wird die Antwort leichter sein. Ein großer Irrtum wäre es, aus dem Widerstand des Kindes auf sein eindeutiges Verlangen nach Loslassen zu schließen. Das Kind erhofft sich mehr Widerstand (»Halte mich länger fest, als ich will!«), als der freiheitsliebende Erwachsene meint. Alle zu früh losgelassenen Kinder waren maßlos enttäuscht.

Keinesfalls fühlten sie sich befreit. Sie liefen unruhiger als zuvor hin und her, schrien vor sich hin, versuchten auf Umwegen, die Mutter auf die Matte zurückzuzerren oder beschimpften sie. Ihre Enttäuschung war jedesmal eindeutig.

Ein Vater hielt seinen siebenjährigen Sohn fest, der von klein auf den Körperkontakt zu ihm abgelehnt und nie Vertrauen zu ihm entwickelt hatte. Der Junge führte sich fürchterlich auf und schrie seinen Vater an: »Nie wieder komme ich zu dir, nie wieder, nie wieder, laß mich sofort frei, halt mich nicht fest…!« Und als ihn der Vater tatsächlich losließ, weil er wegen seines Bandscheibenschadens die Position auf der Seite nicht unverändert aushalten konnte und sich mühsam auf die andere Seite drehte, – siehe da! – nützte der Junge die Chance nicht zum Abhauen, sondern klammerte sich an den Körper des Vaters und drehte sich mit ihm, ohne mit dem Schimpfen aufzuhören!

In meiner Sprechstunde wurde mir durch eine Kinderärztin ein eineinhalbjähriges Kind namens Franzisca vorgestellt, das infolge seines Krankenhausaufenthaltes mit neun Monaten sämtliche Nahrung verweigerte, nur noch Haut und Knochen war und erst aufgrund des von der Ärztin eingeleiteten Festhaltens allmählich anfing, zu trinken. Als Supervisor wollte ich sehen, wie die Mutter festhielt, bevor das Kind bereit war, nach der Flasche zu greifen. Für meine Begriffe war das, was ich sah, unzumutbar. Franzisca lag auf dem Rücken, ganz versteckt unter dem Bauch der Mutter. Nachdem sie befreit war, nahm sie die Flasche an. Ich unterbrach es, weil ich meinte, das Kind müßte ein fröhlicheres, freieres Halten in den Armen erfahren. Weit gefehlt! Franzisca genoß meine Vorschläge nicht und nahm auch keine Flasche. Glücklicherweise verzichtete die Mutter auf meine Ratschläge und hielt ihre Tochter nach ihren Bedürfnissen und nicht nach denen der Psychologin fest. Heute ißt Franzisca mit großer Wonne.

Im Unterschied zum ganzheitlichen Verständnis eines Kindes gibt es naturwissenschaftliche Feststellungen und Begründungen, die zweifellos einen mehr oder weniger bedeutsamen Teil der Auswirkung des Festhaltens erfassen, allerdings nicht das Ganze.

So stellt zum Beispiel der weltberühmte Autismus-Forscher

B. Rimland[37] fest: »Eine überraschende Fülle von Hinweisen aus verschiedenen amerikanischen und europäischen Quellen legt nahe, daß Festhalte-Therapie einigen, vielleicht vielen autistischen Kindern hilft…«. Er hält allerdings nichts von der Hypothese der abgebrochenen und durch das Festhalten zu erneuernden Bindung, auf der Welchs Holding-Therapie fußt, sondern meint, daß es sich um die wohltuenden Auswirkungen der großen körperlichen Anstrengung handelt. Als Erklärungsmöglichkeiten bietet er außer einer vermehrten Sauerstoffanreicherung und Hirnreizung durch vestibuläre und propriozeptive neurale Impulse auch eine erhöhte Ausschüttung von Endorphinen an. Nach Rimland wäre die Schlußfolgerung: biochemische Hilfe durch entsprechende Medikamente oder mechanische, bzw. elektronische Gerätschaften, die die gleiche physiologische Auswirkung wie das Festhalten haben. Allerdings zielt das Festhalten auf das Ganzheitliche: Die biochemischen Nachweise über die Produktion der körpereigenen Opiate konkurrieren jedoch keinesfalls mit den Bindungstheorien.

An dem Zusammenspiel zwischen emotionalen und biochemischen Prozessen brauchen wir heute keine Zweifel mehr zu haben. Die Forschung darüber und auch die Erfahrung der psychosomatischen Medizin liefert uns zunehmend Beweise. So gestatte ich mir folgende Arbeitshypothese über die Auswirkung des Festhaltens bei Autisten aufzustellen:

Die überschüssigen körpereigenen Opiate[38], die nach dem Abbrechen der Bindung mit der Mutter durch die Selbststimulationen einsetzen, führen zu einer Sucht, die sich in Abhängigkeit von diesen ganz bestimmten Selbststimulationen äußert. Beim Festhalten mutet die Mutter dem autistischen Kind einen Entzug zu. (Bei einer Festhalte-Sitzung lassen sich tatsächlich somatische Erscheinungen beobachten, die typischerweise mit einem Entzug einhergehen: Schweißausbrüche, schnelles Atmen, Temperaturanstieg, Muskelanspannung, schmerzhafte innere Anspannung.) Aufgrund der aufgezwungenen Anpassung an die intensiven Anregungen der körperlich und seelisch verbundenen Mutter kommt unter anderem eine Umordnung der biochemischen Prozesse zustande, die von der Sucht befreit und eine echte Bindung erschließt. Ich würde es deshalb begrüßen, wenn Herr Rimland anstelle der technischen Mittel lieber ein menschliches Halten empfehlen und die Forschungen in dieser Richtung ausweiten würde.

Es gibt auch Versuche lernpsychologischer Art, das Festhalten als eine verhaltenstherapeutische Methode der systematischen Desensibilisierung einzuordnen. Trotz seiner Abwehr wird der Autist mit seinen Ängsten vor sozialem Kontakt in überflutendem Maße (flooding) konfrontiert. Im antagonistischen Verhältnis dazu stehen genauso überflutende positive Erfahrungen mit beruhigendem, entspannendem sozialen Kontakt. Die bisherige Erfahrung der Autisten »sozialer Kontakt = Angst« wird im Laufe der Festhaltesitzungen auf die Erfahrung »sozialer Kontakt = Zufriedenheit (Entspannung)« umkonditioniert. Ein langanhaltender gefürchteter Reiz, auf den nicht mehr eine alarmierende Erfahrung folgt, sondern der mit dem Erleben des entspannten sozialen Kontakts gekoppelt wird, wird als Angstauslöser gehemmt. Dagegen bekommen die sozialen Anregungen eine stärkere Signalbedeutung. – Dieser Ansatz, aus dem Rohmann seine modifizierte Form des Festhaltens entwickelt[39] widerspricht dem in diesem Buch dargestellten Festhalten nach Welch. Die Chance zum Austragen destruktiver Gefühle wird in dieser eingeschränkten Form des Festhaltens zwar geweckt, aber alsbald wieder gehemmt. Das Ziel ist hier Beruhigung und Anpassung an den Haltenden, jedoch nicht die Bindung, nicht die Freiheit für Offenheit der Gefühle und nicht die Liebe. Diese modifizierte Form der Festhalte-Therapie ist eine kognitive Methode, durch die das Kind erkennen soll, daß es sich erwünscht verhält, wenn es sich gegen die Umarmung nicht wehrt und nicht schreit. In diesem Sinne ist diese Form des Festhaltens eine negative Verstärkung, die zum Vermeiden des Widerstandes beim Festhalten und somit auch des Festhaltens führt. Hier hört auch die Anwendung des Festhaltens für Rohmann auf (etwa innerhalb der von mir auf S. 126 beschriebenen ersten Stufe des Festhaltens), während für das Festhalten nach Welch die therapeutische Bemühung, die versteckten Widerstände zu lösen und eine Befreiung von ihnen zu bewirken, an diesem Punkt erst beginnt (siehe zweite Stufe). – Die Berechtigung zu diesem eingeschränkten Festhalten würde ich immer dann sehen, wenn es anstelle von mechanischen Mitteln zum Hemmen selbstzerstörerischer Verhaltensweisen, also tatsächlich zum Schutz und zur Beruhigung angewendet wird, und auch als Sicherheitsbasis bei der Desensibilisierung von diversen Ängsten (zum Beispiel Gewöhnung an Dunkelheit, an Tiere usw. in beschützender Umarmung). Bedenken habe ich aber im Hinblick auf die fortgesetzte, übermäßige, die weitere Therapie blockierende Anpassung des Kindes und auch wegen der undifferenziert angeregten Bindungsbereitschaft, wenn außer der Mutter (oder sogar ohne sie) der Therapeut oder mehrere Fachleute sich das Recht nehmen, das Kind zu halten. Die Gefahr eines rein verhaltenstherapeutischen Vorgehens liegt im einseitigen Betonen des zu modifizierenden Verhaltens, wobei die tieferliegenden Bedürfnisse nach Bindung und Liebe auf das Nebengleis abgeschoben oder gar nicht ernstgenommen würden.

Der Verhaltensbiologe Hassenstein und seine Frau bringen in ihrer »Verhaltensbiologie des Kindes« folgende Erklärung aus verhaltensbiologischer Sicht[40]:

»Die aggressive Gegenwehr des Kindes gegen das Gehaltenwerden ist ein Ausdruck seiner *Angst*. Nach den Lehren der Verhaltensbiologie ist aggressives Verhalten vielursächlich, und eine der möglichen Ursachen aggressiven Verhaltens ist die *Aktivierung der Angst bei verhinderter Flucht*. Der Antrieb zur Flucht und der Antrieb zur Gegenwehr bei verhinderter Flucht sind *identisch*. Wenn nun im Verlauf des Festhaltens die *aggressive Gegenwehr*›spezifisch ermüdet‹ – es handelt sich dabei um die Ermüdung nicht des Körpers, sondern einer bestimmten Instanz der Verhaltenssteuerung –, so befreit dies das Kind zugleich vorübergehend von seiner *Angst* und damit von derjenigen inneren Befindlichkeit, die seinen Autismus einst erzeugt hat und ihn weiter aufrechterhält. Durch das Festhalten wird die Abwehr erzeugt und damit deren innere Triebfeder, die Angst, so lange höchstgradig aktiviert, bis sie *erlahmt*. Jetzt kann sich die andere Komponente der Beziehung zur Mutter, nämlich die Zuneigung, vorübergehend voll durchsetzen. Diese Phase der angstfreien zärtlichen Beziehung zwischen Kind und Mutter muß als Erfahrungs- und Lernsituation für das Kind genutzt werden, um das wohltätige Erlebnis der Entspanntheit bestmöglich in ihm zu verankern...«.

Eine weitere tiefliegende Verwandtschaft in bezug auf das notwendige Überwinden von Widerständen und auf die daraus folgende Vermittlung eines freieren Selbst- und Weltbildes ist bei Theraplay nach Jernberg[41] und bei der Gestalttherapie für geistig Behinderte nach Besems[42] zu finden. Beide psychotherapeutischen Methoden sind für entwicklungsgestörte Menschen entwickelt, das Theraplay schwerpunktmäßig für Kinder mit Verhaltens-, Lern- oder Entwicklungsstörungen und Autismus, die Gestalttherapie für geistig Behinderte aller Altersstufen. Eine große Ähnlichkeit besteht in der fürsorglichen Übernahme der Verantwortung für das gemeinsame Tun (»Ich weiß, was das Beste für dich ist, und ich kann dir geben, was du brauchst«) und in der Radikalität, mit der der Therapeut (bei Theraplay auch die Mutter) in die statische bzw. stereotype, unkreative Welt des Betroffenen eindringt. (Jernberg bezeichnet Theraplay als direktive Spieltherapie.) Dies geschieht bei beiden Behandlungsformen, indem man mit dem Betroffenen einen engen Körperkontakt einnimmt und ihn zunächst zu bestimmten Bewegungen und Bewegungsspielen drängt, bis er Freude an ihnen findet und spontan mitmacht. Auch eigene Bewegungen (zum Beispiel stereotypes Schaukeln) des Betroffenen werden von seinem Therapeuten aufgegriffen, mitgemacht und variiert. Der Unterschied zwischen den beiden Behandlungsformen besteht in der Zielsetzung: Während die Gestalttherapie für jeden im Heim lebenden geistig Behinderten in der gleichen Form bestimmt ist, um seinen inneren Dialog und seine Dialogmöglichkeiten mit seinem Umfeld zu bereichern, verfährt Theraplay strukturiert auf die jeweilige Entwicklungsstörung bezogen. In all diesen Beziehungen bestehen Übereinstimmungen mit der Festhalte-Therapie, denn das Festhalten wird als Lebensform für jeden Menschen und seinen Nächsten verstanden, aber auch als Therapie, wenn es sich um die systematische Beeinflussung einer bestimmten seelischen Störung handelt. Darin bestehen auch die Unterschiede. Ein weiterer Unterschied zwischen Theraplay und Besems Gestalttherapie zeigt sich in den Schattierungen der Aktivität: bei

Theraplay ist es viel mehr das spaßvolle, ausgelassene Spiel, bei der Gestalttherapie eher die Wahrnehmung der eigenen Leib-Seele- Gestalt bei sich selbst und im Dialog mit dem anderen. Darin besteht aber kein Unterschied zum Festhalten. Diese beiden Inhalte sind auch beim Festhalten anzustreben. Was das Festhalten von den beiden Therapieformen unterscheidet, ist die Bedeutung und der Energieeinsatz auf die reine emotionale Auseinandersetzung, durch die eine affektive Ambivalenz überbrückt und die Liebesfähigkeit geschaffen wird.

Auch die bioenergetische Analyse (Reich, Lowen) fußt auf der direkten Arbeit mit den Widerständen im Körper, die sich in Verspannungen, Verkrampfungen, gestörtem Rhythmus zwischen dem Anspannen und Entspannen äußern. Mit dem Festhalten hat die bioenergetische Analyse insofern viel Gemeinsames, als sie den Betroffenen in kritische Situationen bringen kann, in denen er das Festhalten braucht. Das Festhalten ist in der Bioenergetik nicht unbekannt, allerdings als Halt und Trost, nicht als Auslöser. Ein heilsamer Zusammenbruch der bisherigen Panzerung wird durch direkte, methodisch differenzierte Arbeit mit dem Körper ausgelöst. Beim Festhalten wird die affektive Krise vor allem durch einen direkten emotionalen Aufprall gestiftet. Von den Verbindungen mit der Bioenergetik lassen sich für die Festhalte-Therapie (nicht für das Festhalten als Lebensform) noch Bereicherungen erhoffen. Es wird beobachtet, daß bei bestimmten Körperlagen besondere Widerstände und mit ihnen besonders intensive Befreiungen der Lebensenergie in Gang gesetzt werden (zum Beispiel wenn man die in Zehenspitzenstellung ausgestreckten Füße in Bewegung bringt oder wenn man am Rückgrat entlang streichelt). Dieser Bereich müßte für die Festhalte- Therapie noch erschlossen werden. Die Wirksamkeit beider Therapien hat verblüffende Ähnlichkeiten. Sie sind wohl in der extremen Intensität des psychosomatischen (leiblich-seelischen) Geschehens begründet.

Eine besondere Verwandtschaft hat das Festhalten mit zwei tiefenpsychologischen Therapien, mit der Primärtherapie (auch Urschrei-Therapie) nach Janov und dem Bonding (auch Schreitherapie) nach Casriel. In beiden Fällen gehen die Therapeuten von der klassischen freudianischen Annahme aus, daß psychische Erkran-kungen durch den Druck verdrängter Gefühle zustandekommen. Der Heilungsprozeß ist immer schmerzhaft. Der in früher Kind-heit durch Verweigerung von Geborgenheit und Liebe entstande-ne Urschmerz, der durch Ersatzbefriedigungen jahrelang betäubt werden mußte, kann durch den Urschrei in therapeutischer Obhut wiederbelebt werden. Zu solcher Erinnerungsbereitschaft wird der Patient in der Primärtherapie systematisch geführt. Dagegen reift die Bereitschaft zum spontanen affektiven Ausbruch beim Festhal-ten oder Bonding im Zuge der Beziehungskrise. Beim Austragen der aversiven Gefühle im Hier und Jetzt tauchen die Erinnerungen an damalige Traumata wieder auf. Die erwachsenen Patienten in der Primärtherapie sind allerdings im Nachteil, weil die Verarbei-tung des wiedererlebten Traumas meist nicht ausgiebig genug ver-arbeitet wird und auch sprachlich nicht zu verarbeiten ist. Die see-lischen Verletzungen entstanden im Unbewußten. Wenn sie über-haupt zu verarbeiten sind, dann nur unter den gleichen wahrnehm-baren Bedingungen wie damals, das heißt in den Armen der Mutter. Diese Chance verbindet das Festhalten mit dem Bonding. Aller-dings auch der Anlaß dazu, der durch irgendeine »Kapitulation« (in Casriels Sinne), durch ein »Klein-Sein« inmitten einer Krise, durch eine affektive Ambivalenz (im Sinne des »Festhaltens«) gegeben ist, sowie das zu erreichende Gefühl des »Neu-Geboren-Werdens« und die Unterstützung der Bereitschaft, aufgrund der neugewonnenen Liebesfähigkeit neue Verhaltensweisen zu erler-nen, stimmen im Festhalten und im Bonding überein. Der große Nachteil für die Bonding-Patienten ist, daß sie nach der Entlassung aus der Therapie meist nur auf die mehr oder weniger guten Selbst-hilfegruppen angewiesen sind, um sich des eben erst eingefädel-ten Gefühls des Gebunden-Seins zu vergewissern. Dagegen hat das festgehaltene Kind sein ganz natürliches Nest noch für Jahre sicher. Um so eher kann das Festhalten zur Lebensform werden – eine Qualität, um die sich die Bonding-Therapeuten bemühen. Auch sie meinen, daß das Hinführen zur Liebesfähigkeit nicht vor allem als Therapie, sondern als Lebenshilfe praktiziert werden sollte.

Dem Leser mag aufgefallen sein, daß die *Ganzheitlichkeit des Er-*

lebens bei dem geleisteten Widerstand als die Grundvoraussetzung für das Gefühl der neugeborenen Liebe in keiner der genannten Erklärungsmodelle und Therapieformen voll zum Ausdruck kommt. Die Ganzheitlichkeit läßt sich nämlich schwer feststellen, erfaßbar ist sie nur im Erleben selbst. Sobald man mit dem künstlichen Zergliedern beginnt, klaffen die simultan verzahnten Erlebnisse auseinander. Versuchen wir dennoch festzuhalten, welche Erfahrungen das Kind bei seinem Widerstand macht:

– Indem das Kind bei der *Überbrückung des affektiven Zwiespalts* die Kontraste austrägt, spürt es seine Lebenskräfte. Je intensiver die Polarisierung, desto größer die Lebendigkeit. Je qualvoller die Anspannung, um so befriedigender die Entspannung. Je schädlicher die zerstörerischen Kräfte waren, um so mehr genießt das Kind deren Bereinigung.

– Im Ausleben der unermeßlichen Gefühle, die durch den Widerstand aktualisiert werden, erfährt der Festgehaltene die Unendlichkeit der Liebe des Menschen, der ihn und zu ihm hält. Indem es Widerstand leistet, dehnt das Kind die *Vorbehaltlosigkeit der mütterlichen Liebe* aus. Daran, wie die Mutter seine Boshaftigkeit und seine Trauer erträgt, erkennt das Kind das unfaßbar große Ausmaß ihrer Liebe. »Sie mag mich doch!«

– Das Kind erhält den Beweis, daß es *mehr Liebe bekommt, als es verlangt.* Erst dann hört sein Bedürfnis nach Bindung und Liebe auf, unersättlich zu sein.

– Das Kind prüft die *Kraft der Mutter.* Ist sie stark genug, damit ich mich durch sie geschützt und ich mich bei ihr geborgen fühlen kann? Je heftiger der Widerstand, um so mehr wird die ordnende, harmonisierende Kraft des Festhaltens wahrgenommen.

– Indem der Festhaltende die Widerstände mitträgt, wird er als *treuer Freund in der Krise* wahrgenommen. Je unzufriedener das Kind ist, um so bereiter ist es, Trost anzunehmen.

– In beschützender Umarmung werden *Ängste gemildert* und die aktive Freude an der Vielfalt des Lebens genossen.

»Das Gehaltenwerden fordert Angst heraus und macht sie auch zugänglich… das Erleben von Wut, Haß und Angst im Kontext des Gehaltenwerdens bringt auch Sicherheit.«[43] Diese früher verdrängten, umgeleiteten Gefühle verlieren die gespenstischen Ausmaße. Ab jetzt kann man Verantwortung für diese verneinten Gefühle übernehmen, kann offen sein und sich davon befreien.

– Je mehr Widerstände seitens des Festhaltenden zugelassen werden, um so mehr wächst das *Vertrauen*, sich ihm gegenüber völlig öffnen zu können.

– Für das Kind ist es eine Befriedigung, *Konflikte bis zum Ende austragen* zu können.

– Je intensiver die Auseinandersetzung ist, desto bewußter spürt das Kind sich selbst, seine Kräfte, sein eigenes Ich, die Liebe zu seinem Ich. Es kann sein Ich annehmen und sich selbst lieben. Durch die *gesteigerte Ich- und Du-Wahrnehmung* löst sich die Verschmelzung auf, es bahnt sich eine Abgrenzung an. Die Liebe zum Du und die Achtung vor dem Du werden bewußter. Jeder einzelne kann sich eigenständig fühlen, die *Eigenständigkeit* des anderen tolerieren und doch in Liebe und durch Liebe in ein Ganzes eingebunden sein.

Fallbeispiele

Frühkindlicher Autismus

Dieser ausgeprägte, die gesamte Entwicklung blockierende Rückzug auf sich selbst, der mit zwanghaften, stereotypen Selbststimulationen, mit Abwehr gegen Lebendigkeit des zwischenmenschlichen Kontakts und mit Beharren auf bestimmten Handlungsschemata mit nichtlebendigen Dingen einhergeht, ist äußerst selten. Nur jedes 2. bis 3. Kind von 10.000 Kindern leidet darunter. (Autistische Züge dagegen hat jeder von uns.) Unter den vielen Indikationen für das Festhalten bekommt der Autismus die erste Stelle, nicht nur aus geschichtlichen Gründen – weil das forced holding im Zusammenhang mit dem Autismus entdeckt wurde –, sondern auch deshalb, weil der Autismus im ursächlichen Zusammenhang mit dem Abbruch der Bindung – mit diesem symbiotischen Festhalten im Bauch und am Bauch der Mutter im physischen und psychischen Sinne – steht, wie man annehmen kann. Warum diese Kinder so auffällig auf den Abbruch der Symbiose reagieren, ist noch weitgehend unerforscht. Es ist wahrscheinlich, daß es sich um ein ganzes Bündel von Anlagen handelt, die sich auf eine ungünstige Weise koppeln (Hypersensibilität, Introversion, Verwundbarkeit, Angstanfälligkeit, Bevorzugung des »digitalen« Denkens, eine erhöhte Bereitschaft zur Produktion körpereigener Opiate bei Streß, also eine Suchtanfälligkeit u.a.) Wenn ein solches Kind die urvertraute Wahrnehmung des vorausspürbaren und voraushörbaren rhythmischen Mitschwingens mit der Mutter aufgeben muß und nach der Entbindung einer Überflutung von unerwarteten Reizen im Brutkasten oder Säuglingszimmer ausgeliefert wird, gerät es in einen unerträglichen Streß. Um das selbstzerstörerisch aufgewühlte innere Gleichgewicht zu ordnen, klammert sich das Kind mit Hilfe seiner Sinne und seiner Motorik an diejenigen Reize, die es selbst sicher herstellen und auf die es sich verlassen kann.

Wo es dem Herzschlag der Mutter nicht lauschen kann, hört es seinem eigenen zu, es verläßt sich auf die Lampe oder den Brutkasten, auf das Beobachten eigener Fingerbewegungen und ähnliches. Jede andere Anregung nimmt dem Kind diese Ersatzbindungen, von denen es abhängig wurde. Es würde in Entzug geraten, sollte es auf das Neue eingehen. Begreiflicherweise muß das Kind leblose Gegenstände bevorzugen, weil diese nach bestimmten Regeln vom Kind zuverlässiger manipulierbar sind als Menschen. Anstatt die Beruhigung bei der Mutter zu suchen, klammert sich das Kind an seine suchtartig gepflegte Manipulation (zum Beispiel beobachtet das Kind sein Fingerspiel, um sich zu beruhigen, beriecht seinen ausgespuckten Speichel, wedelt mit einer Kette, wackelt hin und her). Zärtliches Schmusen, Angebote zur Nachahmung oder direkte Ansprache betrachtet das autistische Kind als höchste Gefährdung seines eigenen Sicherheitsprogramms.

Die gesamte Intelligenzentwicklung und die Kommunikationsfähigkeit sind blockiert. Meist landen diese Kinder in Heimen für geistig Behinderte. Allerdings muß angenommen werden, daß hirngeschädigte Kinder noch vielmehr unter Störungen der Bindungsprozesse (durch Sauerstoffversorgung, Hospitalisierungen, Verarbeitungsprobleme u.a.) leiden als nicht hirngeschädigte Kinder.

Eva Maria ist eines der hypersensiblen, verwundbaren Kinder, die, nachdem sie die symbiotische, Urvertrauen spendende Verbindung mit der Mutter abbrechen mußte, sich an bestimmte zuverlässige herstellbare Reize suchtbartig klammern und alle anderen in panischer Angst abwehren mußte. Sie hat sich von nahen Kontakten mit Menschen total losgesagt, beobachtet diese nur auf Distanz, ahmt sie jedoch nicht nach, nimmt keinen Blickkontakt auf, sucht nicht einmal Trost bei Menschen, wenn sie sich nicht wohl fühlt, sondern »gründelt« in ihrem Bett, wobei sie sich alle Tücher über den Kopf zieht. Zu den sicher zu erwartenden Erfahrungen gehört auch die Art, in der das Kind bestimmt, wie ihre Adoptivmutter zu reagieren hat. So gab die Mutter bereits alle Fütterungsversuche auf und traut sich nicht mehr, das Kind zu umarmen. Je mehr Verunsicherung das Kind bei der Mutter spürt, um so mehr muß es sich auf seine zuverlässigen »Marotten« verlassen. Und je ablehnender und zwanghafter sie ist, desto unsicherer wird die Mutter. Weil Eva Maria ihre Neugierde überhaupt nicht entwikkelt und sämtliche Lernangebote verweigert, wäre sie sicher geistig behindert geworden.

Das Festhalten bewirkte eine Wende zum Guten. Dem Kind konnte ein Entzug von seinen Ersatzsicherheiten zugemutet und echte Geborgenheit vermittelt werden. Die Mutter fing dabei an, sich selbstsicherer zu fühlen. Lassen wir sie selbst berichten:

»Ich habe meine Tochter fast drei Jahre lang bis zu vier Mal täglich festgehalten, weil sie schwer autistisch war. Sie nahm keinen Kontakt mit Menschen auf, verweigerte die Nahrungsaufnahme total, gab keine, wie auch immer geartete Antwort, zeigte keine Freude, auch keine Trauer. Sie wurde ausschließlich mit einer Magensonde ernährt, bis sie fast vier Jahre alt war.

In dieser Zeit hatte ich unsägliche Angst, mein Kind würde verhungern und sterben. Ich war auch wütend, daß sich überhaupt nichts an diesem schrecklichen Zustand änderte, ich war tief verunsichert, weil es keine Fortschritte gab, obwohl ich mich bis an die Grenzen meiner Kraft bemühte; oft war ich nur noch leer, traurig und apathisch. Tief in mir fühlte ich, daß ich meiner Tochter keine richtige Mutter war.

Mit meinem Verstand konnte ich vieles erklären. Es gab eine Reihe von Fakten, die meine Tochter in ihre Abkapselung getrieben hatten: sie war eine Früh- und eine Mangelgeburt (mußte also lange im Brutkasten liegen), sie hatte einen Klump- und einen Sichelfuß (weswegen sie Gipsschienen trug), sie hatte eine Gaumenspalte (daher trug sie ein künstliches Gaumenplättchen), sie hatte einen Nabel- und einen offenen Leistenbruch, (weswegen man sie nur vorsichtig in die Arme nehmen konnte). Das alles wußte ich und konnte so auch ihre Schwierigkeiten begreifen, aber ich verstand nichts: meine Seele rebellierte auf das Heftigste gegen diesen Zustand. Nur mein Herz ließ mich immer wieder hoffen und weitermachen.

Als ich dann aber fühlte, daß ich mit dem Rücken zur Wand stand, daß ich resignierte und dabei war, die Schwierigkeiten meiner

Tochter eher zu verwalten als abzuschaffen, da wußte ich: etwas muß geschehen! Aber die tägliche Angst, von der nächtlichen ganz zu schweigen, hatte mir die Kehle schon so sehr zugeschnürt, daß ich nicht einmal mehr die Kraft hatte, um Hilfe zu rufen.

Als ich wieder einmal mit meiner Tochter eine geraume Zeit im Krankenhaus verbrachte, stellte die Stationsärztin einen Kontakt mit der dort arbeitenden Therapeutin her, die auch das »Festhalten« anleitete. Bis dahin hatte ich noch nie etwas vom Festhalten oder von Autismus gehört. Beim ersten Treffen mit der Therapeutin sprachen wir hauptsächlich über meine Tochter, meine Ängste und mich…

Erst allmählich, beim zweiten oder dritten Besuch, wurde mir von Frau Prekop vorgeschlagen, meine Tochter auch dann in die Arme zu nehmen, wenn sie selbst gar kein Bedürfnis dazu zeigte. Nur recht zögernd nahm ich diesen Vorschlag an, denn ich wollte mein Kind nicht autoritär mit meiner Liebe erdrücken. Ich wagte es dann doch.

Sehr bald entwickelten sich unsere »Festhalte-Sitzungen« ungeheuer dynamisch. Am Anfang tobte und schrie meine Tochter, sobald ich sie in den Arm nahm. Sie erbrach sich und würgte dabei immer ihre Magensonde hoch, sie kratzte und biß mich und versuchte verzweifelt, meinen Umarmungen zu entkommen. Dann schrie, weinte und schluchzte sie nur noch völlig verzweifelt.

Dennoch begann ich, mich mehr und mehr auf die Festhalte-Sitzungen zu freuen, denn in den dramatischen Augenblicken mit meiner Tochter kamen auch in mir Ängste und Enttäuschungen hoch, Erfahrungen aus Kindertagen, die ich noch nicht richtig verarbeitet hatte: meine Eltern hatten sich scheiden lassen, als ich vier Jahre alt war – und 26 Jahre später nahm sich meine Mutter das Leben, so daß die Angst vor dem Verlust an Liebe und Geborgenheit ein bestimmendes Element meines (Wohl)Verhaltens allen Menschen gegenüber geworden war. Durch Leistung suchte ich, auf mich aufmerksam zu machen, weil ich mir nicht gestattete, wütend auf meine Eltern zu sein. Auch hatte ich niemals ganz nachvollziehen können, was meine Mutter zu ihrer Selbsttötung bewegte, warum sie mich (und meine Geschwister) ohne ein klärendes Wort einfach allein ließ; ich konnte zwar mit meinem Kopf Erklärungen finden – aber in meinem Herzen konnte ich ihren Schritt nicht verzeihen.

So wurde vieles in mir angerührt und aufgewühlt, das zutiefst schmerzlich war. In der Umarmung mit meiner Tochter schrie auch ich meine Verzweiflung, meine Ängste und meine Wut heraus.

Die schönste Phase des Festhaltens war dann, wenn das Weinen zu Wimmern wurde, wenn wir uns trösteten und uns streichelten, wenn wir unseren Kummer und unsere Angst hinter uns gelassen hatten, uns intensivst spürten und uns dabei offen und liebevoll in die Augen sahen. In meinem ganzen bisherigen Leben hatte ich bis dahin keine tröstlicheren Momente erlebt, wie die mit meiner Tochter, wenn wir gemeinsam aus dem tiefen Dunkel heraus zum Licht gingen und uns dabei in den Armen hielten.

Es kam Bewegung in das Gesicht meiner Tochter, sie wurde wacher und machte fast wöchentlich enorme Fortschritte. Das hat mich sehr motiviert, sie weiterhin festzuhalten und mich ganz in den Rhythmus, den sie benötigte, hineinzugeben. Ich legte einfach alles, was mich interessierte, was ich mochte, was ich gern tat, weg. Ich konnte nicht gleichzeitig für meine Tochter und gegen meine Bedürfnisse kämpfen.

Wochen, Monate und Jahre existierte ich so; oft fühlte ich mich wie ein Goldfisch, der seine stereotypen Kreise immer und immer wieder in einem viel zu engen Glas zog. Zwar konnte ich das Draußen sehen, hören, riechen und schmecken, aber es war absolut unerreichbar für mich.

Langsam mußte meine Tochter nicht mehr täglich festgehalten und künstlich ernährt werden. Immer seltener brauchte sie diese Stützen. Und eines Tages nahm ich es in aller Deutlichkeit wahr: sie brauchte mich nicht mehr in der Ausschließlichkeit, die in den vergangenen Jahren absolut nötig gewesen war.

So mußte ich mein Leben wieder neu organisieren, aber der Schwung und der Elan von früher, den ich dafür brauchte, schienen wie weggeblasen nach dieser auch physischen Strapaze. Ich fand einfach keine Perspektive, für die es sich auch lohnte.

So wurde ich krank, monatelang, mit den verschiedensten Erkältungen. Ich fühlte mich immer müde und gänzlich ausgelaugt. Immer deutlicher aber begriff ich, daß ich keine Medikamente, sondern eine für mich lebenswerte Perspektive brauchte.

In den tiefen Tunnelerfahrungen des Festhaltens waren in mir große Sehnsüchte entstanden, (Sehn)-Sucht nach Liebe, (Sehn)-Sucht nach Wärme, (Sehn)-Sucht nach Geborgenheit. Woher sollte ich das in dem neuen Leben bekommen? Auch fühlte ich in mir ein neues Selbstbewußtsein, nämlich etwas erreicht zu haben, was allgemein zuvor unmöglich erschien. Aus mir kam langsam ein anderes Ich, neben dem ich manchmal stand und zuhörte: ich fand mich jetzt besser. Ich begann, mich mehr zu mögen als zuvor. Immer öfter sagte ich »ja«, wenn ich ›ja‹ meinte und »nein«, wenn ich ›nein‹ meinte.

Ich horchte tiefer in mich hinein und spürte dort Abgründe, aber ich sah auch Wärme und Licht. Das gab mir Mut – Lebensmut.

All das wollte ich einbringen in eine neue Lebensperspektive. Dabei wußte ich, daß ich mich auch den Rollenerwartungen, die meine Umwelt an mich stellte auf meine früheren Verhaltensformen basierend, widersetzen mußte. Und eigentlich wollte ich niemanden verletzen oder enttäuschen.

Doch bald merkte ich, daß es ohne Konflikte nicht ging. Ich entdeckte aber auch, daß ich viel konfliktfähiger, ja sogar konfliktfreudiger geworden war. Obwohl ich mich immer mal wieder vor den vielen Konsequenzen meines »Nein-Sagens« fürchtete, habe ich mich dennoch zunehmend getraut.

Ich hatte durch die fundamental menschlichen Erfahrungen mit meiner Tochter so viel Freude und Lust am Leben entdeckt, daß ich mich auch vor den nächsten Abgründen, in die ich stürzte, nicht fürchtete: das Scheitern meiner Ehe zog den Verlust meiner vertrauten Umgebung und damit den Verlust einiger meiner Freunde nach sich.

Jeder, der tiefe Verzweiflung überlebt hat, hat keine Angst mehr. Denn er weiß fortan, er wird mit Hilfe der Kräfte, die in ihm stecken, überleben.

Aufrecht und um so vieles freier, um so vieles glücklicher und zufriedener erfahre ich mein Leben jetzt. Nie habe ich deutlicher die Erde unter mir und den Himmel über mir gespürt. Nie habe ich die Chance und Herausforderung zugleich, ein Mensch zu sein, deutlicher verstanden.

Viele alte Zwänge, die ich mir eigentlich nur selber eingeredet hatte, habe ich abgeschüttelt. Ich entscheide mich täglich neu: voller Lebenslust für mich! Dankbar bin ich für die Erfahrung des Festhaltens: ich fühle mich selber gehalten und geborgen in der Liebe meiner Freunde und Mitmenschen. Ich bin stärker, reicher und frei geworden.

Und Eva Maria?

Wer sie heute sieht und erlebt, kann in seinen kühnsten Phantasien nicht ermessen, wie groß die Verstummung, Verweigerung und Ängste waren, die wir überwunden haben: aus dem ehemaligen achtzig Prozent schwer körperbehinderten und autistischen Kind ist ein quicklebendiges, kühnes, selbstbewußtes Mädchen geworden, das seinen Schwerbehindertenausweis unlängst zurückgab und nun fristgerecht in eine ganz normale Grundschule eingeschult wird. Evas Eßgelüste sind bisweilen anstrengend (weil üppig!) und ihre Schlagfertigkeit hat noch jede Situation gemeistert. Sie hat sehr verschiedene Freunde, von denen ihr einer sehr viel bedeutet und für den sie auch alles tun würde.

Ich möchte zum Schluß noch zwei Momente tiefsten Glücksgefühls wiedergeben:

Als Eva Maria beim Abschiedsfest vom Kindergarten in einem Theaterstück einen langen Text schon ziemlich fehlerfrei gesprochen hatte (das Sprechtraining mit ihr war wegen der Gaumenspalte ein hartes Stück Arbeit gewesen), verhaspelte sie sich doch, schaute in die Runde und sagte grinsend: »Na ja, ist ja auch nicht so wichtig«, da durchströmte mich Stolz, Glück und tiefe Zuneigung zu ihr.

Das andere Mal: Sie war gerade fünf Jahre alt geworden, wir lagen beide in der Badewanne, sie auf meinem Bauch. Da fragte sie mich: »War ich auch in Deinem Bauch?« Und ich sagte: »Nein, aber Du warst im Bauch von einer anderen Mami.« Es verging eine Weile und wir sprachen nichts miteinander; da sagte sie plötzlich ganz ernst: »Gut, ich war nicht in Deinem Bauch, aber ich war immer in Deinem Herzen.«

Wir haben uns dann ganz lange in den Armen gehalten, miteinander getanzt und geweint – vor Glück. Gibt es mehr auf dieser Welt?«

Adoptiertes Kind

Kein adoptiertes Kind kommt als »unbeschriebenes Blatt« in die Familie, selbst das Kind nicht, das schon wenige Tage nach der Geburt adoptiert werden konnte. In diesem Zusammenhang meine ich nicht die vererbten Anlagen, sondern die Bürde, als unerwünschtes Kind ausgetragen zu werden. Der sehr feinfühlige Dialog, der zwischen Mutter und Kind in einer glücklichen Schwangerschaft verläuft, entgeht dem Kind. An dessen Stelle erlebt das Kind den Streß und die depressiven Verstimmungen der Mutter, die nicht Mutter werden will. Außerdem verliert das Kind noch die letzten Reste seiner Sicherheit, da es sich von der leiblichen Mutter auf die Adoptiveltern umstellen muß. Dazwischen hat es womöglich noch einige Zeit im Krankenhaus verbracht, wo es durch die vielen fremden Bezugspersonen zusätzlich verunsichert wurde. Das Festhalten als Urform des Lebens erleben die adoptierten Kinder jedenfalls viel zu wenig. Um so mehr neigen dann diese benachteiligten Kinder dazu, die Defizite im Erleben der Sicherheit durch Ersatzbefriedigungen zu mildern. Je sensibler das Kind ist, um so auffälliger ist seine Abhängigkeit von dem Ersatz, der für das Kind verläßlich ist. Die Adoptiveltern kommen den Erwartungen des Kindes meist übersteigert entgegen: der jahrelange Wunsch nach einem Kind, das Wissen um die Gefährdung des Kindes, der es schon seit seiner vorgeburtlichen Zeit ausgeliefert ist, und auch die erzieherische Unsicherheit der Adoptiveltern (bin ich als Mutter gut genug?) unterstützen diese Haltung. (Die Erstadoptierten sind davon besonders betroffen.) Es besteht die Gefahr, daß die Adoptiveltern, um das Vertrauen des Kindes zu gewinnen, sich ihm als zuverlässige »Wünscheerfüller« präsentieren. So sind die Erwartungen von beiden Seiten eng miteinander verbunden und können leicht problematisch werden.

Die nachfolgende Geschichte ist die eines erstadoptieren Jungen. Sein starkes Geltungsbedürfnis steigerte sich in eine suchtartige Abhängigkeit des Beherrschens seiner Umwelt. Solange er in seinem magischen Imperium die Nachgiebigkeit seiner »Untertanen« genoß, schienen die Verhältnisse harmonisch zu sein. Als aber die »Großmächte«, wie Kindergarten, Kinder mit konträren Spielideen, Verlieren beim Spielen und beim Sport, schulische Anforderungen usw., in sein Reich eindrangen und er zusätzlich noch von seinen »Untertanen« in Frage gestellt wurde, brach seine Allmacht wie ein Kartenhäuschen zusammen. Die Ersatzbefriedigung »Macht« war plötzlich nicht mehr verfügbar und der Junge geriet in den Entzug. Seine Mutter berichtet:

»Mathias kam mit drei Monaten zu uns. Vier Wochen, bevor wir ihn aus dem Kinderheim abholen durften, hatten wir ihn jeden Tag besucht. In der einen Stunde, die uns zur Verfügung stand, schlief er nach kürzester Zeit regelmäßig auf meinem Arm ein. Er war ein lebhaftes, fröhliches Baby, unkompliziert in fast allen Dingen – bis auf die Einschlafschwierigkeiten, die er von Anfang an hatte und viele Jahre behielt. Er wehrte sich dagegen, ins Bett gebracht zu werden, kletterte, sobald er dazu in der Lage war, immer wieder heraus und schlief nur auf meinem Schoß ein. Später gingen wir dazu über, sein Bettchen solange hin und herzufahren, bis er eingeschlafen war. Das dauerte oft solange, daß ich selbst schon fast einschlief. Später, als er laufen konnte, kam er jede Nacht zu mir ins Bett. Das dauerte an, bis er fünf Jahre alt war.

Obwohl uns das viel Nerven kostete, waren wir sonst begeistert von unserem Sohn. Nicht nur wir, sondern die ganze Verwandtschaft und die Bekannten bewunderten Mathias' Aufgewecktheit. Er war ständig zu Späßen aufgelegt, einfallsreich, aber auch einfühlsam und lieb. Kurz: er war der Star der Familie.

Als Johannes in unsere Familie kam, war Mathias vier Jahre alt. Er freute sich über den Bruder, war stolz, mithelfen und ihn halten zu dürfen. Eifersucht zeigte er keine. Er hatte seine Sicherheit – die des großen Bruders, der alles besser kann – behalten.

Erste Probleme zeigten sich, als Mathias in den Kindergarten kam. Hier war er nicht der Beste. Er fügte sich nur schwer ein, tobte am liebsten herum und zerstörte immer wieder Dinge, die andere Kinder gebaut hatten. Die Kindergärtnerin nahm die Sache jedoch nicht allzu ernst, und nach einem Gespräch mit dem Kinderarzt schoben wir diese Schwierigkeiten auf seine besondere Lebhaftigkeit.

Die Probleme wurden jedoch größer, als Mathias in die Schule kam. Die Lehrerin ließ mich schon nach wenigen Wochen kommen und erklärte mir, daß Mathias nicht bereit wäre, Dinge zu tun, die sie anordnete, die ihm aber keinen Spaß machten. Er sei unruhig und häufig auch aggressiv gegen die anderen Kinder. Besonders auffällig war, daß er sich ständig mit den größeren Kindern in der Schule anlegte und wie ein Wilder reagierte, wenn ihn irgend jemand als »Kleiner« oder »Baby« bezeichnete. Auf der anderen Seite war er aber immer bereit, seine Freunde zu verteidigen oder den Schwächeren zu helfen.

Wir versuchten zunächst, mit Mathias über die Probleme zu sprechen. Als dies keine Wirkung zeigte, wurden wir strenger mit ihm und bestraften ihn dann, wenn wieder neue Klagen aus der Schule kamen. Das einzige Ergebnis davon war, daß er versuchte, Dinge zu verheimlichen und uns anlog. Wir waren verzweifelt und ratlos. Zu Hause hatten wir keinerlei Probleme mit Mathias, aber bis in die Schule schien unser Einfluß nicht auszureichen. In unserer Not wandten wir uns an eine Psychologin, die man uns empfohlen hatte. Die Persönlichkeitstests ergaben genau das Bild, das wir Tag für Tag bei Mathias erlebten: dynamisch, kreativ, ausgestattet mit einer extrem hohen Intelligenz und keine feststellbaren psychischen Störungen. Uns fiel ein Stein vom Herzen und wir sahen die ganze Sache nun viel gelassener. Ob dies der Grund war oder nicht, auf jeden Fall wurde es mit Mathias im zweiten Schuljahr etwas leichter. Im dritten Schuljahr verschärfte sich die Situation wieder, als Mathias einen neuen Lehrer bekam. Dieser beklagte sich fortwährend über Mathias Verhalten, das besonders schlimm im Sport- und Musikunterricht sei. Als wir Mathias danach fragten, sagte er, er würde deswegen im Sportunterricht soviel herumkaspern, damit die anderen nicht merkten, wie ungeschickt er sei. Überhaupt zeigte sich immer mehr, daß dort, wo er mit seiner raschen Auffassungsgabe glänzen konnte, die Probleme kleiner waren, aber dort, wo er schlechter war als die anderen, wurde er schwierig und aggressiv. Eine Bekannte erzählte mir während dieser Zeit, daß sie ihn wegen irgend etwas schimpfen wollte, worauf Mathias zu ihr sagte: ›Über mich haben nur der liebe Gott und meine Eltern zu bestimmen, sonst niemand.‹

Die Lage spitzte sich dramatisch zu, als Mathias auf das Gymnasium kam. Die Lehrer wurden nicht mehr mit ihm fertig, in den Fächern, die ihm keinen Spaß machten, störte Mathias den Unterricht. Er redete dazwischen, wenn es ihm paßte und machte, was er wollte. Den Lehrern gegenüber war er verschlossen und uneinsichtig, zu Hause reichten die Gefühle von Bedrücktsein bis zu tiefster Depression. Wir waren verzweifelt und ratlos. Eines Tages lachte ein Mitschüler Mathias aus, als ein anderer ihn ohrfeigte. Mathias geriet außer sich vor Wut, wurde aggressiv und widersetzte sich den Anweisungen des Lehrers. Nach diesem Vorfall stellte uns der Direktor vor die Alternative, irgend etwas zu unternehmen oder Mathias von der Schule zu nehmen. Gleichzeitig setzte er sich mit unserem Kinderarzt in Verbindung, der über unseren Kopf hinweg entschied, Mathias solle zur Beobachtung in eine psychiatrische Klinik.

In dieser verzweifelten Lage wandten wir uns wieder einmal hilfesuchend an die uns schon vertraute Psychologin. Ich hatte von ihren Erfolgen mit dem Festhalten gehört, eine Sache, die mich schon längere Zeit beschäftigte. Es war unsere letzte Hoffnung.

Die erste Festhaltesitzung wurde für uns alle zu einem Schlüsselerlebnis. Mathias war zunächst mißtrauisch und kritisch, als ihm die Psychologin erklärte, wie es zu seinen Problemen gekommen sei. Beeindruckt war er aber dann doch von dem Film, in dem Elvis Presley in der Rolle eines Kinderarztes ein Kind festhält. So stimmte er – wenn auch verlegen und etwas widerwärtig – zu, sich wie ein Baby halten zu lassen. Geschmust hat er schon immer gern, also erschien ihm das zunächst nicht als schlimm. Doch schon bald merkte er, daß nicht er Herr der Lage war, sondern ich bestimmte, was geschah. Minuten lang genoß er das Beieinanderliegen und dann sagte er: ›Schluß jetzt, laß mich aufstehen.‹ Sobald er merkte, daß ich dieses Mal bestimmte, wie lange wir uns halten, begann er sich mit aller Kraft zu wehren, schrie und tobte und beschimpfte uns alle. Er klagte, daß dies hier Verletzung der Menschenrechte wäre und fragte nach dem Verfassungsschutz. Ich selbst fühlte mich wie im Rausch, stärker als ich mich je gefühlt hatte und voller Liebe zu diesem verzweifelten Kind. Mein Mann unterstützte mich, wenn es nötig war und die Psychologin gab hin und wieder eine kurze Anweisung. Nach drei Stunden waren wir erschöpft und glücklich. Mathias Gesicht werde ich nie vergessen: er hatte noch nie so offen, so glücklich und strahlend ausgesehen. Später half die Erinnerung an dieses glückliche Gesicht mir immer wieder, nicht aufzugeben.

Wir hielten Mathias auch zu Hause von nun an so oft wie möglich fest, das heißt immer dann, wenn er uns besonders gereizt und unruhig erschien oder wenn er sich nicht an Abmachungen und Verbote hielt. Zunächst dauerte das Festhalten noch oft etwa eine Stunde und ich fühlte mich manchmal total erschöpft. Aber auch mein Mann hielt ihn, wenn es möglich war und vor allem gaben uns die Veränderungen in Mathias' Verhalten immer neue Kraft und den Mut, weiterzumachen.

Schon nach dem ersten Festhalten wurde Mathias wesentlich zugänglicher. Er war immer mehr bereit, das zu tun, was wir von ihm verlangten und nicht selbstherrlich zu handeln. Er war weicher geworden, nicht mehr so verkrampft und unglücklich. Manchmal schlief er am Ende des Festhaltens ein, und dann mußte ich an die Zeit im Kinderheim denken.

Die deutlichste Veränderung aber zeigte sich in der Schule. Der Direktor fragte, was wir mit Mathias gemacht hätten, der sähe doch ganz anders aus. Der Deutschlehrer sagte, er habe nie erlebt, daß sich ein Kind so geändert habe. Dieser Deutschlehrer half Mathias von nun an sehr, auf diesem neuen Weg weiterzugehen, auch wenn es einmal Schritte zurückging. Das, was alle Lehrer feststellten, war, daß Mathias selbst dann, wenn er einmal zurechtgewiesen wurde, einsichtig war und sich Mühe gab, es wieder besser zu machen. Mathias selbst war glücklich darüber, nicht mehr nur noch voller Ärger zu sein. Wir Eltern waren erleichtert, endlich fühlten wir uns nicht mehr so hilflos und verzweifelt, sondern hatten zum ersten Mal seit langer Zeit Einfluß auf Mathias und sein Verhalten. Auch seine Leistungen in der Schule wurden besser, weil er sich im Unterricht besser konzentrieren konnte und nicht mehr darauf aus war zu stören und Unruhe zu stiften. Von nun an gab es keine ernsthaften Probleme mehr in der Schule. Nach etwa drei bis vier Monaten konnten wir das Festhalten auf ganz wenige Gelegenheiten beschränken, worüber ich sehr froh war, denn Mathias wurde immer stärker und ich fürchtete, ihn eines Tages nicht mehr halten zu können. Da sein Widerstand aber sowieso nicht mehr so stark war und mein Mann bereit war, das Festhalten zu übernehmen, gab es keine Probleme.

Nach einem Jahr erfuhren wir, daß mein Mann nach München versetzt wurde und damit für uns ein Umzug bevorstand. Wir machten uns große Sorgen, daß Mathias dieses Herausreißen aus seiner gewohnten Umgebung nicht verkraften würde. Aber es gab keine Alternative, wir zogen nach München.

Mathias schien zunächst keine größeren Schwierigkeiten in der Schule zu haben. Viel mehr Sorgen bereitete uns Johannes. Er, der unkomplizierte Neunjährige konnte die Trennung von seinem Freund Alexander nur schwer verkraften und lehnte jeden Kontakt zu seinen neuen Klassenkameraden ab. Wochenlang merkten wir nichts von seiner inneren Not. Er sprach nicht über seinen Kummer, sondern zog sich immer mehr in sich selbst zurück. Als er auf mein Fragen eines Tages erzählte, daß er während der Pausen in der Schule immer auf einem Fleck stehen bliebe, und auf keinerlei Annäherungsversuche der anderen Kinder reagiere, worauf diese ihn »Bohnenstange« tauften und ihn hänselten, begriff ich, in welcher Not er war. Noch am selben Tag hielt ich ihn über eine Stunde fest. Endlich konnte er sich seinen ganzen Kummer von der Seele weinen. Er wollte wie ein Baby gewiegt und getröstet werden und war danach entspannt und erleichtert. Am nächsten Tag kam er aus der Schule und erzählte, er habe in der Pause mit den anderen Kindern Fangen gespielt und es sei schön gewesen. Wir hielten ihn noch einige Male fest. Er war immer mehr bereit, Kontakt zu seiner neuen Umgebung zu finden und erzählte zu Hause viel offener, was er erlebt hatte und was ihm hin und wieder noch Kummer bereitete. Nach vier Monaten fühlte er sich glücklich in seiner neuen Klasse und war wieder »zu Hause«.

Von Mathias Lehrern erfuhren wir nach einiger Zeit, daß er wieder angefangen hatte, im Unterricht zu stören und sich demonstrativ weigerte, mitzuarbeiten. Als er eines Tages einem Mitschüler ein Buch wegnahm und als seines ausgab, bekam er von der Schulleitung einen verschärften Verweis und wir Eltern einen Brief des Direktors. Wir waren alarmiert. Mathias war inzwischen 13 Jahre alt, kräftig und Judokämpfer. Konnten wir das Festhalten noch einmal wagen? Mein Mann probierte es und Mathias wehrte sich nur kurz und machte den Eindruck, als wäre er selbst froh über diese Gelegenheit, seine Gefühle aussprechen zu können. Da ich ihn nicht mehr halten konnte, bemühte ich mich, mit ihm zu sprechen und ihn immer wieder daran zu erinnern, welche Probleme er vor dem Festhalten gehabt hatte und wie sie entstanden waren. Nach einem halben Jahr wurde sein Verhalten in der Schule wesentlich besser. Die Französischlehrerin gebrauchte ähnliche Worte wie damals der Deutschlehrer. Sie sagte, Mathias habe sich um 180 Grad gewandelt. Sie habe noch nie erlebt, daß sich ein Kind so ändern könne. Inzwischen gibt es keine Klagen von seiten der Schule und das Verhältnis zu seinen Mitschülern ist gut.«

Der Erfolg war leider nicht von Dauer. Die Eltern befürchteten, daß alles wieder so werden würde wie damals vor dem Festhalten, wenn Mathias sich selbstherrlich verhielt und gegen die Abmachungen verstieß. Aber er war zugänglich für ein Gespräch und danach auch meist einsichtig. Mit 14 Jahren, im Zusammenhang mit pubertären Veränderungen, brach Mathias Wunsch nach uneingeschränktem Einfluß über die Klassenkameraden noch einmal heftig aus. Er stieß aber auf Ablehnung. Andere Jungen wurden als die stärkeren, die schlagfertigeren, die humorvolleren und frustrationstoleranteren »Bosse« in der Klassengemeinschaft anerkannt. Dazu kam, daß es Mathias nicht entging, wie er im Ansehen von dem jüngeren Bruder überholt wurde. Johannes war bei allen wegen seiner unkomplizierten und sozialen Art beliebt und stand somit im Vordergrund des Interesses in der Familie, der Verwandtschaft und im Bekanntenkreis. Johannes entzog sich der Unterdrückung des größeren Bruders und ging seine eigenen Wege. So geriet Mathias nochmals in einen Entzug. Weil er sich in Wirklichkeit auf dem Abstellgleis fühlte, flüchtete er immer mehr in Traumwünsche und Größenwahnphantasien, die an eine Psychose grenzten. Er bildete sich ein, er sei ein wichtiges Mitglied der RAF und habe einen geheimen Auftrag. Die Mutter schrieb mir: »Leider können wir das Festhalten nicht mehr anwenden, denn schon damals, als wir damit anfingen, war es an der Grenze des Machbaren bei einem Dreizehnjährigen. Leider kam diese rettende Hilfe für Mathias wohl doch zu spät – oder es sind weitere Schwierigkeiten hinzugekommen, bei denen selbst das Festhalten versagt. Mathias befindet sich nun in einer psychotherapeutischen Behandlung. Wir wissen nicht, wie es weitergehen wird. Wir wissen aber, daß gerade für uns das gegenseitige Festhalten unbedingt notwendig ist und uns immer wieder weiter hilft. Letzten Endes spürt auch Mathias, daß wir zu ihm halten…«

Ich kann die Reue der Mutter, nicht früher vom Festhalten als Medium zur Herstellung der Bindung gewußt zu haben, gut verstehen. Ich empfehle, das Festhalten sofort mit der Annahme des Kindes anzustreben, um das Einverleiben und die Geburt auf diese Weise nachzuholen. Die Erfahrungen lehren, daß Adoptivkinder, die sich auf diese Weise des Urvertrauens vergewissern konnten, eine offenere Beziehung zu ihren Eltern haben als die nichtgehaltenen leiblichen Kinder. In mehreren Fällen erlebte ich, daß auf Grund der Eifersucht – weil es sich weniger geliebt fühlte – das leibliche Kind zum Sorgenkind wurde. Mit seinen Verhaltensauffälligkeiten signalisierte es eindeutig, daß es auch festgehalten werden möchte.

Versagensängste des Erstgeborenen

Erstgeborene haben es nicht leicht. Zunächst gehörte ihnen die ganze Welt, sie wurden von den Eltern und Großeltern bewundert, bekamen ihre Wünsche erfüllt, ohne mit einem anderen teilen zu müssen. Wenn ein zweites Kind erwartet wird, rechnen einfühlsame Eltern mit einer möglichen Eifersucht des Erstgeborenen und geben ihm schon vorsorglich eine Ersatzsicherheit, indem sie bei ihm das Bewußtsein »des großen Bruders« oder »der großen Schwester« wecken. Man bereitet das Kind darauf vor, daß es helfen wird, das Baby zu füttern und zu baden. Und wenn das Baby auf der Welt ist, darf das Erstgeborene »das Große« sein. Je verunsicherter es ist, daß es nicht die gleichen Rechte auf das Stillen, Wickeln und Trösten im Arme hat, sondern eher Pflichten übernehmen muß wie alleine zu essen, sauber zu sein und sich einsichtig zu verhalten, um so mehr werden die Vorteile der Überlegenheit betont: »Wie schön du schon alleine mit dem Besteck essen kannst. Du kannst schon ganz alleine wie die Großen auf die Toilette gehen.« Die Hinweise auf die hohe Leistungsfähigkeit bekommen immer mehr Bedeutung des Trostes und der Ersatzbefriedigung. Das Kind fühlt sich »auch« geliebt, weil es alles besser kann als das Baby. Ohne daß es die Eltern merken, fängt das Kind an, sich nur unter dem Vorbehalt seiner Leistungsfähigkeit geliebt zu fühlen. Es stellt sich selbst unter einen Leistungsdruck. Außerdem wird auf das Erstgeborene oft auch eine anspruchsvollere Erwartungshaltung seitens der Eltern gerichtet: dies ist das erträumte Kind, der Träger eigener unerfüllter Wünsche. Von dem zweifellos intelligenten Kind erwarten die Eltern, daß es in der Schule eines der besten ist. Dies erwartet das Kind allerdings auch selbst. Denn »der Größere« und »der Größte« zu sein, »alles besser zu wissen« wurde bei ihm zur Ersatzsicherheit, von der es abhängig ist. – Wenn dieses Kind nun unter dem Leistungsvergleich mit anderen feststellt, daß es in dieser oder jener Hinsicht schwächer ist, bricht das Bild »des Großen« zusammen. Es fühlt sich als Versager. Es meidet die Leistungssituationen, bei denen es Versagen befürchtet. Die Angst vor dem Nicht-Angenommen-Sein steigt auf.

Und tatsächlich erfährt es von seinen Eltern Mahnungen, Tadel und Strafen. Es wird in Frage gestellt und klein gemacht. Seine echte Sicherheit hat es schon längst verloren und die Ersatzsicherheit taugt nicht mehr. Am liebsten würde sich das verzweifelte Kind gegen die ganze Welt, die ihm Unrecht tut, rächen.

Die heilende Wirkung des Festhaltens besteht im spürbaren Beweis des Geliebt-Seins ohne Vorbehalt, selbst dann, wenn das Kind gar nichts leistet, sondern schwach ist und stört.

Hierzu der Bericht einer Mutter:

»An der Schule, in der ich als Lehrerin tätig bin, praktizierte eine Pädagogikstudentin, Marietta. Sie erzählte mir von einem Seminar, bei dem sie das ›Festhalten‹ für autistische Kinder kennenlernte, und von ihrer Diplomarbeit, die sie über dieses Thema schreiben möchte. So begegnete ich zum ersten Mal dem Festhalten. Es war eine Information, die mich sofort erreichte, ja gefühlsmäßig und körperlich traf. Als ich dann darüber las und erfuhr, daß nicht nur Autisten, sondern auch anderen gestörten Kindern dadurch geholfen werden kann, fiel es mir wie Schuppen von den Augen. Ich begriff meine Probleme mit meinen eigenen Kindern. Hauptsächlich durch den heute 12jährigen Michael fühlte ich mich schon jahrelang unerträglich geplagt. Der um drei Jahre jüngere André wäre viel leichter zu haben, wenn er durch seinen älteren Bruder nicht brutal drangsaliert worden wäre.

Michael war von klein auf ein aufgewecktes und kreatives Kind, bei dem gleich nach der Einschulung eine minimale cerebrale Dysfunktion im Bereich der Auge-Hand-Koordination und eine Hochbegabung (IQ 130) festgestellt wurde. In der Schule und bei den Hausaufgaben verweigerte er zunächst das Schreiben und machte nur bei den Gelegenheiten mit, bei denen er Erfolg hatte. Ich fühlte mich seinen Launen total ausgeliefert. Ich hatte fürchterliche Angst vor seinen Wutanfällen, weil ich spürte, keinen Einfluß auf ihn zu haben. Den kleinen Sohn konnte ich vor Michaels Aggression nicht beschützen. Wenn Michael gegen Möbel trat, tat ich lieber so, als höre ich es nicht, aber ich kochte innerlich und am liebsten hätte ich geheult. Ich fühlte mich als schlechte Mutter und war zusätzlich geschwächt durch meine Scheidung. Am liebsten wäre ich davongelaufen. Ich habe begonnen, mein Kind, das ich einmal so sehr liebte, abzulehnen, weil es mir nur Kummer und Ärger machte und weil ich Angst vor dem Morgen hatte. Als sich Michaels Schulverweigerung immer mehr steigerte, so daß er schon die fünfte Woche ganz zu Hause war, haben wir uns beide psychotherapeutisch behandeln lassen.

Im Laufe meiner Gespräche mit der Therapeutin wurde mir bewußt, daß ich schon von meiner Kindheit her dazu neigte, Konflikten aus dem Weg zu gehen. Es wurde mir deutlich, daß es Jahre dauern kann, bis ich mich von meinen kindlichen Ängsten löse und stabiler und erwachsener werde. Bis dahin befürchtete ich, schlagen wir uns aber kaputt.

Als Michael wieder einmal Terror machte, verschloß ich mich nicht vor ihm, sondern schloß ihn in meine Arme, um ihm zu sagen, wie schrecklich ich mich fühle. Ich mußte mich mit ihm auf den Boden legen, weil ich es körperlich sonst nicht geschafft hätte. Er wollte mich mit aller Kraft von sich wegdrücken, spuckte mich an und schrie mich an »Du Lügnerin«, als ich ihm sagte, daß ich ihn lieben und nicht hassen möchte. Ich weiß nicht, wie lange es dauerte. Auf einmal wurde mir meine eigene Stärke und Kraft bewußt und ich bekam wieder ein Gefühl dafür, daß ich meinen Sohn führen kann – und daß ich ihn lieben kann! Dann wurden wir beide weich, entspannt und sanft. ›Mama, magst du mich wirklich?‹ fragte er leise und lächelte glücklich, als ich ihn zur Antwort noch mehr an mich drückte. ›Ja, so sehr mag ich dich.‹ Danach schwiegen wir lange. ›Mama, du bist aber stark!‹ sagte er, als wir wieder in der Lage waren, miteinander zu sprechen. Als ich ihm sagte, daß er aber auch ganz schön kräftig sei, nahm er mich liebevoll in den Arm und nickte. ›Ich habe noch nie gespürt, daß ich so stark bin‹, sagte er. ›Dann brauche ich ja gar nicht mehr solche Angst vor Erwin (ein Klassenkamerad, der ihn immer in Angst und Schrecken versetzte) zu haben. Das nächste Mal, wenn er mich ärgert, halte ich ihn einfach fest.‹ Michael ging am nächsten Tag, nach fünf Wochen Schulverweigerung, zum ersten Mal wieder in die Schule.

Es folgte eine Zeit von vier Wochen, in der ich Michael täglich hielt. Es waren teilweise sehr harte Kämpfe, die lange dauerten und wir trugen beide blaue Flecken und Kratzwunden davon. Aber unser häuslicher Friede besserte sich immer mehr. Michael wurde immer stabiler und selbstsicherer. Außerdem löste er sich immer mehr von mir. Vorher hielt er sich, sobald ich zu Hause war, immer in einem Umkreis von einem Meter Entfernung von mir auf und versuchte entweder durch »hündische« Liebe oder durch kleine Zänkereien und Nörgeleien die Aufmerksamkeit auf sich zu lenken. Nun ging er wieder raus mit anderen Kindern spielen, plante eigenständige Unternehmungen und äußerte sich klar, wenn er mit mir etwas unternehmen wollte. Da nun auch mein Freiraum wuchs und mir mehr Luft zum Atmen blieb, konnte ich mein Kind wieder lieben und ich freue mich darüber, einen so prachtvollen Sohn zu haben. Da ich ihn endlich wieder so sehen konnte, konnte ich auf einmal auch viel besser erkennen, was für ihn notwendig und wichtig war. Dies hatte zur Folge, daß ich seine und meine Therapie, die nichts brachte, abbrach, ihn aus der Schule, die er besuchte, herausnahm (es war eine Gesamtschule) und ihn endlich an einem Gymnasium anmeldete, wo er immer hin wollte, nur ich es ihm, da mit einer MCD und Scheidungsproblematik belastet, nicht zugetraut hatte.

Michael muß zur Zeit noch sehr viel arbeiten, um auf den Stand seiner Klasse zu kommen, leicht fällt es ihm nicht, mit Ausnahme von Mathematik und Physik, wo er ein Genie ist. Aber er arbeitet. Oftmals 2 bis 3 Stunden nach 6 bis 7 Stunden Unterricht, nebenher hat er noch mit Saxophonspielen begonnen und möchte sich auch dem Sport wieder mehr widmen. Er räumt jeden Abend die Küche auf, deckt den Frühstückstisch für den nächsten Tag und wirkt heute sehr zufrieden.

Als ich ihm erklärte, was es mit dem Festhalten auf sich hat, fragte mich Michael spontan: ›Mama, warum hast du mich nicht früher festgehalten, wenn ich Wut hatte und meine Spielsachen kaputt geschlagen habe?‹ Ich erklärte ihm, daß ich wohl damals noch keine so schlaue Mutter war wie heute, aber daß wir das nachholen würden. Als sein kleiner Bruder kurze Zeit später ausrastete, meinte er, ich müßte ihn dringend einmal festhalten.

Inzwischen sind die Haltesituationen seltener geworden, das heißt sie laufen auf anderen Ebenen ab. Oft genügt ein Blick, ein Wort, oder Michael nimmt mich lachend in den Arm, wenn ich auf ihn zugehe und sagt: ›Ist ja schon gut, ich verstehe.‹ Es gibt sehr viel mehr liebevollen körperlichen Kontakt zwischen uns als früher.

Doch manchmal verrennen wir uns auch heute noch und dann ist es wieder soweit. Ich denke aber, das wird nicht mehr lange dauern. Einmal habe ich es nicht geschafft, Michael festzuhalten. Ich war todunglücklich und Michael auch, er hatte sich in seinem Zimmer verbarrikadiert. Ich habe daraufhin sofort Marietta angerufen. Sie hatte glücklicherweise Zeit und kam gleich vorbei. Ich zeigte ihr, wie ich Michael gehalten hatte und sie zeigte mir, wie sie es tun würde. Wir zwei haben eine halbe Stunde am Boden gelegen und miteinander gerungen. Marietta sagte mir, daß sie unter allen Umständen gewillt sei, mich zu halten. Sie schaffte es auch und ich spürte es, als ich ihren Gesichtsausdruck sah. Ich hatte in der Haltesituation mit Michael solche Aggressionen gehabt (er hatte etwas mir sehr Wertvolles zerstört), daß ich Angst vor meinen eigenen Aggressionen bekam und mich deshalb nicht traute, ihn zu halten. Die Kraft, meinen Sohn zu halten, saß nicht in meinen Muskeln, sondern in meinem Kopf, beziehungsweise Herzen.

Meinen kleinen Sohn halte ich auch manchmal fest, wenn er beginnt, sein Gesicht zu verschließen und mit niemanden mehr redet. In meinen Armen spuckt er dann förmlich alles heraus, was ihm auf der Leber liegt.

In der Schule bin ich auch dazu übergegangen, diese Methode anzuwenden und zwar immer dann, wenn ein Kind sich so verhält, daß es scheinbar alle vor den Kopf und von sich wegstößt. Der Erfolg hier ist sehr viel schneller als mit meinen eigenen Kindern und bewirkt jedesmal eine schnelle Eingliederung des Kindes in die Klasse.«

Soweit die Mutter. Es drängt sich die Frage auf, was aus der Familie ohne das Festhalten geworden wäre. Wäre Michael in einem Heim für schwererziehbare Kinder gelandet? Wäre er später zu einem totalen Verweigerer geworden? Hätte die Mutter unter der fortgesetzten Psychotherapie die verlorene Liebe zu sich selbst finden können? Oder hätte sie sich wegen des Versagens als Mutter noch mehr gehaßt?

Zwei Punkte möchte ich besonders unterstreichen:

– Den Abbruch des Festhaltens betrachtet das Kind als großes Unglück. Es fühlt sich aufgegeben. Sein affektives Chaos verschlechtert sich. Die Hoffnung muß aufgegeben werden. Es ist aussichtslos. Das Kind ist verzweifelt, weil sein Verlangen nach dem Festgehalten- und Geordnet-Werden unerfüllt bleibt.

– Ist die Mutter von starken Haßgefühlen erfüllt, setzen die Selbststeuerungskräfte ein und verhindern das Festhalten. Dann ist nicht genug Liebe vorhanden, die für das Festhalten und Durchhalten wichtig ist. Die Mutter spürte die Angst vor der Stärke ihrer Aggressionen und handelte völlig richtig, indem sie sich an ihre Vertrauensperson wandte. Sie konnte ihre Affekte nicht kontrollieren, sie war in ihrer gefühlsmäßigen Aktivität blockiert und brauchte deshalb Hilfe. Indem sie von ihrer Begleiterin festgehalten wurde, konnte sie ihre zerstörerischen Affekte loswerden. Eine andere Möglichkeit wäre gewesen, das Kind doch festzuhalten und ihm die aversiven Gefühle mitzuteilen – dies allerdings nur unter dem Schutz ihrer Vertrauensperson, die die Verantwortung für das Ausmaß der affektiven Offenheit übernehmen muß.

Loslösungsängste

Die Gründe für die Unfähigkeit zur Loslösung mancher Kinder können vielfältig sein. Es kommt auf das jeweilige Kind, auf die Mutter und die Umstände an, die zum Abbruch oder zu einer abnormen Festigung der Bindung geführt haben. Grundsätzlich ist ein gesättigtes Bedürfnis nach Bindung die unabdingbare Voraussetzung für den Mut zur Loslösung. Man kann sich nicht loslösen, wenn man sich nicht zuerst gebunden fühlte. Derartige Lücken in der Bindung entstehen typischerweise durch die Trennung des Neugeborenen von der Mutter, durch Krankenhausaufenthalte ohne mütterliche Begleitung, durch mangelhafte Resonanz zwischen Mutter und Kind. Die liebenden Mütter strengen sich aus ganzem Herzen und mit allen Sinnen an, die Lücken im Erleben der Bindung zu füllen. Sie spüren, daß dem Kind etwas fehlt. Besonders bei sinnesgeschädigten, behinderten und kranken Kindern neigt die Mutter zu einer eigenartig symbiotischen Verschmelzung mit dem Kind, die jedoch dem Kind die Autonomie verwehrt. Die Mutter gibt dem kranken Kind übermäßig nach, überbehütet das behinderte Kind, macht sich zum Auge für das blinde Kind usw. Je gefährdeter die Bindung vorher war und je unsicherer die Zukunftschancen für das Kind sind, um so intensiver strebt die Mutter eine enge Beziehung zu dem Kind an. Damit ist aber weder das Bedürfnis nach Bindung angemessen gesättigt, noch läßt es eine Loslösung zu. Der Entwicklungsstand ist gewissermaßen auf dem eines Kleinkindes eingefroren. Therapeutische Beeinflussungen scheitern dann entweder früher oder später, denn der Mensch mit dem ungesättigten Bedürfnis nach Bindung versucht meist bis an sein Lebensende das Fehlende aufzuholen. Fand er bei Menschen die Verheißung der Bindung, wird er stets nach einer solchen Ersatzmutter trachten und ist unfähig, eine andere als eine verschmelzende Beziehung einzugehen.

Der Sinn des Festhaltens ist, das Kind mit dem ursprünglichen Zustand der vorgeburtlichen Bindung, der durch die Geburt unterbrochen und danach nur lückenhaft zustandekam, zu übersättigen. Das Kind bekommt mehr, als es verlangt. Es kann sich des Urvertrauens vergewissern und sich dann lösen, wenn es ihm im geborgenen »Nest« zu eng wird.

Die Tagebuchaufzeichnungen einer Mutter schildern, wie sich Leas Verhalten durch das Festhalten änderte:

»Bei unserem ersten Gespräch mit Frau Prekop stellten wir fest, daß Lea sich noch nicht genügend von mir gelöst hat. Schuld daran ist wohl mein Mitleid mit ihrer Schwerhörigkeit – ich versuche, mich zu ihrem Ohr zu machen und verschmelze mit ihr. Auf der anderen Seite aber spürt Lea auch, daß sie mich doch nicht besitzt. Sicher spielen die Trennungen von uns beiden hier auch mit, daß sich Lea bis heute der Bindung nicht sicher sein kann. Sie bindet sich krampfhaft an mich, und bestimmt mich mit einer Ausschließ-

lichkeit: sie möchte zu niemandem, auch nicht zum Opa, Körperkontakt haben. Verheerend wirkt sich ihre Weigerung der Mitarbeit in der Sprachtherapie aus. Daß sie in die Hose kackt, führt
Frau Prekop darauf zurück, daß bei Lea das Ichbewußtsein noch
nicht ausgebildet ist. Sie will noch nicht so groß sein wie die
anderen, sondern eher noch das Baby ihrer Mama. Um Lea noch
mehr Sicherheit zu geben und ihr zu helfen, sich abzunabeln, sollen
wir sie nun ›festhalten‹.

Die Idee dabei, nämlich Lea so mit Zuneigung zu überschütten,
daß es ihr zuviel wird, leuchtete mir eigentlich sofort ein. Es ergab
sich die Situation, daß ich Lea nach dem Gespräch in Anwesenheit von Frau Prekop festhielt, das heißt ich dachte nicht, daß
daraus ein Festhalten werden würde, denn Lea quengelte, auf
meinen Arm genommen zu werden. Daß sie schließlich weinte und
sich wehrte, weil sie wieder von meinem Arm weg wollte, war mir
bis dahin fremd. Das Festhalten in der Praxis dauerte etwa 45
Minuten, aber was es bewirkte!

Bereits am nächsten Tag überraschte mich Lea damit, daß sie bei
einer ihr ganz fremden Frau bleiben wollte, die uns beim Putzen
half und mich alleine zum Einkaufen schickte. Am nächsten Tag
verblüffte sie uns damit, daß sie auf Omas Schoß kletterte (das
wäre vorher nie denkbar gewesen), und einen Tag später kroch sie
in Papas Bett, obwohl ich da war. Auch dies war bei Lea ein ganz
neues Verhalten.

Vier Tage später hielt ich sie zum zweiten Mal. Ich merkte, wie
Lea versuchte, der Situation zu entrinnen. Dies ist bis heute beim
Festhalten so geblieben. Einmal sagt sie, ihre Füße seien so kalt
oder sie habe Halsweh. Ihr nettestes Argument lautete: ihre Augen
seien so naß.

Ihr Verhalten verbesserte sich weiterhin dahingehend, daß es kein
Problem mehr gab, wenn mein Mann Lea ins Bett brachte. Sie
schmuste jetzt gerne mit ihm und wies ihn nicht mehr ab.

Ich merkte, daß Lea sehr schwierig wurde. Sie bekam eine richtige Trotzphase! Einerseits widersprach sie mir dauernd und andererseits wollte sie ständig geholfen haben.

Zu ihrer kleinen Schwester war Lea sehr zärtlich. Wenn ich die beiden beobachtete, meinte ich, Lea küßt ihre kleine Schwester so, wie ich Lea beim Festhalten küsse.

Es war für uns unglaublich, welche Veränderungen in Lea vorgegangen waren. Mit jedem Festhalten war dies mehr zu spüren. Sie wurde ausgeglichener und offener. Den Freunden und Verwandten fiel dies auch auf. Vor allem freuten sich die Großeltern, daß Lea ihnen gegenüber viel offener war.

Zu Hause merkten wir die Veränderungen auch beim Spielen. Vorher unterbrach sie ihr Spiel sofort, sobald ich den Raum verließ, (dies ist sicher ein Verhalten, das mit ihrer Hörschädigung zusammenhing). Jetzt spielt sie ruhig und ausdauernd, auch wenn niemand in ihrer Nähe war. Auch sprachlich machte sie große Fortschritte. Ich denke, daß sie durch ihre zunehmende Offenheit auch offener für die Sprache wurde. So machte sie jetzt auch begeistert in der Sprachtherapie mit. Sie war bereit, nachzusprechen und bildete jetzt auch selbst das ›mein‹, ›du‹ und manchmal auch das ›ich‹.

Inzwischen geht Lea in den Kindergarten. Sie ging vom ersten Tag an gerne, was ich früher nie für möglich gehalten hätte. Bereits nach vier Wochen sagte die Kindergärtnerin, daß sich Lea wohl fühle, Kontakt zu den anderen Kindern aufnehme und sich auch in einer größeren Gruppe selbstbewußt verhalte. Überhaupt sei sie erstaunt, daß sich Lea so prima eingelebt habe. Nach der Geburtstagsfeier für Lea war die Kindergärtnerin ganz begeistert. Immer wieder erzählte sie mir, wie schön die Feier mit Lea gewesen sei und daß sie nichts anderes gemacht hätten, wie auch sonst bei den anderen Kindern. Lea habe sich so gefreut, wie sich noch nie ein Kind im Kindergarten gefreut habe und sie habe mit ihrer Freude alle anderen Kinder angesteckt. Wenn die Kindergärtnerin so schwärmte, konnte ich gar nicht glauben, daß sie von Lea sprach. Fast könnte man meinen, sie sprach von einem anderen Kind. All dies wäre vor dem Festhalten undenkbar gewesen.

Zu Hause hielten wir Lea jetzt in unregelmäßigen Abständen fest. Aber irgendwie kam plötzlich ein großer Einbruch. Zuerst dachte ich, ich hätte Lea zu früh losgelassen, nicht lange genug festgehalten. Sie war noch nicht vollständig entspannt und auch die totalen

Veränderungen nach dem Festhalten blieben aus. Auch, wenn mein Mann sie festhielt, war sie nicht richtig gelöst. Ich hatte das Gefühl, sie falle immer mehr in ihr altes Verhalten zurück. Sie ließ sich nicht mehr anfassen und machte auch wieder in die Hose. Doch jedes Festhalten war unbefriedigend und brachte keinerlei Änderungen. Irgendwie zog sie sich in sich zurück, bevor sie sich ganz entspannte. Und da wir die Entspannung nicht erreichten, bewirkten wir mit dem Festhalten, so denke ich, das Gegenteil, statt Sicherheit zu geben, verunsicherten wir sie.

Das war eine sehr schwierige Phase, die sich auch auf unsere Partnerschaft auswirkte. Mein Mann war plötzlich skeptisch und nicht mehr so sicher, daß er das Festhalten ganz bejahen konnte. Ich holte mir telefonischen Rat bei Frau Prekop, die meinte, das kleinkindhafte tröstende Halten wolle Lea nun nicht mehr. Sie wolle bei den Eltern mehr die Polarisation ihrer Gefühle erleben, eine Auseinandersetzung zwischen Ich und Du auf einer höheren Stufe. Wir sollen also unsere negativen Gefühle in der Widerstandsphase mehr zulassen. Wenn mein Mann zur Zeit Probleme mit dem Festhalten habe, könne ich in der nächsten Zeit auch alleine halten. Anfang März war unsere Therapeutin einmal beim Festhalten dabei: Dies hat mir irgendwie über den Berg geholfen und mir wieder die Zuversicht vermittelt, es richtig zu machen.

Sehr nützlich war in dieser Phase auch, daß ich eine Frau in unserem Ort kennengelernt habe, die ihre Kinder auch festhält, so daß wir unsere Erfahrungen austauschen konnten.

Durch die Auseinandersetzung mit dem Festhalten in der Partnerschaft waren wir dann beide wieder gestärkt und überzeugt, auf dem richtigen Weg zu sein. Es ist zwar bis heute noch so, daß die totale Entspannung, die wir anfangs bei Lea beobachten konnten, nicht mehr eintritt, aber ich denke, es liegt daran, daß die Anspannung auch nicht mehr so groß ist.

Ich bin mittlerweile überzeugt, daß nicht nur Lea, sondern auch ich das Festhalten brauche. Zwischenzeitlich hat mein Mann auch unsere neun Monate alte, normal hörende Tochter festgehalten, die jetzt anfängt, auf Lea eifersüchtig zu sein.«

Aus diesem Bericht geht eindeutig hervor, daß die Persönlichkeitsentwicklung vom Es zu einem freien, losgelösten Kind eine weitere Geburt ist. Das Erleben der Krisen gehört unbedingt dazu, um die eigenen Lebenskräfte und das Sich-verlassen-Können auf die Nächsten wahrzunehmen. Je schwerer eine solche Geburt ist, um so mehr Geburtshelfer sind notwendig: der mithaltende Ehepartner, andere Eltern mit ähnlichen Erfahrungen, die beim Festhalten gelegentlich anwesenden Therapeuten, die auch analysieren können, auf welcher Entwicklungsstufe sich das Kind befindet und was es auf dieser Stufe braucht.

Ungeliebte Kinder

Dies ist die Geschichte meiner dramatischsten Anleitung zum Festhalten. Nie habe ich mich und das ganze Festhalten so in Frage gestellt wie damals.

Bei einem Elternseminar, das wir in unserer Abteilung zum Thema »Erziehungsprobleme« veranstaltet hatten, wurde viel vom Festhalten gesprochen. Eine Mutter war wegen ihrer neunjährigen Tocher Sabrina da. Sie hatte keine Schulprobleme, ganz im Gegenteil, sie lernte schnell und gut, war aber kontaktarm, hatte keine feste Freundin, und auch kein Vertrauen zu den Eltern. Der Papa konnte mit Kindern nicht richtig umgehen; ihm fiel es noch am leichtesten, sich mit der jüngeren Tochter Dagmar zu unterhalten und mit ihr zu schmusen, weil sie selber dazu aufforderte. Aber Sabrina lehnte von klein auf Zärtlichkeit ab. Sie schmuste ausschließlich mit ihren Stofftieren und kümmerte sich rührend um ihren Hamster. Die Mutter hatte schon alles mögliche unternommen. Auf Anraten eines Psychologen hatte sie alleine mit Sabrina Urlaub gemacht, aber auch das führte zu nichts. Auch eine indirekte Spieltherapie scheiterte.

Ich war damals gerade von einer Tagung über sanfte Geburt aus Salzburg zurückgekommen und stand noch unter dem tiefen Eindruck, den der Vortrag einer Hebamme bei mir hinterlassen hatte. Beeindruckt hatte mich vor allem ihr ehrlicher Bericht über die

innere Wandlung, die sie in ihrem Leben und ihrem Beruf durch-
machte. Ihre eigene Mutter war ebenfalls eine sehr engagierte
Hebamme gewesen und hatte deshalb zu wenig Zeit für ihre
Tochter. Stets sei sie mit irgendwelchen Müttern »fremdgegan-
gen«. Die Tochter eiferte der Mutter nach, sie wollte so sein wie
sie, sogar lieber noch besser. Die Zahl der Geburten, die sie pro
Tag mit Erfolg »schaffte«, war ihr zum Maßstab geworden. Sie
verhielt sich nicht anders als ihre Kolleginnen, es war so üblich,
burschikos zu den verunsicherten Müttern zu sein. Es mußte alles
»flott flott« gehen, für Gefühle war keine Zeit, die Mütter wurden
eher mit bewährtem Galgenhumor aufgemuntert: »Nur keine
Angst, Mutter, hopp hopp auf den Stuhl; so wie es in den Bauch
hineinkam, so kommt es auch wieder heraus!« Erst nach Jahren
spürte sie ihre eigene Unzufriedenheit und die Erkenntnis, daß sie
eigentlich am Sinn ihres Lebens vorbeilebte, brachte sie zu einer
inneren Wende. Sie konnte die Sucht nach Quantität aufgeben und
mit einem außergewöhnlich liebesbetonten Engagement und mit
Achtung vor den Gebärenden die sanfte Geburt nach Leboyer praktizieren und verbreiten. Durch diese selbstkritische Analyse der
Einstellungen einer Hebamme fielen mir Schuppen von den Augen.
Ich bekam Verständnis für die Lage der Mütter, die seit der Entbindung ein gestörtes Verhältnis zum Kind haben. Bis dahin hörte
ich von Müttern immer wieder, daß das ursprünglich erwünschte
Kind bei der Geburt zur Enttäuschung wurde, aber sie konnten es
nicht näher begründen. Sie sprachen lediglich von einer »grausamen Entbindung« und daß »der berühmte Funke« einfach nicht
übersprang. Die psychologische Szenerie wurde durch den Bericht
der Hebamme nun in meiner Vorstellung lebendiger und ich konnte
nachfühlen, daß sich die betroffenen Mütter eigentlich oftmals
mißhandelt und gedemütigt fühlten, und daß sich dies auf die Beziehung zum Kind auswirkte. Schließlich wurde mir auch eine statistische Untersuchung bekannt, nach der Kinder, die den Müttern
bei der Geburt Qualen bereitet hatten, häufiger körperlich gezüch-
tigt wurden als Kinder, die eine sanfte Geburt hatten. Eigentlich
ein Stafettenlauf der Rache: Die Hebamme rächte sich an den
vielen gebärenden Müttern, die ihr ihre eigene Mutter stahlen,

sobald diese ihr »in die Hände fielen«. Und diese Mütter übertrugen den Haß gegen die Hebamme auf das eigene Kind.

Nun aber zurück zu meinem Erlebnis: Sabrinas Mutter weinte und schluchzte: »Ich bin es, ich bin die mißhandelte Mutter und ich kann meine Tochter nicht richtig lieben. Bitte helfen Sie mir!« Sie erzählte, wie es war: »Ich meinte immer, wenn ich einmal einem Kind das Leben schenke, ertönen Posaunen, Pauken schlagen und die Sonne bleibt in ihrer Bahn stehen und alle Welt wird sich an meinem Kind erfreuen. Es war aber völlig anders. Eine riesengroße Enttäuschung. Mein Mann konnte nicht dabei sein, die Station war überfüllt, niemand hatte für mich Zeit. Ich kam mir vor wie ein Gegenstand. Das allerschlimmste war die Hebamme. Sie sagte höhnisch zu mir: ›Solche wie du kenne ich zu Tausenden, ich sehe es dir am Gesicht an, daß du schreien wirst.‹ Und ich schwor mir: Dir Hexe zum Trotz werde ich kein einziges Stöhnen über die Lippen kommen lassen! Ich dachte die ganze Zeit mehr an meinen Haß auf die Hexe und an meine zusammengepreßten Lippen als an das Kind. Natürlich konnte ich mich nicht richtig entspannen und auch nicht richtig pressen. Das Kind kam dementsprechend auf die Welt. Rötlich bis blau, mit vielen Falten, ein häßliches Kind, ein schreiendes Kind, ein Kind, das ich nicht sehen wollte. Es war doch die Ursache für meine Entwürdigung. Als ich später das Kind in den Arm nehmen wollte, schrie es wie am Spieß und ließ sich von mir nicht trösten. Es war glücklicher mit seinen Stofftieren, und ich ließ es zu. Eine Wand entstand zwischen uns, die ich nicht durchstoßen kann. Bitte, bringen Sie mir das Festhalten bei! Ich weiß mir keinen anderen Rat mehr.«

Was konnte ich machen? Sie zu weiteren Psychotherapeuten schicken ging nicht mehr, denn einige waren schon an diesem Fall gescheitert, und zu anderen zu gehen, dazu hatte die Frau keine Kraft mehr. Ich prüfte vor allem, ob nicht ein eindeutiger Haß vorlag. In dem Falle hätte ich nämlich kein Festhalten eingeleitet. Das Festhalten kann nur dann wirksam sein, wenn die Liebe am Werk ist, sie muß also vorhanden sein. Nur dann, wenn es sich um eine Ambivalenz zwischen Haß und Liebe handelt, ist das Festhalten angezeigt und gerechtfertigt.

Die Antwort war: Ja, es ist gerechtfertigt. Aber wie hatte es die Mutter nur geschafft, wenn sie sich so leicht abschrecken und abweisen ließ, daß das Kind seit neun Jahren schon verstummt war? Ich konnte mir kaum vorstellen, daß wir einen echten Anlaß ausfindig machen würden, um das Mädchen im Arme seiner Mutter auf die Matte zu legen. Sabrina verhielt sich artig, mit freundlicher Distanz. Ich konnte doch nicht sagen: »Ich weiß, daß das nur deine Fassade ist, Sabrina, eigentlich geht es dir schlecht, komm, leg dich mit deiner Mutter auf die Matte, sie wird dich liebhaben.« Nein, das wäre nicht gegangen. Zu Hause würde man ganz gewiß mehrere Anlässe finden, zum Beispiel wenn Sabrina darunter litt, daß ihre Schwester beliebter und geliebter war. Das war allerdings nur daran erkennbar, daß sie mit explosiver Ablehnung auf an beide Schwestern gerichtete Angebote reagierte. Zu Hause würden sich aber weder die Mutter noch der Vater das Festhalten zutrauen. Also mußte ich es doch selber einleiten und dies unter erschwerten Bedingungen: nach der Uhr und nicht auf Grund eines affektiven Anlasses.

Zum vereinbarten Termin kommen alle beide. Der Vater ist leider nicht dabei. Ich mache eine Ausnahme und springe trotzdem nicht von der Anleitung ab. Normalerweise bestehe ich auf der Teilnahme beider Eltern, weil ja damit zu rechnen ist, daß die Beteiligten einen sie verändernden Prozeß durchmachen. Dieser sollte möglichst miteinander stattfinden, damit die Eltern nicht in zusätzliche Diskrepanzen geraten. Aber in diesem Falle lasse ich zu, daß der Vater wegbleibt. Es geht hauptsächlich um die Wiederherstellung der Mutter-Kind-Beziehung, die bei der Geburt gestört wurde. Auch damals war kein Vater dabei. Die Mutter und das Kind sind da und ich bin die Hebamme.

Wir sitzen im Festhalteraum und ich versuche Sabrinas therapeutische Einsicht zu wecken. Ich frage sie, ob sie oft traurig ist und womit sie sich tröstet. Das Mädchen ist ziemlich offen zu mir. Sie gibt zu, daß das Alleinsein oft unschön ist, lieber wäre sie mit anderen Kindern zusammen oder mit der ganzen Familie am Tisch. Als ich ihr anbiete, sie bei geschlossenen Augen in ein Tier zu verzaubern, möchte sie ein Kätzchen sein und mit anderen Kätzchen auf einer Wiese spielen oder bei der Mutter trinken. »Und wenn das Kätzchen weggeht und sich verläuft und traurig ist, was macht die Katzenmama dann?« frage ich. »Dann rennt die Mama hinter ihm her, packt es an der Haut im Nacken und bringt es wieder zurück ins Körbchen«, sagt Sabrina. »O ja, ich finde, das ist die richtige Lösung! Dann sollte deine Mama mit dir das Gleiche tun, wenn du traurig bist. In den Arm nehmen und basta!« Sabrina sagt nichts, schaut zu Boden, in ihren Händen hält sie krampfhaft ihren Teddy fest. »Weißt du was? Wir üben es mit dir und deiner Mama.« Sobald sich die Mutter traut, ihr Kind zu berühren, fängt Sabrina an, sich vehement zu wehren. Auch mich stößt sie weg, als ich sage: »Ach komm doch, leg dich hin, das wird dir guttun.«

Und von hier an wird es für mich zu einem der kritischsten Festhalteprozesse, den ich je erlebt habe. Fiebrig prüfe ich mein Gewissen. Sollen wir Sabrina loslassen und ihr bestätigen, daß sie ihrer Mutter nicht wichtig genug ist? Daß sie sich auf die Liebe der Menschen nicht verlassen kann? Sie spürt doch, daß sie Liebe braucht, sie weiß doch, was das Kätzchen braucht und daß es von der Katzenmama nicht gefragt werden soll: »Willst du – willst du nicht?« Dadurch käme die Mama der Ambivalenz des Kindes entgegen und bescheinigt ihm auf eine »demokratische« Weise den Verzicht auf Liebe. Als wenn das Kind nicht zunächst Nestwärme bräuchte, bevor es demokratisch entscheiden und mit seiner Ambivalenz umgehen kann. Als wenn die Liebe nicht die unabdingbare Voraussetzung für die Freiheit wäre, aus der heraus sich das Kind für die Loslösung entscheiden könnte. Wenn ich mein großes Freiheitsbedürfnis auf das Kind übertrage, dessen elementares Bedürfnis nach Geborgenheit noch nicht gesättigt wurde, handle ich dann nicht eigentlich egozentrisch? Sabrina hat doch eindeutig ihre Ambivalenz signalisiert, die Angst bei ihr ist aber mächtiger als ihre Sehnsucht nach Liebe.

Die Mutter steht hier gelähmt wie eine Salzsäule, in ihren Augen lese ich viel mehr Verzweiflung als Haß auf dieses Kind. Sie ist unfähig zur Tat, die einzige Bewegung verleiht ihr die wackelige Matte unter ihren Fußsohlen. Alle geraten wir aus dem Gleichgewicht, alle drei verlieren wir den Boden unter den Füßen… und hier entscheide ich: Ich übernehme die Verantwortung. »Ich lege dich hin, Sabrina, und frage dich nicht, ob du das willst. Und die Mama nimmt dich in die Arme und wird ihr Herz sprechen lassen.« Und ich schließe die Türe zu. Nicht, um Sabrina an einer eventuellen Flucht zu hindern, sondern um meine Absicht wahrnehmbar zu machen: Ich schwöre mir und dir, Sabrina, und dir, Mutter, daß ich diesen Raum nicht früher verlassen werde, bevor die Liebe nicht zu spüren ist. Auch wenn ich über Nacht hierbleiben müßte. Selbst dann, wenn es bis ans Ende der Welt dauern sollte! Die beiden liegen auf der Matte. Sabrina auf dem Rücken, mit zusammengeballten Händen und krampfhaft geschlossenen Augenlidern, den Kopf von der Mutter abgewandt. Sie macht sich zu. Die Mutter liegt seitlich bei ihr und hält sie fest im Arm, ihre Wange an Sabrinas Wange. Aber immer noch ist die Salzsäule in ihr, sie ist nicht in der Lage, das Kind zu streicheln oder zu küssen. Eine grausame Stille! Ich könnte die Zeit entscheiden lassen – früher oder später wird sich bei der einen oder anderen der Totstellreflex lösen und sie wird reagieren. Aber ich kann diesmal die tödliche Stille in dieser angst- und haßbesetzten Spannung nicht ertragen. »Küssen Sie sie!« fordere ich die Mutter auf. »Küssen Sie sie an den Wangen, an den geschlossenen Augen und an den Haaren. Lassen Sie sich spüren.« Die Mutter folgt. Aber sie folgt, als wenn sie eine Maschine wäre, nicht aggressiv, eher maschinell, gefühllos. Unausstehlich! Kein Wunder, daß Sabrina vor Ekel ihren Kopf noch weiter abwendet. »Lassen Sie es,« resigniere ich. O Gott, wie soll es weitergehen? Die Stille ist so unerträglich, daß ich das Bedürfnis nach Worten bekomme. Wir wollen Sabrina doch nochmals entbinden, also soll ihr die Mutter wenigstens erzählen, wie es bei der Geburt war. Aber lieber nicht über den Graus von damals, sondern etwas Schönes… Ich selber traue mich nicht, ein Schrittchen in die Tiefe jenseits der Gratwanderung abzuweichen. Die Mutter schaut mich entsetzt und hilflos an und schüttelt den Kopf. Nein, es war nichts Schönes bei der Geburt damals. Wie hole ich aus der Frau bloß ein Gefühl heraus, wie zünde ich bloß den Funken bei ihr, um ihn auf das Kind überspringen zu lassen? Gehen wir lieber ganz an den Anfang, als die Schwangerschaft noch voller

Freude war. »Drücken Sie das Baby ganz an sich, als möchten Sie es sich einverleiben. So… ja! Ja, so war es, Sabrina, als du im Bauch deiner Mutter festgehalten wurdest.« Sabrina sträubt sich dagegen, aber nicht stark genug, um auch die Kräfte der Mutter herauszufordern. Und der Mutter fällt keine andere Bewegung ein. Sie läßt sich von mir leiten, als wäre ich nun als eine gutmütige Hebamme dazugekommen. Die Mutter muß doch, verdammt noch mal, ihren eigenen Antrieb walten lassen. Ich versuche, mich in sie hineinzuversetzen. Die Bilder ihrer Freude während der Schwangerschaft waren mehr für Augen und Ohren gedacht aber nicht zu spüren, in ihren Vorstellungen blieb die Sonne stehen… Worauf hat sich die Mutter bei diesem Kind gefreut? Welche Farbe seine Äuglein haben? Von wem die Nase vererbt ist? Wie die kleinen Finger sich um ihren Daumen schließen?… »Drücken Sie jetzt noch einmal und lassen Sie das Kind auf die Welt kommen. Lockern Sie Ihre Umarmung und schauen Sie sich das Kindlein an.« Sabrina genießt die Auflockerung offensichtlich nicht, die Fäuste, die Lippen und die Augen sind immer noch zu, sie ist eher noch angespannter. »Hier ist es! Schauen Sie sich das Kindlein an. Hat es alles?« – »Wie meinen Sie das – alles?« fragt mich die Mutter verwundert, als wäre sie aus allen Wolken gefallen. »Hat es alle Finger, beide Äuglein, hat es tatsächlich eine Nase?« – »O ja, sie hat alles,« sagt die Mutter. »Dann begrüßen Sie einen Körperteil nach dem anderen, küssen Sie das linke Äuglein und sagen Sie: ›Ich begrüße dich, linkes Äuglein‹, und küssen Sie das rechte Äuglein und sagen Sie: ›Ich begrüße dich…‹.«
Die Mutter folgt mir und tut es. Und während sie es tut, wird ihre Stimme immer weicher und ihre Bewegungen werden geschmeidiger, sie wird immer spontaner. Sie braucht keine Hinweise mehr von mir, befreiende Tränen laufen über ihr Gesicht und über ihre streichelnden Hände. Sie spürt die Liebe ihres Kindes zwar immer noch nicht, aber sie ist an die Quelle ihrer eigenen Liebe gestoßen und schöpft von hier ihre Lebenskraft. Als sie gerade dabei ist, einen Finger nach dem anderen an Sabrinas Hand zu liebkosen, bemerke ich, wie Sabrina ihre Faust aufmacht und ihre Finger dem küssenden Mund der Mutter entgegenstreckt. Als würde eine wun-

derschöne Knospe aufspringen. Ihre Augen sind noch zu, aber mit zartem Lächeln läßt sie die Finger an ihrer rechten Hand aufblühen. Und dann läßt sie das Küssen auf der Brust und dem Bauch zu. Sie liegt jetzt genießend da, entspannt, immer noch mit geschlossenen Augen, als wäre es ein schöner Traum für sie. – »Ist es schön für dich?« frage ich Sabrina. Plötzlich zieht sie ihr Gesicht zu einer schmerzhaften Grimasse und schreit mich an: »Nein, das tut weh!« – »Wo denn, sag?« – »Hier!« deutet Sabrina auf eine Wange. »Ach, dann müßte deine Mama das Wehwehchen anblasen, wie man es auch bei kleinen Kindern immer tut.« Und die Mama tut es, mit Lust und Hingabe. »Ist es schon besser?« – »Nein, immer noch nicht!« heißt Sabrinas sofortige Antwort. Oh, das Mädchen weiß schon, was es will! Es will Liebe. Nichts leichter als das! Und die Mama bläst und bläst und Sabrina hat immer noch nicht genug davon, immer noch will sie es mit dem Hinweis auf Schmerz erkaufen. Eigentlich müßte man das Kind noch durchkitzeln, damit es mehr Spaß daran hat. Als wäre sie ein Baby, läßt Sabrina das Kitzeln zu, wälzt sich vor lauter Lachen von einer Seite auf die andere, der Mutter entgegen und wieder weg von ihr, um sich nochmals fangen zu lassen. Als es am heitersten ist, meine ich, man sollte Schluß machen. Ende gut, alles gut. Das gehört zur Psychologie des Lernens. Der Enderfolg spornt dazu an, die ganze Handlung zu wiederholen.

Die Mutter folgt mir dieses Mal ungern. Sehr ungern steht sie von der Matte auf. Und Sabrina? Sie liegt wie ein glückliches, ausgelassenes Baby auf dem Rücken, ihre Füße angewinkelt, als wäre sie beim Wickeln. Sie strahlt die Mutter mit offenen Augen an, streckt ihr die Arme entgegen und ruft: »Nochmal, Mama!« Die Wand ist durchbrochen – endgültig. Sie hat sich nie wieder geschlossen. Ein großes Vertrauen und eine außergewöhnliche Zärtlichkeit bahnten sich zwischen den beiden an. Sie hatten letztlich auch viel aufzuholen.

Die Geburt gelungen, das Kind und die Mutter, beide wohlauf. Ja, so könnte man es sagen, wenn… wenn in den dazwischenliegenden neun Jahren nicht einiges in Sabrinas Persönlichkeitsentwicklung verstümmelt verlaufen wäre, und wenn sich nicht innerhalb der familiären Beziehungen einiges verselbständigt hätte. So hatte Sabrina bis dahin keine Trotzphase entwickeln können. Einen echten, zur Loslösung treibenden Trotz traut sich das Kind erst dann, wenn es sich richtig an die Eltern gebunden fühlt. Als dann aufgrund des Festhaltens die Bindung entstand, war hier im Überlauf so viel Entgegenkommen, daß Sabrina eigentlich keinen Grund zum Trotz hatte. Diese gesunde Aggressionsbereitschaft war notwendigerweise durch andere psychotherapeutische Maßnahmen herauszufordern und zu kanalisieren. Auch brauchte Sabrina besondere Hilfen bei der Anbahnung und Aufrechterhaltung von Freundschaften, was sie bis dahin nur ungenügend gelernt hatte. – Auch innerhalb der Familiendynamik wurde durch die veränderte Sabrina und auch die veränderte Mutter sowie durch deren ungewohnt enge Beziehung einiges aus der Bahn geworfen. Die Leidtragende war hauptsächlich die jüngere Schwester Dagmar. Sie fühlte sich benachteiligt und ergriffen von Eifersucht. Auch der Vater empfand nun seine Frau anders. Sie kam ihm zu sicher, zu selbstbewußt, zu frei vor. Mehr als zuvor fühlte er sich von ihr unter Druck gesetzt. Es dauerte nicht lange und die beiden Benachteiligten schlossen sich zu einer Front gegen die Mutter und Sabrina zusammen.

Es liegt auf der Hand, daß eine familientherapeutische Unterstützung angezeigt war. Das Festhalten jedoch war der entscheidende Sprung ins Leben.

Psychosomatische Probleme

Dieser Erfahrungsbericht stammt von einem betroffenen Vater, ein deutscher Physiker, verheiratet mit einer indonesischen Architektin. Sein Bericht ist insofern besonders aufschlußreich, weil sich dieser Vater professionell mit Kommunikationsstörungen unter Computerfachleuten befaßt und auch eine nahe Beziehung zum Bereich der Psychotherapie hat.

»Die Ausgangslage: Bis vor zwei Jahren entwickelte sich unsere jetzt 10jährige Martina im Vergleich zu ihren Altersgenossen relativ unauffällig. Anfängliche Schwierigkeiten beim Einfügen in die Klassengemeinschaft der Grundschule legten sich. Dank ihrer breit angelegten Intelligenz und ihrer Leistungsbereitschaft entwikkelte sie sich zu einer guten Schülerin. Sie war nur ganz selten krank.

Allerdings zeigte sie in gewissen Situationen eine große Ängstlichkeit. Trennungen machten ihr sehr zu schaffen, besonders Trennungen von ihren Eltern ängstigten sie – selbst wenn sie abends nur ins Bett sollte. Auch der Abschied von mir, ihrem Vater, wenn ich zur Arbeit ging, rief Angst in ihr hervor und sogar die Trennung von ihrem Eigentum, wenn sie beispielsweise etwas ausleihen sollte.

Auf Gefährdungen – auch von anderen – reagierte Martina übermäßig. Nach einer für sie unangenehmen Zeit (ambulante Mandeloperation, Zahnspange) klagte sie fast täglich über heftige Bauchschmerzen. Bei Untersuchungen konnte kein körperlicher Befund festgestellt werden. Ihr Kinderarzt überwies sie deshalb an Frau Dr. Prekop, in das Olgahospital.

In der Beratungsstunde kamen wir schnell auf die Ursachen der Trennungsängste zu sprechen. Martina mußte wegen der Berufstätigkeit ihrer Mutter als Baby etwa zwei Jahre bei ihren Großeltern verbringen. Meine Frau und ich besuchten sie zwar regelmäßig jedes Wochenende und die Großeltern sorgten gut für sie. Trotzdem blieb das Bedürfnis nach Geborgenheit bei den Eltern, insbesondere der Mutter, ungestillt. Auch heute noch hat Martina häufig das Gefühl, daß sie in ihrem Leben zu kurz kommt. Da wir unserer Tochter und wohl auch uns selbst den Abschiedsschmerz ersparen wollten, verließen wir das Haus der Großeltern meistens erst abends, wenn unsere Tochter eingeschlafen war. Bei Martina mußte dadurch der Eindruck entstehen, daß sich ihre Eltern ihr immer wieder unangekündigt entziehen. Sie und wir selbst waren nicht in der Lage, diese Trennungen bewußt zu verarbeiten. Das legte wohl den Grundstein für die meisten der in den verschiedensten Situationen auftauchenden Ängste.

Die Ängste äußerten sich auch in einer häufig unausgeglichenen

Stimmung und einer ambivalenten Haltung gegenüber uns. Martina wollte nicht zulassen, daß wir uns von ihr entfernten. Aber sie wehrte sich auch häufig, wenn wir sie in den Arm nehmen wollten. Traf ihre Unausgeglichenheit und Ambivalenz auf gereizte Eltern, kam es zu Streit, Schimpfen, Tränen und Rückzug. So entstand ein Teufelskreis, in dem die Unausgeglichenheit von Martina durch unsere verständlichen aber unangemessenen Reaktionen zusätzlich verstärkt wurde.

In einem freundlichen Gespräch, in das auch Martina ganz natürlich einbezogen wurde, machte Frau Prekop diese Zusammenhänge klar und riet von einer psychotherapeutischen Behandlung ab. Statt dessen empfahl sie uns, unser Kind festzuhalten. Sie zeigte den Zusammenhang dieser Methode mit der natürlichen Entwicklung von Kleinkindern der Naturvölker auf und erklärte plausibel, daß Festhalten eigentlich ein anhaltendes Trostspenden für das unausgeglichene Kind ist. Wir sollen es beim nächsten ausbrechenden Konflikt anstelle von Vorwürfen und Strafen anwenden. Außerdem vergewisserte sie uns, daß das Festhalten keinen Schaden hervorruft und, richtig angewendet, immer zu einem guten Ende führt. Sie traute uns zu, das Festhalten zu Hause in eigener Kompetenz zu machen. Das stärkte unser Selbstwertgefühl, das zwischenzeitlich um einiges zusammengeschrumpft war.

Das Festhalten: Trotz der einleuchtenden Erklärungen von Frau Prekop bestanden bei uns Hemmungen vor dem ersten Festhalten. Schließlich geht es beim Festhalten auch um das direkte Anwenden »elterlicher Gewalt« gegenüber dem Kind. Erst später wurde uns klar, daß das Festhalten nicht ein Kampf *gegen* das Kind, sondern *um* das Kind ist. Martina hat das instinktiv verstanden und deshalb das Festhalten nachträglich nie übelgenommen.

Meine Frau überwand diese Hemmung in einer Situation, als ihre Tochter einen heftigen Zornausbruch hatte. Sie hielt sie so fest, daß sie sich nicht bewegen konnte und versuchte, sie ausdauernd zu trösten. Da beim Festhalten kein äußeres und auch inneres Ausweichen möglich ist, kamen Gefühle einer nie gekannten Intensität hoch. Bei Martina waren dies Gefühle der Einsamkeit und Trostlosigkeit, die wiederum bei ihrer Mutter tiefstes Mitgefühl hervorriefen. Nach ca. 2 1/2 Stunden ununterbrochenen Festhaltens wendete sich das Blatt. Martina löste sich aus ihrer Verzweiflung und nahm mit ihrer Mutter einen beide beglückenden Kontakt auf. Endlich erhielt sie ungeteilte Liebe, die sie sich wohl so oft ersehnt, sich aber auch nicht zu holen getraut hatte. Der befreiende Ausgang dieses intensiven Ringens um das Kind war ein Schlüsselerlebnis für alle Beteiligten. Am gleichen Abend zeichnete sie spontan ein Bild, das ihr neu gewonnenes Weltbild ausdrückte: Mädchen, Jungen, Eltern und Hasen, alles Leben auf der Welt in Paaren. Jeweils einer ist traurig und der andere fröhlich, sie halten im Weinen und Lachen zusammen.

Situationen übertriebener Unzufriedenheit von Martina ließen sich von nun an durch Festhalten auflösen. Wenn in der jeweiligen Ausgangssituation auch sachliche Differenzen bestanden, so ließen diese sich im Anschluß an das Festhalten stets so lösen, daß beide Seiten zufrieden waren und niemand sich benachteiligt fühlte.

Allerdings wurde Martina nur festgehalten, wenn dafür auch ausreichend Zeit zur Verfügung stand. Ein vorzeitiges Abbrechen wäre schädlich gewesen und wurde deshalb von vornherein ausgeschlossen. Man kann sagen, daß Martina im Durchschnitt zweimal im Monat festgehalten wurde. Die Zeitdauer für das Festhalten einschließlich der Versöhnungsphase lag meist zwischen einer halben Stunde und einer Stunde. Zuweilen hielt auch ich sie fest oder half meiner Frau dabei. Da meine Beziehung mit Martina von Anfang an harmonischer war, erreichte das Festhalten mit mir meist nicht dieselbe Intensität wie bei ihrer Mutter.

Seit der ersten Beratung bei Frau Prekop ist inzwischen ein gutes Jahr vergangen. Zur eigenen Bestätigung, daß wir auf dem richtigen Weg sind, haben wir Frau Prekop noch zweimal aufgesucht und über unsere Erfahrungen beim Festhalten berichtet.

Wie vorhergesagt, nahm in der Tat *jedes* Festhalten einen guten Ausgang. Dies ist sicher nicht selbstverständlich, weil unsere 10jährige Martina, durch langjähriges Judotraining geübt, alle ihre Kräfte einsetzte. Lautes Schreien, Kratzen, Beißen usw. mußten wir in Kauf nehmen und durch noch intensiveres Festhalten ausgleichen. Das kostete natürlich viel Kraft und benötigte den starken

Willen, das Festhalten zu einem guten Ende zu führen. Auch Bitten unserer Tochter, etwas zum Trinken zu bekommen oder zur Toilette gehen zu dürfen, mußten auf später vertröstet werden. Keine Unterbrechung wurde geduldet. Trotzdem kam es auch bei uns nie zu einem Stau der Affekte. Alle Schwierigkeiten wurden stets gemeinsam durchgestanden. Vermutlich half dabei, daß der Festhaltende die Oberhand hatte und Verantwortung für den guten Ausgang trug. Außerdem half natürlich der gute Ausgang selbst. Wenn möglich und nötig stand ich bei, durch Halten von Armen oder Beinen meiner Tochter, während meine Frau auf Martina lag und sie umarmte.

Daß die Nachbarn wohl anfangs durch Martinas Schreien irritiert waren, nahmen wir hin. Kurze Zeit später sahen sie ja ein glückliches und entspanntes Kind im Hof spielen oder mit den Eltern Arm in Arm spazierengehen.

Die kleine Schwester reagierte beim ersten Festhalten von Martina erschrocken und mitleidig. Später erkannte sie an der Wirkung, daß Festhalten ihrer Schwester nur guttat. Inzwischen hat sie wohl bemerkt, daß Festhalten viel mit Liebe zu tun hat und fängt an, eifersüchtig zu werden.

Martina selbst akzeptiert das Festhalten inzwischen und scheint es zuweilen sogar zu provozieren. Sie hat nun eine abgemilderte Form von Festhalten für leichte Unausgeglichenheit selbst erfunden. Sie nennt es ›Spaßkämpfchen‹. Folgende Spielregeln gelten: Die Partner versuchen einander auf den Boden zu werfen. Derjenige, der die Oberhand gewinnt, legt sich auf den anderen, umarmt und küßt ihn, bis der ›Unterlegene‹ aufgibt. Selbstverständlich dürfen die Stärkeren nicht alle Kraft einsetzen, sie müssen auch mal unterliegen. Dieses ›Spaßkämpfchen‹ macht in der Tat so viel Spaß, daß sogar beide Schwestern es zusammen durchführen und sich um die Wette küssen!

Das Festhalten hat die Stimmungslage von Martina in einem Jahr grundsätzlich verändert. Sie hat seltener Angst, ist sonniger geworden, holt sich ganz selbstverständlich Liebe und Nähe von uns, wenn sie es braucht. Das wirkt verstärkend auf sie zurück. Sie lebt zunehmend auf. Das gegenseitige Verständnis füreinander hat wesentlich zugenommen. Martina kann ihre Meinung und ihre Gefühle auch in heiklen Situationen ausdrücken, findet mehr Akzeptanz als früher und hat keine Bauchschmerzen mehr.

Das ganze Klima in unserer Familie ist dadurch entspannter geworden. Auch mit ihren Schulkameraden kommt Martina inzwischen besser zurecht. Sie kann wesentlich leichter schenken und teilen und wirkt vermittelnd bei Zwistigkeiten.

Mit der einhergehenden Hebung der Stimmungslage hat die Häufigkeit der Gelegenheiten zum Festhalten und die Dauer des Festhaltens automatisch abgenommen.

Noch treten Ängste auf, mit denen Martina aber inzwischen besser umgehen kann und noch hat sie zuweilen den Eindruck, gegenüber ihrer Schwester benachteiligt zu sein. Weiteres Festhalten wird beides sicher noch mildern können.«

Festhalten bei geistig Behinderten

Geistig und mehrfach behinderte Menschen sind durch einen Mangel an Geborgenheit ganz besonders gefährdet. Die Erklärung dafür liegt auf der Hand. Wegen der Hirnschädigung bleibt nicht nur die Intelligenz, sondern auch die Persönlichkeitsentwicklung weitgehend zurück. Die meisten Behinderten erreichen nicht die Reife des Ich-Bewußtseins und die Möglichkeit des freien Kombinierens im Denken und bleiben trotz voller körperlicher Entwicklung auf der Stufe eines Kleinkindes. Dementsprechend sind sie das ganze Leben lang abhängig von der Sättigung des Grundbedürfnisses nach Geborgenheit. Gerade aus diesem Grund sind sie oftmals benachteiligter als nichtbehinderte Kleinkinder.

Gehen wir davon aus, daß das Gefühl des Sich-Verlassen-Könnens aus der Erfüllung der erwarteten Erfahrungen entsteht, so müssen wir im Einzelfall die Ursache für Defizite bereits im Mutterleib vermuten. Wenn der Fetus wegen seiner mangelhaften Muskelhypotonie, gestörter Koordination im Gleichgewichts-Bewegungs-System unter anderem sich nicht an die symbiotischen Wiegebewegungen mit der Mutter anpassen kann, entgehen ihm sowohl die Erwartungen als auch die Erfüllung dieser vorhersehbaren Sequenzen. Wenn sich die Mutter wegen Abortusgefahr nicht bewegen darf und das Kind dadurch in ihrem Leib nicht mitbewegen kann, ist dies eine zusätzliche Belastung. Somit kann sich schon im Mutterleib trotz aller innigen Zuneigung eine sensorische und affektive Deprivation anbahnen. Noch gefährdender wirkt sich allerdings eine Isolierung im Brutkasten aus. Dank der Fortschritte in der Medizintechnik werden immer unreifere Feten am Leben erhalten, immer häufiger für den Preis der Mehrfachbehinderung und, was noch schlimmer ist, zu Lasten der Geborgenheit und der Liebesfähigkeit. Aber auch nach termingerechter Geburt besteht für das entwicklungsgestörte Kind die Gefahr des Geborgenheitsverlustes, sei es wegen einer schweren Geburt, Sauerstoffmangels, einer sehr erschöpften Mutter, dringend notwendiger Untersuchungs- und Überlebensmaßnahmen (Sauerstoffzelt, Bluttransfusionen und dergleichen), aber auch, weil der »berühmte Funke« von der Mutter nicht überspringen kann, da sie wegen der Behinderung wie gelähmt ist. Ferner wird das behinderte Kind langen und häufigen Aufenthalten in Krankenhäusern, sozialpädiatrischen Zentren und Heimen ausgeliefert, wo es nur selten eine beschützende Nähe von vertrauten Bezugspersonen genießen kann. Für die Schlüsselerfahrungen der Nestwärme, die ein normales Kind etwa in den ersten drei Jahren erfährt, würde der Behinderte wesentlich längere, meist lebenslängliche Zeiträume benötigen.

Zwischenzeitlich mußte der Behinderte selbst für sein inneres Gleichgewicht sorgen, indem er sich an Ersatzbefriedigungen anklammert, die zuverlässig seinen Erwartungen entsprechen. Es sind sowohl bestimmte bevorzugte Wahrnehmungen (eigener Körpergeruch, eigene Schaukelbewegungen, rotierende Gegenstände wie Waschmaschine u.a.), aber auch Manipulationen von Gegenständen (Rascheln von Plastiktüten, Blättern in Katalogen, Zerreißen, Wegschmeißen u.a.) und Menschen (Fragestellungen, auf die eine bestimmte Antwort mit Nachdruck erwartet wird; Verweigerung von Aufforderungen, um eine zu erwartende verärgerte Reaktion zu bewirken u.a.). Von solchen autistischen und autokratischen Ersatzbefriedigungen entsteht eine Abhängigkeit, die ein zwanghaftes Bestehen auf die Einhaltung der Rituale und eine Einschränkung, sich an andere Angebote anzupassen zur Folge hat – im Grunde eine zusätzliche Behinderungsursache im Sinne einer affektiven Blockierung der Intelligenz! An der Eingleisigkeit solch eigener Lösungsstrategien beteiligen sich natürlich auch die unflexible, zum beharrlichen Wiederholen neigende Art der Reizverarbeitung sowie das schablonenhafte Denken, die für die Hirnschädigung typisch sind.

Alle beide Behinderungen – die emotionale und die kognitive – stehen in einer Wechselwirkung. Gefangen in die eigenen Ersatzbefriedigungen kann der Betroffene die ihm angebotene Geborgenheit nicht akzeptieren, denn das, »was er selbst in der Hand hat«, entspricht vielmehr seinen Erwartungen. Er kann »in einen Teufelskreis geraten, wenn er aufgrund der fehlenden affektiven Bindungen und eingeschränkten motorischen und kommunikativen Voraussetzungen die ihn umgebende Wirklichkeit in ihrer Komplexität sich nicht erschließen kann und wenn die soziale Umwelt seine nach außen hin mehrdeutigen, unverständlichen, uns häufig ›störenden‹ Verhaltensweisen und Äußerungen in ihrer Sinnhaftigkeit nicht deuten und darauf angemessen eingehen kann«.[44] Die Folge ist traurig: Der Mensch wird nicht nur intelligenzmäßig beziehungsweise körperlich behindert, sondern auch im Empfang der Liebe und der Lebensfreude, obwohl dieses Gefühlsleben der größte Reichtum des Behinderten sein könnte.

Um dieser krankhaften Entwicklung vorzubeugen, ist das Festhalten als Grundform der Kinderbetreuung schon im Bereich der Früherfassung und Frühförderung intensiv anzubahnen. Der einfühlsame, haltbietende Körperkontakt spielt bei Behinderten eine große Rolle, besonders bei der Vermittlung grobmotorischer und feinmotorischer Fertigkeiten, beim Erlernen der Fortbewegung und des Greifens bis hin zum Zusammenspiel beider Hände beim Spielen, bei der Selbstversorgung (Essen und Trinken, An- und Ausziehen, Duschen usw.), beim Basteln und bei Arbeitsvorgängen in der Werkstatt. Ohne Handführung wären manche Leistungen unvermittelbar! Jedoch ist die Körpersprache und der Körperkontakt als

Kommunikationsmittel bei Begrüßung, Aufmunterung, Beruhigung, Aufforderung, gemeinsamer Freude wegen der elementaren Sinneshaftigkeit von großer Wichtigkeit. Diese ist auch dem schwerst Behinderten zugänglich.

Erst wenn das Festhalten als die ursprüngliche Lebensform versagt, das heißt, wenn der Behinderte Angst vor Berührung und vor Menschen hat oder wenn seine Anpassung an Kontakte so einseitig ist, daß er diese ausschließlich selber bestimmt, wenn er einfach für das Nehmen und Geben in Liebe nicht frei ist, sondern in seiner eigenen Selbststimulation gefangen ist, ist die Festhalte-Therapie angezeigt.

Die Eltern von Frank berichten, wie sie das Festhalten erlebt haben: »Nach einer normalen Geburt hatten wir zu unserer 1 1/2jährigen Tochter einen Tag und Nacht schreienden Sohn, und das etwa 16 Monate lang. Aus Ratlosigkeit gaben wir Frank dreimal zu Beobachtungen in eine Kinderklinik, erhielten ihn aber jeweils ohne krankhaften Befund zurück. Es folgten cirka 2 bis 3 Jahre größter Teilnahmslosigkeit für seine Umwelt. Dann entwickelte er sich zu einem kaum ansprechbaren, äußerst umtriebigen Kind, das mit nichts zu beschäftigen war. Er griff nach Gegenständen, um sie planlos wegzuwerfen. Stundenlang konzentriert, konnte er sich ausschließlich mit Katalogen befassen, indem er die Blätter herausriß und zerknüllte. Mit größter Vorliebe hantierte er auf diese Weise mit Pergamentpapieren. Für uns zeigte er jedoch so gut wie kein Interesse. Sein Blick war mehr nach innen gerichtet, er schaute durch uns hindurch. Seine spät entwickelte Sprache benutzte er fast ausschließlich zu verbalen Aggressionen.

Alle Therapien, auch namhafter Psychologen und Therapeuten, einschließlich eines mehrmonatigen stationären Aufenthalts in einer entsprechenden Einrichtung, halfen uns nicht viel dabei.

Wir unterwarfen uns aus Liebe und großem Mitleid Franks Forderungen, seinen stereotypen Fragen, Zwängen und entsetzlichen, für uns zum Teil unbegründeten Schimpfkanonaden. Mit langen Autobahnfahrten oder durch stundenlanges Stehen an verkehrsreichen Straßenecken kamen wir seinem Autozwang entgegen. Nach Schulschluß (er besucht seit dem achten Lebensjahr eine Sonderschule) zog es Frank beständig zu Baustellen, Straßenkreuzungen, Park- und Sportplätzen.

Mit 14 Jahren setzte bei Frank eine nie ergründete starke Schulangst ein, verbunden mit tiefen Depressionen und Selbstmordgedanken. Wir standen ratlos vor unserem psychopathischen Frank: kleinkindhaftes Verhalten, vermischt mit Todesgedanken – von äußerer Pubertät keine Spur – unruhig und kaum ansprechbar. Trotz unserer Nachgiebigkeit und Zuneigung war Frank immer unglücklicher, in den Arm genommen zu werden ließ er aber nicht zu. In dieser Not erfuhren wir von der Festhalte- Therapie und ließen uns anleiten. Dieses erste, fast vierstündige Festhalten wurde im Rückblick ein Wendepunkt in unserem Leben. Zu erleben – wie sich dieses 16jährige Kind nach ungeheurem Sich-Wehren zum ersten Mal öffnete und ansprechen ließ, führte bei Frank und bei uns zu einer großen Befreiung im Verhältnis zueinander, zu uns selbst und unserer Umwelt.

Jetzt, neun Monate nachdem wir mit dem Festhalten begonnen haben, ist Frank zu Hause frei von verbalen Aggressionen, ruhiger, ausgeglichener, bereit zu Unterhaltungen und offen für Belehrungen. Er erzählt nach acht Jahren erstmals von Erlebnissen in der Schule, auch die Klassenlehrerin berichtet über seine positive Veränderung in der Klasse. Im Hinblick auf Franks Alter beobachten wir das Festhalten und seine Wirkung sehr genau.

Beobachtungen zeigen, daß Frank die tiefgreifende positive Wirkung des Festhaltens spürt und einordnet. Seine Lehrerin berichtete beispielsweise, daß Frank im Anblick eines verstockten und still in sich hineinweinenden Klassenkameraden zu seiner ratlosen Lehrerin sagte: »Jetzt muß der Martin festgehalten werden, dann geht es ihm wieder besser!«

Ich denke noch an viele andere Behinderte, die ohne Verschulden der liebesbereiten Eltern wie Fremdlinge im Elternhaus vor sich hin leben, stets in Angst vor Nähe und Veränderung. In der Sonderschule oder in der beschützenden Werkstatt gelten sie als die Zwanghaften, Autistischen, Chaotischen, Destruktiven, Autoaggressiven und Aggressiven, die zum wiederholten Gegenstand der vielen Einzelfallbesprechungen geworden sind. Aufenthalte in psychiatrischen Abteilungen bleiben meist erfolglos oder werden zur endgültigen Lösung. Dämpfung durch Psychopharmaka, Zwangsjacken – eine trostlose »Lösung«.

Ich erinnere mich an einen 17jährigen schwer spastisch gelähmten und schwer geistig behinderten Jungen, der nichts außer Abwehr kannte, und seiner aufopfernden Mutter nie gestattete, sich umarmen zu lassen. Füttern ließ er sich nur mit dem Rücken zur Mutter, ohne Blickkontakt. Durch Zufall erfuhr sie vom Festhalten und sie erhoffte sich, daß er dadurch zugänglicher würde. Die Gelegenheit bot sich bei einem Wochenendseminar, zu dem ich auch eingeladen wurde. Während des Tages wurde der junge Mann von einem Ersatzdienstleistenden betreut, der mich wie die Pest mied.

Es war ihm offensichtlich ungeheuer, daß dieser arme Behinderte zu all seiner Lähmung noch unfreier werden sollte. Zur Anleitung des Festhaltens kam er dazu, um wohl seinen behinderten Freund vor meiner Gewalt zu schützen. Er fand es aber richtig, daß dieser von seiner Mutter auf den Schoß, Brust an Brust, geherzt wurde und half selber mit, die steifen Gliedmaßen zu halten und ihn zu trösten, als er sich gegen die Liebe der Mutter schreiend wehrte. Zum erstenmal nach 16 Jahren konnte ihn die Mutter so normal halten, erzählte sie uns. Seit er mit knapp einem Jahr einige Wochen im Krankenhaus ohne die Mutter verbringen mußte, habe er sich ihr nie wieder anvertraut. Nach etwa zwei Stunden Gehaltenwerden hielt der Junge plötzlich inne, schaute die Mutter an, als sei ein Wunder geschehen, und vertrauensvoll, weich und glücklich, legte er seinen Kopf an ihre Brust. Freudentränen haben uns alle verbunden, auch den Ersatzdienstleistenden und mich.

Jahrelang konnte ich die Frage, ob die Festhalte-Therapie in einem größeren Kreis bei Erwachsenen in einer Einrichtung realisierbar ist, nicht gewissenhaft beantworten. Allein die körperliche Kraft der Bedürftigen, die wegen der geistigen Behinderung nicht intellektuell gefiltert und gehemmt werden kann, wenn starke Affekte wachgerufen werden, scheint ein Hindernis zu sein. Auch andere Handicaps stehen im Weg: die Schwierigkeit bei der Dienstverteilung und Gruppenbesetzung sowie die Fluktuation der Erzieher. Je größer die Einrichtung, um so weniger familiär ist sie. Und wie soll man bei mindestens zwei Erziehern sicher sein, ob sie »mütterlich« oder »väterlich« vertreten?

Die erste positive, voll überzeugende Antwort darauf gaben die Mitarbeiter der Tagesstätte der Lebenshilfe in Spiesen- Elversberg. Ursache dafür war nicht nur das große Engagement der Mitarbeiter, sondern auch die familiäre Größe der Einrichtung (etwa 25 Behinderte). Das, was hier in vier Jahren geschah, läßt sich als »Wunder der Liebe in dieser Welt« bezeichnen.

Die Arbeit in der Tagesstätte war nicht einfach. Die erwachsenen Behinderten, teils in Pflegeheimen, teils noch bei ihren immer älter werdenden Eltern wohnend, waren wegen ihrer massiven Verhaltensstörungen nicht in beschützende Werkstätten integrierbar. Manche hatten Aufenthalte in der Psychiatrie hinter sich, von denen sie als »unheilbar«, »gefährlich« oder »untragbar« entlassen wurden. Auch die Mitarbeiter hatten diesen Eindruck gewonnen. Was nun? Weder Psychopharmaka noch Zwangsjacken wollten sie anwenden. Die andere Wahl wäre gewesen, den Dienst zu quittieren. Bereits zu diesem Zeitpunkt hatten sie vom Festhalten erfahren. Sie hatten einige Kurse belegt, um eine theoretische Begründung und praktische Hinweise zu bekommen. Zunächst wurde das Festhalten aneinander ausprobiert. Wie geht es mir, wenn ich festgehalten werde? Spüre ich bei dem engen Kontakt auch innere Widerstände? Wie geht es mir, wenn ich diese hinausschreie? Was erlebe ich als der Haltende? Wie soll ich am geschicktesten halten? Der erste Schritt war voller Hemmungen, Angst, aber auch voll Hoffnung. Er führte zu einem 25jährigen jungen Mann, der ein ausgesprochener Autist war. Nach 2 1/2 stündigem Widerstand kuschelte er sich genußvoll an und schlief im Arm der Erzieherin ein. Dieser eindeutig glückliche Ausklang machte den anderen Mut zum Festhalten.

Der gute Zusammenhalt unter den Mitarbeitern machte die Anwendung der Festhalte-Therapie bei allen Bedürftigen möglich, denn alle waren sich einig: die Beziehungsfähigkeit steht absolut an erster Stelle. Erst daraus leiten sich alle anderen befriedigenden Einstellungen zum Leben und zur Arbeit ab. Die Mitarbeiter halfen sich gegenseitig beim Halten der Behinderten, beim Leiten und Beaufsichtigen der übrigen Gruppe, sie gaben sich gegenseitig die Chance zur offenen Aussprache und Rückkoppelung, sie versuchten, auch die Eltern zum Festhalten ihrer großen Kinder zu gewinnen, sie suchten miteinander die Supervision. Sie hatten den Mut, den Mitarbeitern anderer Tagesstätten der Lebenshilfe von ihren Erfahrungen zu berichten.

Auf die Frage nach der ethischen Berechtigung, die sich die Mitarbeiter immer wieder gestellt haben, gab die Veränderung aller festgehaltenen Behinderten die Antwort: sie entdeckten das Vertrauen, gewannen ihr inneres Gleichgewicht und ihre Freude an der Mitteilung. Aus diesen ehemaligen verstörten Sonderlingen sind zufriedene Menschen geworden, die gerne zusammen sind und Freude am eigenen Tun haben.

Aus der Festhalte-Therapie ist hier eine Lebensform geworden. Der Körperkontakt in jeder Form dient mal zum Ausdrücken aller Gefühle, mal zur fröhlichen Begrüßung, zum Trösten eines Traurigen, zur Aufmunterung, zum Austragen von Konflikten, zur Versöhnung oder zum Besiegeln einer Freundschaft. Die Behinderten halten sich untereinander fest und, wenn es darauf ankommt, auch ihre nichtbehinderten Helfer.

Nach einem Jahr waren die Behinderten in bezug auf ihre soziale Rehabilitation soweit, daß sie mit ihren Betreuern nach Spanien in Urlaub fuhren. Nach vier Jahren schrieben die Mitarbeiter ihre Erfahrungen nieder: »Wir haben ein Kind gehalten und einen Erwachsenen losgelassen… Die Erfahrung hat uns gelehrt, daß die Zusammenarbeit mit den Behinderten nach dem Festhalten keineswegs leichter wurde. Denn durch die Offenheit im emotionellen Bereich, die durch das Festhalten erreicht wurde, spürt der Behinderte, daß sich sein Lebensraum verändert hat. Dadurch bedingt, stellt er gezielte Anforderungen an seine Umwelt, denn er hat ein großes Nachholbedürfnis im Sammeln von Erfahrungen. Diesem Bedürfnis gerecht zu werden, verlangt von dem Erzieher viel Einfühlungsvermögen und Sensibilität…«

Festhalten in Heimen

Festhalten in Heimen ist ein noch offenes Kapitel. Heimkinder sind eindeutig benachteiligt. Den intimen Kreis der konstanten liebenden Bezugspersonen, die zum Herbeiführen des innigen Erlebnisses des Festhaltens befähigt sind, gibt es in Heimen nur in seltenen Fällen.

Immerhin werden in mehreren Heimen ernsthafte und behutsame Versuche bei einzelnen Behinderten angestrebt, deren selbstvernichtendes, destruktives Verhalten durch keine andere humane Art der Therapie milderbar ist. Unter anderem sind folgende Grundsätze zu berücksichtigen:

– Zum Festhalten müssen sich mindestens zwei Erzieher aufgrund einer besonderen Beziehung zum betreffenden Kind bereit erklären, die sich gegenseitig vertreten können.

– Alle Betreuer, die den pädagogischen Alltag mittragen, müssen mit dem Festhalten einverstanden sein. Ebenso sind sie als nächste Gesprächspartner der Kollegen und Kontaktpersonen des Kindes an allen Besprechungen über das Kind und an der Reflexion über das Festhalten zu beteiligen. Das pädagogische Prinzip des Festhaltens wird übertragen in den alltäglichen Umgang mit dem Kind.

– Andere Gruppenmitglieder dürfen sich dadurch nicht benachteiligt fühlen.

– Das Festhalten darf nicht als erzieherische Maßnahme angewandt werden, sondern als Basis für die elementare Beziehung, die aus dem Erleben der spürbaren Nähe erwächst.

– Bei Fluktuation eines festhaltenden Erziehers ist eine Festhalte-Beziehung auf den Nachfolger stafettenmäßig zu übertragen.

– Eine Supervision muß gewährleistet werden, wobei der Erzieher ausreichend Gelegenheit bekommen muß, seine eigenen aufgewühlten Gefühle zu verarbeiten.

Festhalten, auch über den Tod hinaus

Mit einem Vater, den ich zusammen mit seiner Frau schon jahrelang wegen der Behinderung ihrer erwachsenen Tochter beraten hatte, machte ich eine sonderbare Erfahrung.

Auffallend war das aufopfernde, märtyrerhafte Engagement des Vaters für seine Tochter. Er lebte eigentlich nur für sie. Zwar gelang es uns, daß die Tochter ihre zwanghafte Angepaßtheit aufgeben konnte, sich traute, ihre Widerstände zu äußern, sich allmählich vom Vater abzugrenzen und in ein Wohnheim zu ziehen. Aber der Vater war noch nicht so weit. Er hatte noch immer seine beschützenden Flügel ausgebreitet und hemmte so die Tochter in ihrer Loslösung.

Während der therapeutischen Gespräche fanden wir die Wurzeln seiner aufopfernden Haltung. Er hatte sich von seiner eigenen Mutter noch nicht losgelöst. Er hatte sie ganz alleine sterben lassen, weil er ihren kritischen Zustand nicht ernst genommen hatte und sie erst am nächsten Tag im Krankenhaus besuchen wollte. Da war es aber schon zu spät. Er quälte sich jahrelang mit Gewissensbissen und versuchte, es an seiner Tochter wiedergutzumachen, die er als Schutzbedürftige nie verlassen wollte. »Solange ich lebe«, schwor er sich, ohne in dieser neurotischen Haltung den logischen Schluß ziehen zu können, daß ihn seine Tochter mit aller Wahrscheinlichkeit überleben, und ihr dann als älteren und weniger flexiblen Frau die Gewöhnung an ein Heim erst recht schwer fallen würde.

Es war notwendig, sich mit der verstorbenen Mutter zu versöhnen, dies nicht nur im Gebet, was der Vater immer wieder versucht hatte, sondern möglichst wahrnehmbar. Ich gab ihm Anleitung zum katathymen Bilderleben, und nachdem er die Augen geschlossen, sich entspannt und Kontakt mit den Wellen seines Atems und seiner Herzschläge aufgenommen hatte, forderte ich ihn auf, sich seine Mutter vorzustellen. »Wie sieht sie aus?« fragte ich den Sohn.

»Sie steht, die Hände am Bauch gefaltet... Am Bach ist es... ein schmales, plätscherndes Bächlein, dunkles Wasser...«

»Geh zu ihr, nimm sie in die Arme und halte sie fest… Versöhne dich mit ihr!… Kannst du das machen?«

»Ja… ich halte sie in meinen Armen…«

»Schau ihr in die Augen. Wie fühlt sie sich?«

»Das geht nicht. Sie schaut mich nicht an. Ich kann sie nicht halten!… O Gott, sie geht weg von mir!«

»Wohin?«

»Sie steigt über den Bach… Dort steht sie wieder. Auf einer Wiese ist es.«

»Du darfst sie nicht alleine lassen. Du mußt hin. Mach den Sprung hinüber! Nimm sie nochmals kräftiger in deine Arme. Und sprich zu ihr darüber, was du fühlst… was du dir wünscht…«

»Mama, bitte… O Mama, bitte, schau mich doch an, vergib mir; wenn du mir nicht vergibst, kann ich mir selber nicht vergeben… Nein, ich lasse dich nicht los! Erst wenn wir uns verabschiedet haben…«

»Schaut sie dich an?«

»Ja! Und sie lächelt mich an.«

»Laß sie noch ruhen in deinen Armen… und dann laß sie gehen…«

Danach nahm ich den Mann selber in meine Arme und ließ seine befreienden Tränen zu. Seither gestattet er seiner Tochter, ihre Wochenenden mit Freunden zu verbringen.

Diese Erfahrung veranlaßte mich zu meinem täglichen Gebet. Ich schließe meinen Tag ab, indem ich meine Verstorbenen in der Vorstellung festhalte oder mich von ihnen halten lasse. Mein Schlaf ist seitdem tiefer als je zuvor. Ich bin aber auch wieder freier für das Leben mit Lebenden.

Nachdem wir es mit den Kleinsten erlebt haben, halten wir auch die Großen fest

Gestärkt durch ihre Liebeserfahrungen bringen sich die Menschen ganz anders in die Beziehung ein als vorher. Wo früher das emanzipatorische Denken vorherrschend war, ist das Herz nun frei, um aus seiner Logik heraus die Schlüsse zu ziehen.

Barbara N. erfuhr das Festhalten ursprünglich wegen der Unruhe und Schlafstörungen ihres drei Monate alten Kindes. Durch die Erfahrung mit diesem Kind begriff sie, daß es auch dem vierjährigen Marco wohltun würde.

»Als ich mein quengeliges Töchterchen den ganzen Tag auf dem Arm trug, war Marco so eifersüchtig, daß er alles mögliche anstellte, um meine Aufmerksamkeit zu wecken. Er provozierte mich so sehr, daß ich ihm aus Verzweiflung Schläge androhte. Er machte weiter, räumte Regale aus, zerriß Zeitungen, schlug nach mir, biß mich und kratzte. Dann nahm er im Hausgang einen großen Holzblasebalg und haute ihn auf den Boden. Ich drohte ihm nochmals mit Schlägen und Hausarrest. Er hörte nicht auf. Ich war soweit, daß ich ihn am liebsten an die Wand geklatscht hätte. Ich hob schon die Hand nach ihm, um ihm den Hintern zu versohlen. Marco schützte sich schon mit erhobenen Händen, um die Schläge abzufangen. Da fiel mir das Festhalten ein. Ich versuchte es, nahm meinen Sohn fest in die Arme und hielt ihn. Er schaute mich so erstaunt an, als wäre ich das achte Weltwunder. Er wollte sich noch wehren, aber ich hielt ihn fest und ließ ihn nicht los. Und dann schmusten wir ausgiebig eine Zeitlang. Wenn wir uns festhielten, könnten wir uns nicht schlagen, meinte Marco, und ich auch. Und jetzt ging die Kette weiter. Warum halte ich meinen Mann nicht fest, wenn er unausstehlich ist? Was tue ich dann aus lauter weiblichem Stolz? Ich bin beleidigt. Das lasse ich mir doch nicht bieten, so nicht mit mir! Weg von dir und weg mit mir! Ich rede kein Wort mit dir. Ich lasse mich nicht berühren. Aus ist die Verbindung! Ich hatte mir vorgenommen, die nächste Gelegenheit zu nützen. Nach ein paar Tagen war es so weit. Man Mann war mit seinem Motorrad zur Nachtschicht gefahren. Nach einer Weile rief er an, ich solle ihn abschleppen kommen, sein Motorrad sei kaputt. Mir wurde schon angst und bange, weil ich wußte, wie aggressiv er ist, wenn an seinem Motorrad etwas nicht in Ordnung ist – wie wenn einem Kind sein Spielzeug zerbricht. Ich holte noch einen Beamten, der beim Abschleppen half. Noch auf der offenen Straße versuchte ich meinen Mann tröstend in den Arm zu nehmen. Aber er stieß mich weg: »Steh du mir noch im Wege!« Ich ließ mich diesmal von der Beleidigung nicht so tief berühren. Zu Hause knallte mein Mann alles in eine Ecke und ging wortlos ins Bett. Ich kam mir so hilflos vor! Wenn ich wieder in Kontakt zu ihm kommen wollte, hatte ich keine andere Chance, als ihn zu halten. Und ich tat es. Ich ging also auch ins Bett, rutschte etwas zu ihm herüber und streichelte ihn übers Haar und über seine Wangen, Nase und Mund. Er duldete es, aber dann wollte er sich wegdrehen von mir, als wollte er sagen, es habe gereicht, Schluß jetzt. Ich ließ es nicht zu, nahm seine Hand in meine und hielt sie fest. Er machte die Augen auf und schaute mich genauso erstaunt an wie damals Marco. Ich lächelte ihn an und gab ihm einen Kuß. Jetzt hielt er meine Hand fest. So schliefen wir ein. Am anderen Morgen sagte er dann beim Frühstück ganz leise »Danke« und gab mir einen langen zärtlichen Kuß.«

»Jahrelang betrachtete mich mein Mann, als wäre ich ein Waschlappen. Mit der Zeit wendete sich das Blatt jedoch. Als Ausländer bekam er die leitende Stelle nicht, die er ersehnte, seine Tochter stellte sich gegen ihn auf meine Seite. Wegen seines ersten Herzinfarktes traute er sich nicht mehr zum verrauchten Stammtisch, an dem er vorher immer der Größte war. Und zuletzt baute er noch einen Autounfall und verlor seinen Führerschein. Er wurde total entmachtet. Ich war schadenfroh. Endlich war der Spieß umgedreht. Als ihn die letzte Hiobsbotschaft vom Verlust des Führerscheins erreichte und er bedrückt am Eßtisch saß, kam er mir vor wie ein kleines Kind. Wie unsere Tanja, als sie Ängste vor der Dunkelheit hatte und ich sie damals festgehalten hatte. So nahm ich meinen Mann in den Arm und sagte ihm, daß ich ihn möge, selbst wenn er kein Auto führe, und daß er für mich genauso wertvoll sei wie früher, selbst wenn ich mit ihm den hohen Schaden abzahlen müsse, weil ich ihn einfach liebe. Er weinte bloß wortlos in meinen Armen. Meinen Sie ja nicht, daß er mich unterwürfig ansah. Im Gegenteil, ich war die Stärkere, ich war die Mama und er das Kind. Ich gab ihm zu erkennen, daß ich den Unfall nicht gutheißen konnte, aber ich ließ ihn eindeutig spüren, daß er sich auf meine Liebe verlassen konnte.«

Aber auch die Beziehung von zwei erwachsenen Frauen konnte

durch das Festhalten eine entscheidende Wende erfahren. Meine Kollegin bekam Besuch von einer blinden Freundin. Zunächst war sie froh darüber. Nicht nur, weil sie etwas Gutes für die Freundin tun konnte, sondern auch für sich selbst. Denn sie meinte, daß sie im Grunde nicht gerne alleine sei. Die Sehnsucht nach einem Partner kommt in Wellen immer wieder. Im Augenblick litt sie gerade wieder sehr unter dem Alleinsein. Meine Freundin bemerkte nun, wie die redefreudige Freundin sie mit ihrem »Sosein« und »Hiersein« an die Grenzen der Belastbarkeit brachte. Sie war der Tropfen, der das Faß zum Überlaufen brachte. Sie flüchtete immer wieder weg aus der Wohnung, um die Freundin nicht anschreien zu müssen, daß sie endlich einmal ruhig sein solle. Sie fürchtete sich, zu fragen, wie lange sie noch bliebe, um sie nicht zu kränken. Sie war Vertriebene in ihrem eigenen Hause. Als sie einmal nicht mehr konnte, gerade im Nachthemd war und deswegen nicht in der Lage, in das nächste Café zu flüchten, fiel ihr ein, wovon wir so oft geredet hatten. Aus ihrer zwiespältigen Haltung heraus hatte sie sich für die Freundin entschieden, indem sie sie in den Arm nahm, und ihr sagte, wie sehr sie unter ihrem Rededrang litt, wie sie sich selber deswegen haßte, aber daß sie sie lieb hätte. »Rede jetzt, was du willst und worüber du willst. Ich will es ertragen lernen.« Und siehe da, die Freundin war still. Sie hatte es ja überhaupt nicht mehr nötig, die Bindung mit Reden herzustellen, sie spürte diese ohne Worte, Körper an Körper. In den darauffolgenden Tagen konnte sie bewußt Rücksicht nehmen. Es war ein schöner Besuch. »Schade, daß du schon weggehen mußt!« bedauerte meine Kollegin zuletzt ehrlich.

Wegen kleiner Mißverständnisse in unseren fachlich- philosophischen Auffassungen lebten meine Chefin und ich schon einige Jahre in einem angespannten Verhältnis. Den Leser meines Vorwortes mag es interessieren, daß sie, die Ärztin, mir als Psychologin zuviel naturwissenschaftliches Denken vorwarf, wo ich der Spiritualität den Vorrang hätte geben sollen. Eines Tages erreichte mich in meiner Sprechstunde die telefonische Nachricht vom plötzlichen Tod meines Mannes. Ich wollte sofort von Stuttgart nach Lindau fahren und mußte dafür freinehmen. Deshalb ging ich zu meiner Chefin in ihr Zimmer, wo sie gerade eine Familie beriet, um ihr zu sagen, daß mein Mann an diesem Morgen nicht mehr aufgewacht sei. Sie sah etwas Fremdes, Trauriges in meinem Gesicht, wie sie mir später erzählte, wogegen ich die Erinnerung habe, daß ich vor hemmungslosem Schluchzen kaum ein Wort sagen konnte (oh, was können wir auch noch in tiefster Trauer vorspielen, damit uns der andere nicht bemitleidet!). Meine Not spürend, nahm sie mich in ihre Arme. »Ich muß gleich nach Hause, der Zug fährt in einer Stunde und ich muß noch packen,« sagte ich, um mich aus der Umarmung zu lösen. »Nein, Sie fahren nicht mit dem Zug, nicht in diesem Zustand. Ich fahre Sie selber.« Es ging mir so wie damals, als mich Valentin festhielt. Ich versuchte Ausreden, daß sie doch ihre Sprechstunde nicht unterbrechen könne, daß ich alleine mit meiner Trauer sein wolle, daß ich doch ein Recht darauf hätte, jetzt allein zu sein, zumindest das sollte sie mir doch gönnen… »Oh Gott, das hat mir noch gefehlt zu allem, daß Sie mich hinfahren!« Aber sie ließ sich nicht abschütteln und ich gab auf. An Ort und Stelle hätte ich mich nicht ausweinen können, denn da war noch die zu beratende Familie. Wir waren in Eile. Ich spürte jedoch, wie die Güte ihres Herzens den verknoteten Widerstand in mir löste, wie ich mich bei ihr hingeben konnte, und daß sie mich liebte; daß ich mich irrte, wenn ich daran zweifelte. Ich ließ es geschehen. Ausgiebigen Trost und Erleichterung nahm ich erst unterwegs wahr, als sie mir über die transzendentalen Wandlungen erzählte – mir vertrautes, aber erneuerungsbedürftiges Wissen, um den irdischen Abschied zu ertragen. Die Naturwissenschaft haben wir dann ganz fallen lassen können. Seit der Zeit verbindet uns eine enge Freundschaft.

Wirksamkeit des Festhaltens

Wie sich die Kinder fühlen

In jedem Falle entsteht eine *Bindung* zwischen dem Festhaltenden und dem Festgehaltenen, die die Grundvoraussetzung für jede weitere Beziehungsfähigkeit ist. Sie entsteht aber auch bei allen anderen, die hautnah miteinander verbunden sind. Es ist bekannt, daß auch zwischen einem Entführten und seinen Entführern oder auch zwischen mißhandelten Kindern und den mißhandelnden Eltern eine Bindung entsteht. Diese Bindung ist viel intensiver als bei einer Beziehung ohne Aggression. Allerdings stellt sich in diesen Fällen die Frage nach der Qualität einer solchen Bindung. Beim Festhalten in unserem Sinne ist die Grundvoraussetzung die Liebe, in die die Krise einmünden soll. Man darf nicht loslassen, bevor der Bedürftige in der Lage ist, die Botschaft der Liebe zu empfangen. Die wiedergewonnene *Lebensfreude* ist der entscheidende Punkt.

Trotz der scheinbaren Unterdrückung sind die Kinder nicht bedrückt und gehemmt, sondern *fröhlich* – es sei denn, man hat es zu früh losgelassen, als es sich noch wehrte, noch nicht erlöst war und es noch nicht spüren konnte, daß es sich auf die Eltern verlassen kann. Die Kinder sind *lebenslustiger, lockerer, freier, offener, liebesfähiger*. Diese Veränderung kommt meist bereits beim ersten Festhalten zustande (dies hat zur Folge, daß manche Eltern dieses Wunder bei jedem weiteren Festhalten neu erleben möchten, als wäre eine Geburt bei der gleichen Mutter wiederholt möglich). »Ich ging mit einem anderen Kind hinaus.« – »Wir gingen zur Anleitung als eine Gruppe verstörter Eigenbrötler. Und als *Familie* gingen wir nach Hause.«

Aufgrund der beim Festhalten gemilderten Angst vor neuen Erfahrungen wird das Kind *neugieriger und erkundungsfreudiger*, und weil es die Anregungen des geliebten, geachteten (es festhaltenden) Gegenüber angenehm empfindet, fühlt es sich zur Nachahmung, zur Orientierung am Vorbild und allgemein zum Lernen bereit. Es hängt nun von der Intelligenz und Begabungsstruktur des Kindes ab, inwieweit es aufgrund seiner spontanen Lernbereitschaft weiter kommt. Oft passiert gerade bei behinderten Kindern etwas erstaunliches. Ein Beispiel dafür ist Philip (S. 212). In den Zeiten seines Autismus bevorzugte er einseitig »digitales«, technisches Denken. Die Befreiung von seinen Ängsten aber zeigte, daß seine Begabung zu anderen Formen des Denkens, die sich im freien Kombinieren und in der sogenannten sozialen Intelligenz offenbart, nur verschüttet war und sich nun spontan entfalten konnte. Auch Michael (S. 162) konnte seine hohe Intelligenz wieder einsetzen und seine durch eine MCD bedingten Probleme im Deutschunterricht aufgrund fleißigen Übens minimalisieren, nachdem er seine Leistungsängste und die daraus folgende Schulverweigerung aufgeben konnte, weil er sich vorbehaltlos, auch ohne Leistung, geliebt fühlen konnte. Ich habe beim Festhalten auch schon einige Male erlebt, daß das Kind an der Schwelle von Trauer zu Freude zum ersten Mal das Wort »Mama« sagte.

Viele andere Kinder brauchen aber bestimmte Sonderförderung. Die schwerhörige Lea mußte unbedingt das Ablesen von Lippen lernen und Eva-Maria mußte wegen ihrer Gaumenspalte viele Operationen über sich ergehen lassen und sich logopädisch behandeln lassen. Die meisten autistischen Kinder brauchen Unterstützung bei der Anbahnung und Nachahmung der Kommunikation, etwa beim Spielen des »einmal ich und einmal du«. Je behinderter das Kind, desto umfassender müssen diese heilpädagogischen, krankengymnastischen, sprach-, beschäftigungs- oder spieltherapeutischen Hilfen sein. Eigentlich läßt sich erst aufgrund des Intelligenzniveaus, das das Kind durch seine erwachte Lernbereitschaft erreicht, sagen, inwieweit die seelischen oder organischen Ursachen an der Blockierung seiner Intelligenz mitwirkten. Bei Prophezeiungen über die weitere Entwicklung bei autistischen Kindern lernte ich, sehr vorsichtig zu sein. Oftmals hätte ich gedacht, dieses Kind mit dem wachen Gesichtsausdruck und den schnellen Reaktionen müßte ganz normal sein, wenn es frei von seiner autistischen Abkapselung wäre – aber ich irrte mich. Das Kind wurde durch das Festhalten zwar offen für Schmusen im gegenseitigen Einvernehmen, es war bereit, mühsam mit den Lippen »Mama« zu formen, aber es kam kein Laut heraus, weil das Kind nämlich an einer hirnorganisch bedingten Sprachstörung litt. Und in anderen Fällen war es umgekehrt. Die sehr unruhige Verhaltensweise, voller motorischer Stereotypien, die ich für den Ausdruck einer Behinderung gehalten hatte, bildet sich mit der seelischen Beruhigung des Kindes zurück. Nachdem das Schiffchen von der stürmischen offenen See zurück in den Hafen gekommen war und am Anker gehalten werden konnte, war es belastbar. Das Kind brauchte nun seine Energien nicht mehr auf Umwegen und ins Sinnlose zu kanalisieren, sondern konnte sie zur Entfaltung seiner Intelligenz verwenden. Allerdings besteht auch eine Abhängigkeit vom Alter: je jünger das Kind bei der Einführung des Festhaltens ist, desto größer ist die Chance beim Lernen. Je älter und somit weniger flexibel der Betroffene, desto niedriger die Erwartungen an einen Aufbau der Intelligenz. Ausnahmen habe ich allerdings auch schon genug erlebt.

Es ist mir in diesem Zusammenhang wichtig zu betonen, daß die *Steigerung der intellektuellen Leistungsfähigkeit beziehungsweise das Beheben der geistigen Behinderung niemals die Motivation für das Festhalten sein darf, sondern die Bereinigung des affektiven Zwiespalts und die Wiederherstellung der Liebe.* Im langfristigen Prozeß des Festhaltens würde das Kind überfordert und enttäuscht, weil es den Erwartungen der Eltern nicht entsprechen kann.

Weil das Kind mit der Zeit echte Sicherheit gewinnt, kann es auf seine Ersatzbefriedigungen verzichten, vorausgesetzt, es wird wieder festgehalten, wenn es sich um eine Überbrückung des Entzugs handeln sollte. Fast jedes der Kinder, bei denen das Festhalten angezeigt war, litt unter irgendeiner Abhängigkeit. Die Autisten sind abhängig von der Selbststimulation durch ganz spezielle Reize in bestimmten Sinnesbereichen sowie zwanghafter Bevorzugung bestimmter Gegenstände und Manipulationen (Hin- und Herschaukeln, Wedeln mit weißen Wollschnüren, Sich-

Reiben am Handrücken, Zeichnen von Autobahnkreuzen bei Verweigerung jedes sonstigen Schreibens usw.). Die »kleinen Tyrannen« sind abhängig von der eigenen Machtausübung. Die unter Trennungsängsten Leidenden sind abhängig von bestimmten Übergangsobjekten wie Stofftieren, Schmusedecken usw. Bei manchen äußern sich die Veränderungsängste in zwanghaftem Bestehen auf bestimmten Ordnungen, bestimmten Ritualen usw. Es gibt unendliche Variationsmöglichkeiten solcher Abhängigkeiten, je nachdem, welche Erfahrung das Kind in der Zeit seiner Verängstigung gemacht hat. Durch das Festhalten erträgt das Kind einen Entzug von seinem Zwang und stellt fest, daß es sich ohne ihn viel angenehmer fühlt und statt dessen mit Mama oder Papa schmusen oder herumtollen kann. Das Kind kann seine *zwanghafte Abhängigkeit aufgeben.* Je nach Fixierung des Zwanges können ihn manche Kinder gleich im Zuge des ersten Festhaltens aufgeben, ohne dazu aufgefordert zu werden. Andere Kinder brauchen einen allmählichen Entzug bei wiederholtem Festhalten und zielgerichtetem Umleiten der Aufmerksamkeit auf andere Inhalte. Dafür einige Beispiele, die wie ein Wunder wirken, aber logisch sehr gut nachzuvollziehen sind:

Die achtjährige Silvia, die außerhalb des Elternhauses zwanghaft eine Sandmühle in einer Plastiktüte in der Hand halten mußte, stand von der Liegematte auf, und als ich ihr sagte: »Die Sandmühle läßt du jetzt hier!« antwortete sie einfach »okay« und fing an, mit Puppen das Festhalten zu spielen. Ein vierjähriger Junge hörte auf zu schielen, nachdem er sich vorher selbststimulierend so in das Schielen hineingesteigert hatte, daß er für eine Operation vorgesehen war. Ein Kind, das nie zu den Eltern ins Bett wollte, weil es Körpernähe verweigerte, schlüpfte am Abend nach dem Festhalten zur Mama ins Bett. Und wieder ein anderes Kind, das unter Dunkelheits- und Trennungsängsten litt, ging am Abend gerne in sein Bettchen. Es gibt Kinder, die mit dem Einkoten oder Einnässen aufhören, soweit dieses seelisch bedingt war. Die Reihe der Beispiele ist schier endlos.

Nicht immer ist das Aufgeben der Abhängigkeit endgültig. Es gibt Rückfälle, die dann einen Verlust der frisch gewonnenen Sicherheit signalisieren und die Notwendigkeit, therapeutisch zu handeln. Es ist beeindruckend, wie sich das seelische Gleichgewicht auf das körperliche auswirkt, wie die Muskelanspannung und -entspannung, Bewegungsplanung, das Bewußtsein des Körperschemas, der körperliche Rhythmus einschließlich des durchlässigen, tiefen Atmens harmonisiert werden. (Der erwachsene Leser möge sich daran erinnern, wie er sich in einer Depression auch körperlich schlaff und lustlos fühlt.) Die festgehaltenen Kinder beginnen, Freude an der *Erfahrung der eigenen Kraft, am Experimentieren mit dem eigenen Körper, an der unterschiedlichen Wahrnehmung beim Streicheln, Reiben, Beklopfen u.a.* zu spüren. Die dreijährige Verena, die zwanghaft auf Zehenspitzen lief, probierte jetzt auf den Fersen zu gehen oder auch mal nur auf einem Bein zu stehen. Ein fünfjähriger Paolo, bei dem eine muskuläre Hypotonie diagnostiziert worden war, auf die man auch seine Unfähigkeit zum Kauen zurückführte, bekam so viel Lust am Leben, daß ihm gar nicht mehr einfiel, schlaff zu sein, sondern er statt dessen mit anderen Kindern laufen und springen und genauso wie seine Kameraden Kekse und Brezeln kauen wollte. Und ich denke an den zweijährigen jugoslawischen Jungen Dejan, den ich auf der internistischen Abteilung unseres Krankenhauses kennenlernte. Infolge seines monatelangen Klinikaufenthaltes litt er unter schwerem Hospitalismus, er bewegte sich nur noch lahm, er lachte nicht, aber er schrie auch nicht und nahm immer weniger Essen zu sich. Er fiel immer tiefer in eine anaklitische Depression, so daß zu befürchten war, er würde sein Leben aufgeben. Wir hatten an Wochenenden seine Mutter zum Festhalten angeleitet und in der Woche wurde sie (da sie noch weitere kleine Kinder hatte, deretwegen sie zu Hause bleiben mußte) durch eine Krankengymnastin, eine Krankenschwester und meine Praktikantin vertreten. Das häufige und intensive Festhalten rüttelte den Jungen im wahrsten Sinne des Wortes wach, er konnte wieder mit seinem Temperament Kontakt aufnehmen, fing an, mit großem Spaß zu strampeln, sich wieder zum Sitzen hochzustemmen, und wollte unbedingt beim Trinken seine Flasche alleine halten. Ich hatte den Eindruck, daß das dynamische jugoslawische Temperament stark am Werke war, sowohl bei seiner Verletzung durch den wiederholten Verlust der Mama und die entstandene Hospitalisierung als auch bei den Wirkungen des Festhaltens. Ein sanfteres Hilfsangebot hätte diesem Jungen nicht geholfen.

Das Bewußtsein des Körperschemas, die Freude an der Körperlichkeit und an der eigenen Wirksamkeit in der Umwelt, die *Experimentierlust* und die *Nachahmungsfreude*, das *Erleben des Ich und des Du* beim Festhalten, bei dem sowohl ein Mitfühlen als auch Abgrenzung stattfindet, das intensive Erleben der affektiven Gegensätze und das Bewußtsein der Lebensenergie – all diese Bestandteile sind miteinander vernetzt. Sie prägen in einer Wechselwirkung eine starke Persönlichkeit. Ihre Stärke spiegelt sich in allen Schattierungen der elementaren Durchsetzungskraft und der Gegenseitigkeit beim Geben und Nehmen.

Auch ungünstige Kräfteverhältnisse wirken sich aus. Der autistische Dietrich, der bis zum Festhalten seine Körperkraft zum massiven Sich-Selbst-Schlagen benutzte, hatte nun das Interesse für die Reaktionen anderer Menschen entdeckt und wandte seine Aggressionsbereitschaft nach außen. Obwohl es im Grunde eine erfreuliche Entwicklung ist, weil ja der in sich gekehrte Autist endlich aus sich herauskommt, kann eine solche freigelegte Kraft zum Problem in der Familie werden. In Dietrichs Fall war die Konstellation ungünstig. Er war damals schon vierzehn Jahre alt, seine eigene intellektuelle Steuerung war stark herabgesetzt, aber seine athletische Kraft voll ausgebildet. Die Eltern dagegen waren schon alt und schwach. (Im Kapitel »Kontraindikationen« möchte ich auf den Fall noch einmal eingehen.)

Zweifellos ist die gleiche Durchsetzungskraft, wenn sie bei einem dreijährigen, nicht geistig behinderten Kind eintritt, anders zu genießen. »Meine Tochter ist heute ein frecher, quirliger, ununterbrochen vor sich hin singender und erzählender Schatz, voller Interesse für alles Neue, furchtlos und selbstbewußt (um was ich sie manchmal beneide). Ein Herausforderer, ein ganz normales Kind, das seine Welt erobert, das mit geradezu sinnlicher Lust ißt, seine Umwelt malt und in Formen knetet, das in ein paar Monaten einen ganz normalen Kindergarten besuchen wird (wer hätte das bei dem autistischen, verstörten, apathischen, Essen verweigernden Kind gedacht?) und um dessen Zukunft ich mich nicht mehr ängstigen muß.« (Je dynamischer und durchsetzungsfreudiger das Kind ist, um so mehr kann die ganze intrafamiliäre Dynamik berührt, aufgewühlt, unter Umständen auf den Kopf gestellt werden. So können neue, zu lösende Probleme entstehen. Dies ist allerdings zu begrüßen, weil die Menschen und ihre Beziehungen nur dann lebendig sind, wenn sie sich Widersprüchen stellen. Es kommt nur darauf an, ob die Familie noch genug Kraft hat, um sich den neuen Problemen beziehungsweise Krisen zu stellen, ob sie noch an der Tankstelle »Festhalten« den Mut und auch die Lösungsmöglichkeiten schöpfen kann und ob sie gegebenenfalls weitere Hilfen wie Familientherapie, individuelle Psychotherapie, Ehe- oder Erziehungsberatung oder dergleichen hinzuzieht. Jedenfalls sind viele Prozesse in Gang gekommen, die nach Ausleben und Steuerung verlangen.)

Einige Male habe ich schon erlebt, daß am Höhepunkt des Festhaltens, wenn die Trauer in Liebe und Freude übergeht, das Kind zum ersten Mal in seinem Leben »ich« sagt. Einmal wurde mir von unserer Logopädin ein Junge vorgestellt, der mit dreieinhalb Jahren immer noch keine Ich-Form entwickelt hatte und insgesamt sehr ungern sprach. Die Analyse seiner Vorgeschichte und seines momentanen Zustandes zeigte, daß er zu wenig Bindung an seine Mutter hatte und Distanz zu ihr hielt (er ertrug beispielsweise keinen längeren Körperkontakt). Als er in sein Hoch beim Festhalten kam, nahm er das Gesicht seiner Mutter in seine kleinen Hände und schrie sie an: »Ich liebe dich!« Auch »mein« und »dein« benutzte das Kind, als wäre es eine Entdeckung: daß »meine« Hände genau solche kleinen Finger wie »deine« haben, aber daß »deine« Hand viel größer ist als meine und daß »meine« Hand in »deiner« sich gut verstecken kann.

Der sechzehnjährige, stark geistig retardierte Joachim, der erst in diesem Alter in den Genuß des Festhaltens kam (erst zu dem Zeitpunkt, als die Eltern sich wegen seiner Herrschzwänge an die Grenze des Erträglichen manipuliert fühlten), pinkelte zum ersten Mal im Stehen wie ein Mann. »Ich mache es wie Papa!« meinte er stolz. Er ahmte den Papa nach, der ihn kurz zuvor festhielt! Das Bewußtsein des Ich verlangt danach, sich in mannigfaltiger Form zu erleben, und immer wieder zu diesem eigenen, um neue Kenntnisse bereicherten Ich zu gelangen. So entsteht die Lust, die Rollen der anderen auszuprobieren, sich in deren Lage hineinzuversetzen und dies mal so,.mal anders durchzuspielen. Ein unsicheres Kind geht auf solche Rollenspiele lieber nicht ein, weil es sich nicht traut, von dem unsicheren, schwachen Ich einen Abstecher zu machen und von der Realität in die Phantasiewelt einzusteigen. Es würde ja in dieser neuen Welt mit viel Unvertrautem und Unberechenbarem konfrontiert werden. Deswegen halten sich solche Kinder lieber an technische Dinge, bei denen man sich auf die Zusammenhänge zwischen dem gedrückten Knopf und der Wirkung verlassen kann. Es gehört zu den häufig beobachteten Auswirkungen des Festhaltens, daß diese Kinder sich zutrauen, im Spiel neue Möglichkeiten auszuprobieren, über die konkrete Realität hinauszugehen, neue Lebensräume in der Phantasie zu entdecken und hier neue Kompetenzen probeweise zu erfahren. Es ist beglückend, mit diesen Kindern zu erleben, wie sie zum ersten Mal in ihrem Leben gerne zum Jahrmarkt, in den Zirkus, zum Fasching gehen und es zu Hause nochmals in Spiel umsetzen. »Unser Peter wollte fünf Jahre lang zu keinem Karneval, die Verkleideten machten ihm Angst und er selber vertrug nicht einmal, wenn ich ihm eine lustige Mütze aufsetzte. Dieses Jahr wollte er aber unbedingt mit, als Weihnachtsmann verkleidet und mit Mundharmonika.«

Im Grunde fängt die *Bereitschaft zum Einfühlen* in den anderen beim Festhalten selbst an. Der Mensch, von dem das Kind gehalten wird, wird als der allergrößte Freund erlebt, den man in Not kennenlernt. Aufgrund seiner Überlegenheit wird er auch als nachahmenswertes Vorbild erfahren. Er wird im guten Sinne des Wortes zur primären Autorität, der man nacheifern möchte. So geben die gehaltenen Kinder die Erfahrung des Festhaltens weiter. Sie spielen es als Spiel mit Puppen, in Rollenspielen und übertragen es auch in die Wirklichkeit der kindlichen Welt. Immer wieder höre ich von Lehrern dieser Kinder, daß sie durch ihr soziales Verhalten auffallen. Sie empfinden es als die natürlichste Sache der

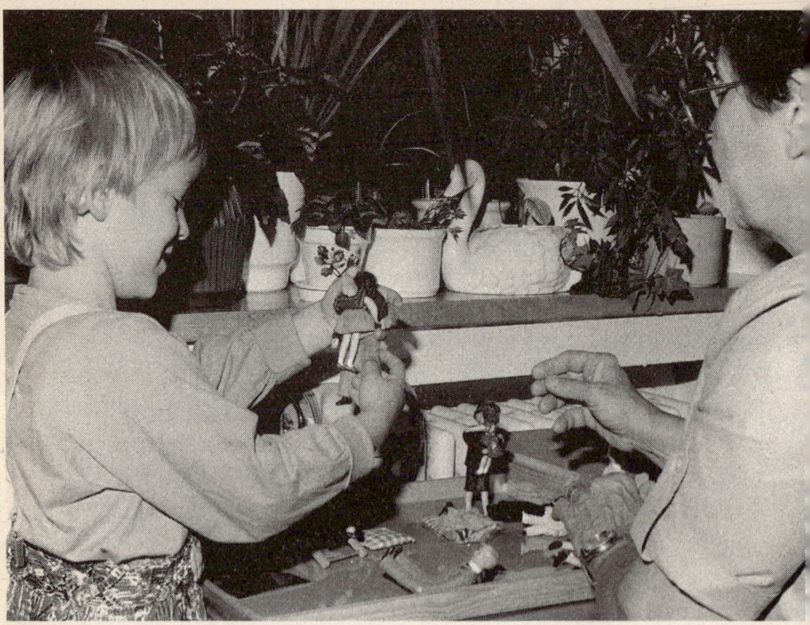

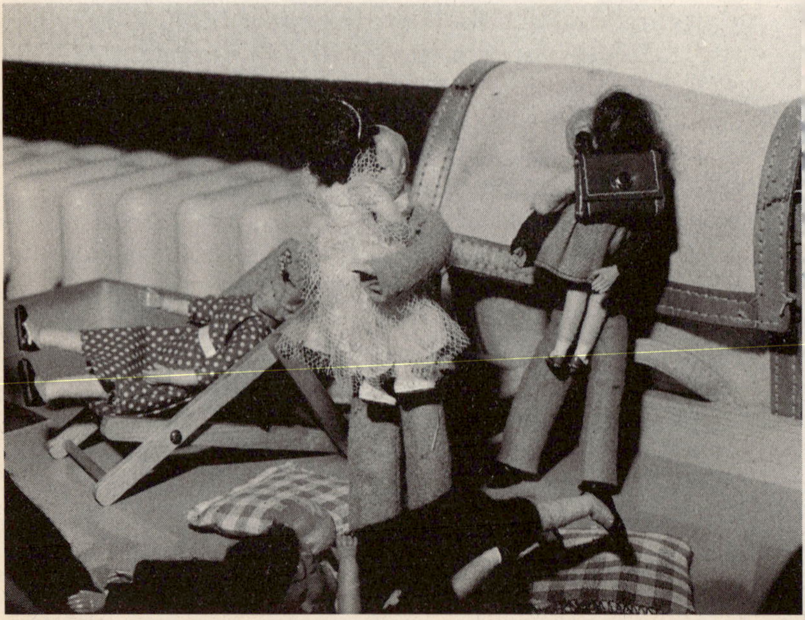

Welt, einen traurigen Mitschüler in den Arm zu nehmen. »Das habe ich schon jahrelang nicht erlebt«, erzählte mir die Lehrerin von Martina. »Als ein neues Mädchen mitten im Unterricht auf die Bank sank und zu weinen anfing, weil es sich nicht traute, laut die Antwort zu geben und die anderen anfingen zu lachen, rannte Martina zu ihr, nahm sie in den Arm und hielt sie bis in die Pause hinein. Als ich ihr sagte, das Mädchen werde sich schon beruhigen, sie könne sie loslassen, meinte Martina darauf zu meiner größten Verblüffung zu mir: ›Nein, ich lasse sie erst los, wenn sie lacht!‹«

Ich freue mich jedesmal von neuem darüber, wie festgehaltene Kinder fähig sind, mit *Gefühlen umzugehen*. Sie trauen sich nicht nur, das Gefühl auszuleben, sondern sind auch in der Lage, es zu äußern. Dies fängt bei den ganz kleinen, schwer verstörten Kindern an. Des öfteren habe ich beobachtet, daß manche bis zum Festhalten ohne Tränen geweint haben, und erst beim Festhalten kamen die Tränen dazu. (Eine Erklärung dafür fehlt mir noch. Es ist aber anzunehmen, daß sich im Rahmen des ganzheitlichen Erlebens das Affektive mit dem Körperlichen verbindet und dadurch die Abfuhr der Gefühle ermöglicht wird.) Auf höheren Entwicklungsstufen sind die Kinder aufmerksam für die eigenen Gefühle und die der anderen Mitmenschen. Sie sagen »ich bin traurig«, »ich habe Wut«, »das finde ich gemein von dir«, »bist du zornig auf mich?«, »freust du dich?«. So sagte Manuela, ein fünfjähriges Pflegekind, ehemaliger »Bösewicht«, zu ihrer Pflegemutter, die bei ihr festhaltend die Wende zur Lebensbejahung bewirkte: »Ich bin sauer, daß du das Baby hältst. Halt mich mal wieder fest! Und länger als ich will!« Der achtjährige Benedikt, den ich auf seine Intelligenz hin testete, deutete ein Bild, auf dem ein Mann einen Jungen an den Haaren hält, um ihn zu schlagen, nicht so sachlich wie andere Kinder es tun (»Der Mann will ihn schlagen!« und dergleichen). Er fühlte sich in die Gefühlslage des Kindes hinein und sagt: »Der Junge hat Angst! So darf man doch Kinder nicht halten! Meine Mutter hält mich ganz anders fest.« Zwischen den festgehaltenen und nicht-festgehaltenen Kindern beobachte ich große Unterschiede in Hinblick darauf, wie Gefühle geäußert werden. Die Erklärung dafür liegt auf der Hand: Die Schulung des Umgangs mit Gefühlen fand bei Schlüsselerlebnissen statt und wird dadurch bedeutsam.

Das Erfreuliche an dieser »Gefühlsschulung« ist der Fluß der Gefühle in eine aktive, *willensstarke* soziale Tat. Hierzu eine Geschichte, die mir zum Schlüsselerlebnis wurde, weil mit ihr nachgewiesen werden kann, wie Kinder unter dem Festhalten eine Gegenseitigkeit verstehen und wie offen und mutig sie sich den Eltern stellen können.

Der Adoptivvater von Alfons ist der Bürgermeister eines süddeutschen Städtchens. Ich betone das deshalb, damit kein Zweifel an seinem respekteinflößenden Auftreten besteht. Die Familie hatte Alfons als eineinhalbjähriges Kind aus Sri Lanka adoptiert. Das Kind war ein Häufchen Elend, Haut und Knochen, kaum ansprechbar, seine Lebenskräfte auf ein Minimum reduziert. Die Eltern hatten ihn aufgepäppelt, aber allmählich entwickelte er sich zu einem »kleinen Tyrannen«. Als er sieben Jahre alt war, war er wegen seiner Aggressionen und mangelhaften Anpassung an gemeinsame Regeln sowohl im Elternhaus als auch in der Schule unerträglich. Am meisten hatte sein jüngerer Bruder zu leiden. Freunde hatte er keine. Die Eltern hatten mein Büchlein »Der kleine Tyrann« gelesen und meldeten sich in meiner Sprechstunde an. Die Wartezeit war ihnen jedoch zu lange und sie trauten sich zu, ihn wegen der schwer erträglichen Verhältnisse zu Hause alleine festzuhalten. Der Erfolg stellte sich alsbald ein. In kurzer Zeit verwandelte sich Alfons zu einem sozialen Jungen, der gut mit seinem Bruder auskommen konnte und auch Freunde gewann. Die weitere Beratung erübrigte sich eigentlich. Die Eltern hielten aber den vereinbarten Termin ein, um die Erfahrungen zu besprechen und um noch mehr über das Festhalten zu erfahren, als ich in dem kleinen Bändchen schreiben konnte. So hatten wir auch Zeit, über das Pro und Contra des Festhaltens zu reden. Die Eltern wunderten sich sehr über die Widerstände der Fachleute und fragten nach den Begründungen. »Hauptsächlich wird eingewendet, daß man dem Kind den Willen bricht,« antwortete ich. Woraufhin die Eltern meinten: »Im Gegenteil, Alfons ist viel mutiger und willensstärker, als er vorher war. Auch ist sein Wille vielleicht deshalb stärker, weil er geballt in eine sinnvolle Tat und nicht in viele Störaktionen umgesetzt wird.« Der Vater erzählte, was sich Alfons heute alles zutraut: »Am meisten verblüffte mich folgende Situation: Ich tadelte den Buben einmal aus eigener Nervosität. Er schaute mich mit großen Augen an, stürzte sich auf mich und hielt mich fest, so als wollte er sagen: was mir guttut, muß auch dem Vater guttun.« Wir waren uns alle einig darüber, daß sich eine solch starke Aktion gegen (eigentlich für) den Vater oder die Mutter in ähnlicher Situation niemand erlaubt hätte.

Die festgehaltenen Kinder fühlen sich auch zu eindeutigem *Widerstand gegen die Eltern* ermuntert, wobei sie aber auch bereit sind, nach einer gerechten Lösung zu suchen. Eines von den Kindern, das für dieses Buch sein Bild zur Verfügung stellte (dessen Name ich aus Rücksicht auf die Eltern nun nicht verrate), erfuhr, daß seine Eltern nicht bereit waren, das Bild der Öffentlichkeit preiszugeben. Sie meinten, daß sie sich schon genug für andere Publikationen zur Verfügung gestellt hatten und daß es mit der Show eigentlich genügte. Das Kind hatte aber gleichzeitig mitbekommen, daß ich wohl enttäuscht war, weil das Bild eine wichtige Aussage an andere darstellte, ich die Haltung der Eltern aber akzeptierte und die Familie nach wie vor gern hatte. Daraufhin stemmte sich das Kind gegen seine Eltern und sagte: »Das ist mein Bild, ich und nicht ihr seid hier zu sehen. Ihr habt kein Recht, mein Bild zu verschenken, ich tue es selbst. Frau Prekop bekommt das Bild von mir. Und basta!«

Die Fortschritte in der Entwicklung ereignen sich in unterschiedlichen Zeitspannen. Sie hängen vom Temperament, der Begabung, der Art der Behinderung, Art und Fixierung der Störung, aber auch von der Persönlichkeit der Eltern ab. Ich habe kein autistisches Kind gesehen, das sich während eines Festhaltens normalisiert hätte. Autisten brauchen Monate, und viele einige Jahre dazu, bis sie ganz offen für das Neue, vor allem für die variablen Angebote im menschlichen Kontakt werden (abgesehen von der Behinderung). Autismus ist ja auch eine umfassende und tief verwurzelte Störung, von der die ganze Persönlichkeit betroffen ist. Das Kind hatte vorher keine gesunde, stabile Basis, auf die es zurückgreifen kann, sondern muß sie Stufe für Stufe aufbauen, als wäre es gerade erst geboren.

Bei anderen, leichteren Störungen kann das Festhalten zu einem einmaligen Schlüsselerlebnis werden, wodurch das Kind bereit ist, eine neue Beziehung zu seinen Eltern und ein neues Verhalten zu wagen. Oftmals habe ich solch rasche Entwicklungen, die keinerlei therapeutischer Begleitung bedurften, beobachten können. In vielen Fällen waren es Kinder, die sich ungeliebt oder nur bei der Erfüllung bestimmter Bedingungen geliebt fühlten (zum Beispiel bei guten Noten), und die beim Festhalten den überzeugenden Beweis des bedingungslosen Geliebtwerdens erhielten.

Es gibt aber auch Kinder, die trotz der überzeugenden Beweise der Liebe und des Haltens stets noch testen, meist mit Störverhalten, ob sie sich tatsächlich verlassen können. Je labiler, unzuverlässiger und weniger greifbar das Bild ist, das die Eltern von sich anbieten, um so mehr ist das Kind gezwungen, sich selbst ein Bild zu machen. Denn ein Kind erträgt alle Störungen leichter als Unsicherheit. Wenn es keine Sicherheit bekommt, muß es für sich selber sorgen. So provozieren Kinder das Festhalten, um weitere Beweise des Gehaltenwerdens zu bekommen. Sie tun es auch auf eine paradoxe Weise, die von den Eltern meist verblüffend naiv gedeutet wird. Wenn das Kind wild durch die Wohnung rennt, drohend das Gesicht der Mutter mit seinen Händen packt und schreit: »Hörst du, heute wirst du mich nicht halten! Sonst...!« – dann neigen manche Eltern dazu, die Aggression als eine eindeutige Bedrohung zu deuten und nicht als Ausdruck der Zwiespältigkeit, doch gehalten zu werden. Leider hören Eltern dann mit dem Festhalten auf, weil sie durch scheinbar negative Auswirkungen verschreckt sind, obwohl eigentlich erst jetzt der Prozeß des Aufbaus einer tragfähigen, vertrauensvollen Beziehung beginnen sollte.

Das Festhalten kann auch Regressionen in frühere Entwicklungsstufen auslösen. Das Kind erkennt unbewußt, wie schön es doch damals war, als es klein war und sich fallen lassen konnte, oder wie schön es gewesen wäre, und es näßt ein oder fängt an, babyhaft zu reden, möchte sich tragen lassen. Diese Auffälligkeiten sind nicht als etwas Endgültiges zu verstehen (»Oh Gott, was haben wir mit dem Festhalten angerichtet! Es ist alles viel schlimmer geworden!«), sondern als Zeichen eines Prozesses, der in Gang gekommen ist und bestimmter Hilfe seitens der Eltern, beziehungsweise auch der Therapeuten bedarf.

Zum Schluß dieses Kapitels möchte ich gerne noch aufzeigen, wie Kinder selbst das Festhalten deuten. Bevor wir Philipp berichten lassen, wie er das Festhalten erlebt hat, zunächst ein paar Worte zu seiner Lebensgeschichte: Er kam als Frühgeburt auf die Welt. Während der vier Wochen im Brutkasten und während der weiteren Hospitalisierung mit acht Monaten, die wegen Menengitis erfolgte, erschienen ihm die Infusionsschläuche und Kabel der Lampen zuverlässiger als die Mutter, die nur kurz zu Besuch kommen konnte. So fing er an, auf eine typisch autistische Weise (später haben wir bei ihm Autismus im Sinne von Asperger diagnostiziert) die Menschen zu meiden und sich bis zur zwanghaften Ausschließlichkeit an leblose mechanische Dinge zu binden. Er schmuste nie, schaute die Menschen lieber gar nicht an, sprach nur das Notwendigste, im Kindergarten saß er stundenlang auf einem Platz, ohne am Spiel der anderen teilzunehmen. Er hatte keinen Freund. Am glücklichsten war er, wenn er seine Kabel durch das ganze Haus spannen konnte, kreuz und quer Verbindungen herstellte und Lampen schaltete.
Nach vielen vergeblichen Versuchen pädagogischer und psychotherapeutischer Art gelang es erst durch das Festhalten, dem damals siebenjährigen Philipp die Freude an zwischenmenschlichen Beziehungen beizubringen. Bis auf weiteres brauchte die einfühlsame und selbstsicher gewordene Mutter keine große Unterstützung von mir mehr, denn der schnelle Erfolg wirkte an sich verstärkend genug. Einmal wollte ich ein sehr unsicheres Elternpaar, das ein ähnlich behindertes Kind hatte, mit Philipps Eltern zusammenbringen und lud deshalb Philipp mit seiner Mutter zu einem kleinen Workshop ein. Philipp erschien mit zusammengerollter Liegematte und Kissen unter dem Arm und sagte mir freudestrahlend: »Das

ist eine tolle Idee, uns einzuladen. Wir haben das Festhalten schon lange nicht mehr gemacht. Ich brauche es schon!« Und sobald ihn seine Mutter im Schneidersitz ganz sanft in die Arme schloß, fing er ganz fürchterlich zu schreien an: »Ich bin tot, laß mich los, ich hasse dich…!« Er nützte seine Chance, sich endlich einmal Luft zu machen.

Weil Philipp eines der vielen Kinder ist, dem das Festhalten half, ihre Gefühle bewußter zu erleben und auszudrücken, aber einer der wenigen, die sich genau, differenziert und sprachlich gekonnt äußern können, wurde er anläßlich einer Fernsehsendung über das Festhalten interviewt. Er war damals elf Jahre alt. Ich gebe die Aufzeichnung ohne Veränderung wieder:

»Das Gute finde ich an dem Festhalten, daß ich mich jetzt trösten lassen kann. Früher, da war es so, da war ich nur mit meinen Kabeln beschäftigt und wurde dann immer trauriger. Trösten lassen wollte ich mich nicht, weil ich so verschlossen war, so habe ich den Trost bei Kabeln gesucht, nicht gefunden und dann ging es immer mehr abwärts mit mir. Durch das Festhalten ging es erst langsam und dann in größeren Sprüngen aufwärts. Und jetzt bin ich soweit, wenn ich überhaupt noch traurig werde, dann kann mich meine Mutter oder jemand anders trösten.«

Philipp hatte die Idee, davon ein Bild zu malen und es der Journalistin zu deuten:

»Also das ist das Bild über Festhalten. Mit so verschiedenen Fahrstühlen oder Zellen oder wie man es nennen will.

In der ersten Zelle ist alles vernagelt. Ein undurchsichtiges Fenster. Man kommt nicht heraus.

Bei dem zweiten Bild kommt die Mutter zum Fahrstuhl und probiert dann mit Zange und Hammer, die Bretter abzumachen, mit denen alles vernagelt ist.

Beim dritten Bild, da probiert sie es jetzt mit der Brechstange, ein Loch in die Zelle zu brechen. Und da ist sie gerade voll bei der Arbeit. Im obersten Bild hat sie es geschafft! Da ist die Zelle offen, und jetzt zieht sie das Kind aus der Zelle heraus, weil in der Zelle eigentlich die Dinge sind, die daneben gemalt sind. Da sind die Strippen gespannt im ganzen Raum, das habe ich früher auch

gemacht. Lampen und Waschmaschinen habe ich im Kindergarten gezeichnet.

Und da gehe ich heraus.

Hier also ist grün, das ist frei und da klingele ich bei einem Freund. Hier kommt er heraus. ›Hallo‹ begrüße ich ihn. Da geht es schon aufwärts. Hier gehen wir hinaus und da habe ich mich auf einen Stein gesetzt und ich bin oben!«

Journalistin: »Und was ist das da hier?« (deutet auf das Bild des Spielplatzes).

Philipp: »Also, da rutsche ich gerade die Rutsche herunter. Da ist auch alles schön, was ich hier sehe, Blumen und Vögel… Das ist dann alles weg, was ich sehe, denn hier unten habe ich so etwas nie gesehen wie Vögel und Wolken…«

Journalistin: »Kannst du mir sagen, wenn du den Philipp da unten siehst und den, der den ganzen Fahrstuhl hinaufgefahren ist bis hier oben, wie fühlt er sich hier oben im Vergleich zu hier unten?«

Philipp: »Nun ja. Hier oben fühlt er sich frei. Frei von dem ganzen Zeug. Und unten, da ist er eigentlich noch eingeengt durch das ganze Zeug. Das umringt ihn und er will nichts anderes als diese Sachen.«

Journalistin: »Und was würdest du dir wünschen?«

Philipp: »Was ich mir wünschen würde ist, daß alle gleich sind, aber nicht nur gut. Daß ich im Gymnasium viele Freunde finde. Seelenfrieden ist auch noch dabei. Und der Wunsch nach ›alles paletti‹.«

Frank, der bereits erwähnte, geistig behinderte Junge, war einmal alleine zu Hause, als seine ältere Schwester Andrea weinend nach Hause kam und sich in ihrem Zimmer einschloß. Frank wußte nicht, daß sie aus Liebeskummer weinte, aber er spürte, daß sie unheimlich traurig war. Er wollte ihr helfen, wollte zu ihr, aber Andrea ließ ihn nicht herein. So rannte er vor das Haus und wartete ungeduldig auf einen der Eltern, um ihm zu sagen: »Geh sofort zu Andrea! Sie weint. Du mußt sie festhalten!«

Jenes adoptierte, ehemals autistische Kind Eva Maria, über deren Lebensgeschichte ich schon berichtet habe, betrachtete im Alter von fünf Jahren voller Interesse und Neugier Dias vom Festhalten. Schließlich fragte sie: »Das hast du alles für mich getan…? Dann bist du ja meine richtige Mami… ich könnte dich knutschen dafür!«

Kinder haben sowieso ein viel unbeschwerteres Verhältnis zum Festhalten als Erwachsene mit ihrem Bedarf nach rationaler Verarbeitung. Das kindliche Gespür verlangt nach dem Festhalten noch aus der Tiefe des naiven, magisch fühlenden Herzens. Im Hinblick darauf hatte ich einmal folgendes Schlüsselerlebnis: Zu mir kam eine Familie mit zwei Kindern, dem vierjährigen Mike und dem zweijährigen Sorgenkind Sandra. Wegen Leukämie mußte sie viele Monate im Krankenhaus verbringen und litt demzufolge unter schweren seelischen Störungen. Sie hatte panische Angst vor Aufzügen und ließ sich nicht von den Eltern beruhigen, sondern tat es selber mit Hilfe von fünf Schnullern, die sie gleichzeitig in einer zwanghaften Anordnung benutzte: drei Schnuller im Mund, die sie mit dem vierten hin und her streichelte, und mit dem fünften drehte sie in den Haaren. Während ich die Eltern darüber aufklärte, daß man dem Kind mit Festhalten einen Entzug von der Ersatzbefriedigung zumuten solle, damit es wieder an die verlorene echte Geborgenheit anknüpfen könne, spielte Mike zufrieden in der Spielecke. Die Eltern hatten mich sehr gut verstehen können. Und als Sandra gerade begann, weinerlich zu werden und in der Tasche der Mutter wühlte, um an ihre Schnuller heranzukommen, hinderte die Mutter sie spontan daran und nahm sie auf den Schoß, um sie selber zu beruhigen. Sandra fing sofort an, sich dagegen zu wehren. Und so begann das Festhalten. Völlig ungeplant. Denn ich hätte den Jungen lieber nicht dabei gehabt. Man weiß nie, wie ein Geschwister darauf reagiert, ob es nicht eifersüchtig wird, ob es den Verlauf nicht stören wird und dergleichen. Aber es war schon geschehen und wir konnten nicht mehr zurück. Sandra saß auf dem Schoß ihrer Mutter, die sie streichelte und küßte, und schrie wie am Spieß. Mike spielte ungestört weiter mit seinem Bauernhof. Ab und zu schaute er seine Familie an, offensichtlich aber nicht deshalb, weil er sich durch die affektiven Ausbrüche gestört gefühlt hätte, sondern weil er allmählich das alleine Spielen satt hatte und es langweilig empfand. Er fing zu fragen an: »Wann gehen wir heim? Mama, hallo, hörst du? Wann gehen wir heim?« Weil von ihr und von dem aufgeregten und angespannten Vater keine befriedigendere Antwort kam als: »Ja ja, gleich, warte noch…« und kein »Gleich!« erfolgte, wurde er nervös und wütend und fing an zu schreien. Ich hatte keine andere Wahl, als dem Vater zu sagen: »Bitte, nehmen Sie den Jungen auf den Schoß und beruhigen Sie ihn. Wir dürfen nicht früher aufhören, bevor nicht alle zufrieden sind, und das sind wir erst dann, wenn wir die Krise durchgestanden haben.« Sobald der Vater den überreizten Jungen auf den Schoß nahm und dieser merkte, daß der Vater nicht mit ihm hinausging, sondern mit ihm hierbleiben würde, fing er an, sich gegen den Versuch des Vaters, ihn abzulenken, mit allen Kräften zu sträuben. So blieb dem Vater nichts anderes übrig, als den Jungen in seinem affektiven Chaos auch festzuhalten. Nun hatten wir zwei Kinder auf einmal zu halten! Eine dramatische Situation. (Im anschließenden Gespräch erzählten mir die Eltern, daß sie sehr unsicher waren, wie es ausgehen würde, hauptsächlich befürchteten sie, daß Sandra wahnsinnig würde und Mike den Vater zu hassen anfinge.) Mike beruhigte sich viel schneller als Sandra. Nachdem er sich ausgeschrien hatte, war er ausgeglichen, kuschelte sich an den Papa an und ruhte eine Weile auf seinem Schoß, das Geschehen im Raum aufmerksam beobachtend. Und dann sprang er vom Schoß des Vaters herunter, rannte zu seiner Schwester, klopfte ihr auf den Rücken und sagte zu ihr: »Geh zum Papa, der macht es ganz toll!«

Wie sich die Eltern fühlen

In der Regel haben sich die Eltern lange mit der Unzufriedenheit über die Entwicklung des Kindes, immer tieferen Selbstzweifeln, einer gesteigerten Angst vor der Zukunft und einer sie hin- und herreißenden Haßliebe geplagt haben. Nach dem Schema von Schuchhardt befinden sie sich in den unteren Windungen der Krisenspirale. Vorherrschend ist die Aggression und die Hoffnungslosigkeit und Verzweiflung nach den vielen gescheiterten Erziehungs- und Therapieversuchen.

Die Beimischung des Hasses in die Beziehung zum Kind, zum Ehepartner und zu sich selbst wird unerträglich. Je jünger das Kind ist und je intensiver die symbiotische Beziehung zur Mutter besteht, um so verletzter fühlt sich die Mutter. Denn wenn sie das Kind nicht ganz lieben kann, kann sie auch sich selbst nicht lieben. Ist das Kind schon älter, dann ist die Hoffnungslosigkeit um so größer, denn es wird wohl nie wieder besser werden. Die Eltern befürchten, versagt zu haben.

Aus dieser Tiefe rührt die Angst, die Liebe zum Kind, zu sich selbst oder zum Ehepartner ganz zu verlieren. Die unerträgliche Verzweiflung ruft die Hoffnung hervor, aus eigener Kraft mit dem Festhalten die Beziehungskrise bereinigen und erneuern zu können. Die Kraft zur aktiven Auseinandersetzung mit den widersprüchlichen Affekten von Haß und Liebe, das Durchmachen aller Tiefen und Höhen wird in Gang gesetzt. Während des Festhaltens wird die ganze Krisenspirale für sich selbst und für das Kind durchlaufen. – Ich lasse dich nicht los, bevor wir nicht durch sind. Alle beide, du und ich. Weil ich dich liebe. Weil ich will, daß dich meine Liebe erreicht.

Weil der Festhaltende seine eigenen Kräfte aufwendet, nimmt er diese auch wahr und wird sich seiner Stärke bewußt.

»Ich spüre, daß ich aus eigener Kraft die Liebe zwischen uns wiederbeleben kann.« – »Indem ich dem Kind festen Halt bot, spürte ich, daß ich überhaupt einen Halt habe.« Diese Erfahrung ist deshalb so bedeutsam, weil sich die Eltern wegen der Behinderung und Kontaktstörung des Kindes schwach empfunden haben. »Ich kann mich wieder lieben, ich bin kein Versager mehr. Ich könnte Berge versetzen.« Es ist ein umwerfendes Erleben der eigenen Tatkraft: weil sich der Haß in Liebe, die Tränen in Lachen, der Kampf in Zärtlichkeit verwandelt. »Alle die Fühler, die Empfänger und die Ventile in meinem Körper sind offen, frei für Gefühle. Ich spüre, wie das Kind verspannt und unglücklich ist, und wie gut es ihm tut, sich frei zu schreien.« – »Er wehrte sich, er beschimpfte und bespuckte mich und wollte sich aus meiner Umklammerung befreien. Da küßte ich ihn, hielt ihn fest und sagte immer wieder, daß ich ihn sehr lieb habe. In diesem Moment wurde mir zum ersten Mal bewußt, daß ich dieses Kind gerne, sehr gerne habe, und daß ich um dieses Kind kämpfen würde, egal, was geschähe. Wir kämpften eine Stunde und mehr miteinander. Als wir dann kaum noch Kraft hatten, kam die große Entspannung und ein regelrechtes Glücksgefühl. Gunnar schaute mich danach das erste Mal in seinem Leben richtig an. Er war schweißgebadet, aber locker und gelöst. Er erzählte mir von seinen Ängsten und küßte mich immer wieder. Vor Glück habe ich geweint.« – »Wir schrien miteinander, wir weinten miteinander und wir lachten miteinander…« – »Ich habe meinen Mann zum ersten Mal während unserer ganzen Ehe weinen gesehen, als Silvia sich nach langem Schreien und Wehren an den Bauch meines Mannes legte, ihre spastischen Händchen an sein Gesicht hielt und liebevoll Nase an Nase reiben wollte. Es waren Tränen der großen Erleichterung. Denn bis dahin meinte mein Mann, Silvia möge ihn nicht.« Ursel Maurer verdichtete ihre Bereitschaft, für das Dauerpflegekind durchs Feuer zu gehen, in dieser Aussage:

> Unglaublich
> in mein Blut
> floß deine Wunde
> als in meinem Arme
> du schriest
> die untreuen Mütter
> bespiest
> dein Haß brannte
> unter meinen Nägeln
> in meine Wurzeln
> und tiefer
> fraß dein Leid
> bis wir gemeinsam
> aus deiner Einsamkeit
> im Dunstkreis der Zeit

dieser einen ewigen Zeit
– die da heißt Liebe –
uns erkannten
und tränenweich zu
Zärtlichkeit fanden
wie aus dem Mutterschoß
zu neuem Licht
emportauchten
und beflügelt
über diese, unsere
veränderte Welt
staunten.

»Es ist umwerfend zu wissen, daß ich mit meinen Händen, die ich früher für völlig andere Dinge benutzte, einen Menschen glücklich machen kann. Mein Herz redet durch die Hände, ist es nicht wundervoll? Und das Kind versteht es, ohne daß ihm sprachliche Begriffe verfügbar sind.«

Das Loslassen und die Loslösung von Angst, Haß und Trauer machen die Wege für die Gefühle frei und offen. Indem sich die Eltern im Zuge der Krise in das Kind hineinfühlen, indem sie ihm spürbar signalisieren, daß sie von seinem Kummer wissen und zu ihm stehen, daß es sich vertrauensvoll fallen lassen kann, und indem das Kind diese Botschaften immer mehr empfangen und beantworten kann, fließt die Liebe. Es ist ein eindeutiges Gefühl der Verbundenheit, ja der Schöpfung. Es ist die in Gang gesetzte lebensspendende Energie. Sich menschlich zu fühlen, den anderen zu achten, sich mit ihm frei fühlen, ist die größte Bereicherung. Dies ist die beglückende Erfahrung: Ich bin lebendig. Ich kann dich und du kannst mich beleben. Trotz aller Schwierigkeiten, trotz aller Behinderungen, trotz all deines Verhaltens kann ich dich lieben. Die Macht der Liebe dringt durch Körper und Seele hindurch. Die seelische Energie staut sich nicht mehr in Körperverspannungen. Wir beide sind entspannt, wir schwingen mit, wir sind stimmig, wir sind im Einklang.

Durch das Festhalten steigt das Selbstwertgefühl bei den Eltern, sie fühlen sich sicherer im erzieherischen Umgang. Diesen Wandel erlebe ich sowohl bei der festhaltenden Mutter als auch dem festhaltenden Vater – aber jedesmal nur bei demjenigen, der es tut! Eine Mutter, die nicht wußte, wo ihre Füße und Hände und ihr Kopf standen, geschweige denn, wo ihr Herz schlug, legte sich zum Kind auf die Matte, eine Mutter, die sich nicht traute, ihr Kind eng in die Arme zu schließen. Und von der Matte stand eine strahlende, selbstbewußte Mutter auf, die allen Beteiligten vorlebte, wie man Liebe spendet und wie man dem Kind aus seiner Sackgasse heraushilft. Ein Therapeut, der in meiner Sprechstunde beim Einleiten des Festhaltens bei einer von ihm betreuten Mutter hospitierte, schrieb mir nachher: »Ich hatte Bedenken, ob die Mutter es verstehen würde, worum es sich überhaupt handelte. Ich versuchte, sie im voraus aufzuklären, so gut ich konnte. Die Frau ist sehr einfach, sie kann weder lesen noch schreiben. Als die Mutter das Kind in den Armen hielt und der Sturm der Affekte einsetzte, geschah eine Explosion positiver Gefühle bei ihr. Ohne Vorgaben sagte sie all das, was für das Kind richtig war. Daß sie es satt habe, daß es seine Stofftiere mehr liebte als seine Mutter, daß sie es nicht mehr akzeptierte, daß es sich von ihr nicht trösten, lieben und beschützen ließ, daß es auf sie nicht hörte. – Ein großartiges Erlebnis für uns alle.«

Die Eltern sind wesentlich unabhängiger vom Therapeuten als bei anderen Therapien. Dies bedeutet nicht, daß sie seine Hilfe nicht brauchen. Aber sie sind ihm in einiger Hinsicht überlegen, denn sie spüren viel deutlicher als er das Befinden des Kindes und können gezielt auf das Kind einwirken. Sie haben eine echte elterliche Wirkungskraft erworben.

Die durch das Festhalten wiederhergestellte Symbiose führt keine Verschmelzung beider Persönlichkeiten herbei. Ganz im Gegenteil bekommt sowohl der Festhaltende als auch der Festgehaltene die Chance, sich selbst eigenständig zu erfahren und den anderen zu tolerieren. »Früher habe ich meinen behinderten Felix wegen seiner Behinderung bedauert, ihn und mich selbst bemitleidet. Das verleitete mich zur Nachgiebigkeit. Durch das Festhalten wurden die Weichen anders gestellt. Ich akzeptiere das Kind als Persönlichkeit, die ich ernst betrachte und der ich auch Grenzen setzen kann. Und auch ich lebe jetzt mein Leben. Ich hätte nie geglaubt, durch das Festhalten Freiheit für uns beide zu erreichen.«

Die Freude am Erwachen des Kindes, an seiner bis dahin ungeahnten und jetzt wahrnehmbaren Liebesfähigkeit, an seinem wachsenden Vertrauen, an seiner Lust und seiner Neugierde für die Vielfalt des Lebens, an seiner Bereitschaft zu einem Miteinander, an der Zunahme seines Ich-Bewußtseins, an seiner Eigenständigkeit und Willensstärke stellen die Weichen für den weiteren Prozeß des Zusammenlebens. Der Kontakt zum Kind fällt Eltern viel leichter, wenn es Dinge gibt, über die sie sich jetzt freuen können, als früher, wo sie mehr an die Störungen dachten und sich mit ihnen erzieherisch auseinanderzusetzen versuchten. Früher nämlich hatten sich die Verunsicherung der Eltern und die Abwehr des Kindes auf eine destruktive Weise verzahnt und in einer Wechselwirkung die Spirale der Beziehungskrise zum Absteigen gebracht. Je unsicherer die Eltern waren, um so mehr mußte das Kind auf Ersatzsicherheiten ausweichen, die nicht in Reichweite der Eltern lagen. Je mehr das Kind von seinen Ersatzsicherheiten (zum Beispiel Beharren auf dem Beobachten technischer Geräte, grundsätzliche Verweigerung von Sprache, von Lernen u.ä.) abhängig war, um so verunsicherter waren die Eltern. Dieser Teufelskreis wird durch das Festhalten unterbrochen. Als wenn nun in diesem dunklen Loch ein Urknall passiert wäre, setzt sich die Entwicklung in einer emporsteigenden Spirale fort. »Vorher meinte ich: von woher bekomme ich die übermenschlichen Kräfte, um dieses unerträglich aggressive Kind zu erziehen? Es ist erstaunlich, wie zugänglich das Kind durch das Festhalten wurde, so daß ich mich fragen muß, ob es überhaupt Erziehung braucht. Ohne Schläge oder ewiges Schimpfen, nur durch Liebe, Körpernähe und weil ich heute meinem Stefan so wichtig geworden bin, ist er auf dem Wege, sich aus seinen Aggressionen zu lösen. Es ist fast nicht zu glauben, wie ausgeglichen Stefan nach dem Festhalten wurde und wie sehr er bereit ist, seine Umwelt anzunehmen und unsere Verhaltensweisen und Regeln zu übernehmen.«

Die Eltern können auch die alte Furcht aufgeben, mit der sie tagtäglich abends ins Bett gingen und morgens aufwachten: Was tun wir, wenn sich das Kind schon wieder schlägt? Was tun wir, wenn es in der Nacht schreit? – »Früher konnte ich gar nicht einschlafen in der Erwartung, daß mich das Kind nach Mitternacht mit seinen schrillen Schreien weckt, damit ich mit ihm im Flur stundenlang hin- und herlaufen würde. Stets hatte ich Krach mit meinem Mann, weil ich für ihn nicht da war. Er verlor mich vollkommen an unseren Sohn. Außerdem fürchtete ich die Kündigungsklage, weil sich Nachbarn in unserem hellhörigen Haus durch Dirks Schreie gestört fühlten. – Heute weiß ich: Lieber Dirk, ich laufe mit dir nicht herum. Ich lege mich zu dir und halte dich in der Dunkelheit der Nacht in meinem geborgenen Arm solange fest, bis du ruhig einschläfst.« Die Eltern sind im Umgang mit ihrem Kind selbstsicherer geworden. Und das Kind genießt diese Selbstsicherheit der Eltern, weil sie ihm den sicheren Halt bietet, solange es ihm noch an Eigenständigkeit mangelt.

Die Bereicherung durch die gewonnenen Selbsterkenntnisse und die Liebeserfahrungen ist so maßgebend, daß selbst dann, wenn das Festhalten keine Minderung der Behinderung (bei organisch bedingten Behinderungen) brachte, oder dann, wenn das Festhalten wegen der körperlichen Überlegenheit, Krankheit, usw. nicht fortgesetzt werden konnte, die Eltern nicht bereuen, festgehalten zu haben. In einer statistischen Verlaufsstudie zur Festhalte-Therapie (vgl. Anm. 1) stellt Burchard fest: je schwerer das autistische Kind gestört ist und je schwieriger es im Umgang von den Eltern eingeschätzt wird, um so höher ist die Intensität des Haltens. Er fragt, »ob dies an der geringeren Veränderungsfähigkeit des schwer gestörten Kindes liegt, oder ob ein zu intensives Festhalten u.U. auch schaden kann. Ersteres erscheint wahrscheinlicher; woher käme sonst der Antrieb für das von den Eltern meist als sehr anstrengend und belastend erlebte Festhalten über einen längeren Zeitraum, wenn nicht aus einem für die Eltern erlebbaren, vielleicht schlecht objektivierbaren Nutzen der Therapie? Hier tut sich allerdings auch die Frage nach der Abhängigkeit vom Festhalten, quasi der Haltetherapie als Droge auf.« Aufgrund der vorbehaltlos erlebten Liebe kann es meiner Erfahrung nach zu keiner Abhängigkeit kommen, denn krankhafte, drogenartige Abhängigkeit kann nur von Ersatzbefriedigungen entstehen. Die Abhängigkeit vom Festhalten gilt nur insofern, als das Festhalten die Erlebnisse der bedingungslosen Liebe vermittelt und somit die unabdingbare Voraussetzung für die Menschlichkeit ist.

Aufgrund des Hineinfühlens in das Befinden des Kindes während des Festhaltens, infolge der aktiven, gelebten Teilnahme lebt man die Widerstände, Ängste, Wut und Trauer des Kindes mit. Gleichzeitig werden eigene Ängste, seelische Verletzungen aus der Kindheit, Erinnerungen an den erhaltenen oder vermißten Trost, an Abhängigkeiten und Ersatzbefriedigungen wachgerufen. Indem man die Ursachen der seelischen Verstörung beim Kind erkennt, wird auch das Verständnis für die eigene Lebensgeschichte, die des Gegenübers, die der eigenen Mutter etwas durchsichtiger. So ist das Festhalten für manche ein Entdecken von Neuland in sich selbst, der Beginn, ins Innere vorzustoßen – selbst um den Preis, daß man zunächst mit großer Enttäuschung auf eigene Schwächen stößt, zum Beispiel daß man den Körperkontakt selbst schlecht erträgt oder die eigenen aversiven Gefühle nicht äußern kann. Man erfährt sich wieder als verletztes Kind. Ein großer Schmerz fängt von neuem an zu brennen. Derjenige, der dieses schmerzhafte Bewußtwerden alter Verletzungen ertragen und verarbeiten kann, ohne sie nochmals verdrängen zu müssen, bekommt eine einmalige Chance zur Selbstanalyse und auch zur Mobilisierung des Selbsthilfepotentials. »Ich freue mich besonders darüber, daß ich etwas geben kann, was ich selber nicht erfuhr. Ich hole dadurch für mich selber etwas nach.« Eine solche Selbsthilfe ist allerdings ohne die Unterstützung durch einen verständnisvollen Partner oder durch Freunde, die an den gleichen Erfahrungen des Festhaltens mit wachsen, kaum möglich.

Für die meisten Ehebeziehungen und auch für ganze Familien kam durch die Krise mit dem Kind und mit dem Festhalten ein schmerzhafter, aber heilender Prozeß in Gang. Ein Ich, das mutig genug ist, bewährte Sicherheiten abzulegen und sich neuen Erfahrungen zu öffnen, bekommt Lebenskraft. Eine Mutter berichtet: »Ich erwarb eine Flexibilität, von der ich eigentlich meinte, daß man sie in der Mitte des Lebens nicht mehr erwerben könne. Des weiteren bewirkte die neue Konzentrationsfähigkeit eine neue Sichtweise bekannter Erfahrungen. Man beginnt, einen Blick für das Wesentliche zu entwickeln, einen Blick für Ur- Bedürfnisse, Ur-Fähigkeiten ganz allgemein und bei sich selber, sowie natürlich auch beim festgehaltenen Kind. Das motiviert zu einem ungeheueren Mut, Herausforderungen anzunehmen, die man vorher als nicht änderbar, nicht wichtig oder als nicht betreffend abtat. Man beginnt, eine Reihe von stillschweigend akzeptierten Zwängen zu hinterfragen: soziale, politische, menschliche und sicherlich nicht zuletzt geschlechtsspezifische. Die Frage: Wer bin ich, was will ich, wie kann ich mich und das, was ich will, sinnvoll umsetzen, beschäftigt mich zunehmend. – Wenn man sich dann langsam von seiner Nabelschau gelöst hat, beginnt man, dem Leben, dem Glauben, der Liebe, der Moral und vor allem dem Lebenspartner eine bewußte, gewollte und positiv gestimmte Großzügigkeit entgegenzubringen mit zufriedenen, ausgeglichenen und zuweilen glücklichen Untertönen.«

Wie sich die Außenstehenden fühlen

Die Übernahme der Verantwortung, das ergreifende Erlebnis des Kampfes um das Kind und die daraus erwachende Freude an der wiedergeborenen Bindung und Liebe machen die begleitenden Fachleute zu persönlich betroffenen Hebammen. So geht es nicht nur mir, ich höre es von meinen Kollegen, und ich erlebe es auch bei den Hospitanten. Das Erlebnis des Festhaltens wühlt auf, bewegt, reißt in den Gefühlssturm mit hinein. »Selbst Beobachter sind oft zu Tränen erschüttert, wenn sie erleben, wie das Wutgeschrei verebbt, der körperliche Widerstand nachläßt und aus einem bislang abweisend sich verpanzernden Kind Liebe hervorbricht.« – »Wie eine Geburt mit schweren, langen, spannenden Wehen unter Schweiß und Tränen, mit der Freude am ersten Lachen des Kindes und mit dem beglückenden, erquickenden Erleben des Friedens.« – Die Berichte sind sich einig darüber, daß die starken Gefühlsbewegungen auch leiblich empfunden werden. Vom Atemrhythmus bis hin zur Muskelanspannung schwingt man mit dem direkt Beteiligten mit. »Jedesmal spüre ich es im Bauch, als wenn ich selber die Gebärende wäre.«

Vor der Begegnung mit dem Festhalten ging es mir nicht anders als anderen Kinderpsychologen: Die Ambivalenz zwischen Haß und Liebe empfand ich als bedrohlich und man versucht gerne, durch non- direktives Spiel und im besten Falle durch Psychodrama oder katathymes Bilderleben einen Weg zu finden, beide Gefühle zu umgehen. Aber das Wissen darum, daß die Eltern kraft ihrer Liebe die bedrohliche Ambivalenz innerhalb eines überschaubaren Zeitraumes beheben und die Liebe siegen lassen können und daß ich selbst dazu beitragen kann, erfüllt mit Hoffnung und aktiviert die heilenden Kräfte. Wenn ich weiß, wie man den Schatten in Licht umwandelt, bin ich nicht mehr machtlos. Ich brauche keine Angst mehr vor den mächtigen Gefühlsspannungen zu haben und indirekte Wege zu suchen, um sie hinter dem Rücken des Kindes zu beschwichtigen. Ich kann der Familie zumuten, den direkten Weg einzuschlagen, und sich der Spannung zu stellen. Mit der Anzahl der positiven Erfahrungen steigt das Selbstvertrauen und zugleich das Vertrauen zu den Eltern. Ich empfinde auch immer mehr Achtung den Eltern gegenüber, deren Verzweiflung, Verantwortungsgefühl, Hingabe und Belastbarkeit ich unmittelbar erfahren darf. Südtiroler Frühförderinnen S. Leimstädtner und L. Strobl berichten über das Bewußtwerden wichtiger Perspektiven bei ihnen, den Kindern und den Eltern innerhalb der Beziehungen: »… das Festhalten ist auch das Zueinanderhalten, das Haltgeben, das Sich-Gehalten-Wissen trotz aller Störungen, Andersartigkeiten und Behinderungen…« Es entsteht eine Nähe, ohne daß man sich von einem allmächtigen Therapeuten abhängig fühlt.

Während meiner mehr als dreißigjährigen Tätigkeit als Psychologin habe ich nie so viel Liebe und Nähe erfahren wie in den sieben Jahren des Anleitens zum Festhalten. Dies bezieht sich nicht nur auf das Kind und seine Familie, sondern auch auf begleitende Fachleute und Hospitanten. Das Miteinander-Sein auf der Matte, die gleiche Wahrnehmung des Schreiens und des Schweißes, das vergleichbare Einfühlen in die Mutter und das Kind und deren Beziehung, der gemeinsam durchgemachte Wandel an Gefühlen vom Widerstand bis zur Freude, das gemeinsame Daumenhalten beim Ringen um das Wohl des Kindes, die gemeinsame Grenzerfahrung, bei der wenig geredet, dafür aber mehr gefühlt wird, schaffen die Verbundenheit.

Besondere Freude empfinde ich daran, daß die Eltern sich von mir als Fachmann weniger abhängig fühlen als zuvor. Ich war überrascht, daß nur ganz wenig den Wunsch nach einer eigenen Mutter auf mich übertrugen. Unlängst wollten bei mir Psychologen im Rahmen einer Forschungsarbeit mit Hilfe von Interviews eventuell vorhandene neurotische Übertragungs- und Gegenübertragungsprozesse ermitteln. Es war unmittelbar nach dem Festhalten, als das einjährige, schwer hospitalisierte Kind sich in der Entspannungsphase zum ersten Mal an die Mutter anschmiegte und sie glücklich anschaute:

Psychologe: »Was bedeutet Ihnen Frau Prekop? Ist sie Freundin, Mutter, Schwester, Psychotherapeutin?«

Mutter: »Nichts davon. Einfach eine Frau, zu der ich Vertrauen habe, die es versteht.«

»Was meinen Sie damit? Was versteht sie?«

»Mich, warum das Kind so ist. Hauptsächlich, was hilft.«

Der Psychologe fragt weiter: »Ja, aber vielleicht füllt sie doch etwas für ihre Mutter aus, was Ihre Mutter Ihnen nicht geben konnte?«

»Nein, meine eigene Mutter ist gut, ich brauche keinen Ersatz. Aber meine Mutter weiß nicht, daß man bei einem seelisch so schwer gestörten Kind das Festhalten so lange durchhalten muß, bis die Wand durchbrochen ist. Wenn sie es wüßte, oder wenn ich es gewußt hätte, bräuchte ich nicht hier zu sein.« –

Ein typisches Beispiel dafür, daß die vielen Mütter weniger nach einer neurotischen Verschmelzung mit der Festhaltetherapeutin streben als bei anderen langfristigen Beratungsmaßnahmen. Die Erklärung dafür liegt auf der Hand: Bei anderen Therapien ist die Therapeutin eine überlegene Frau, die leicht zum Mutterbild werden kann. Beim Festhalten dagegen erlebt die Mutter selbst ihre emotionale Stärke, ihren inneren Halt und ihre Mütterlichkeit. In diesem Sinne sind viele Mütter den Fachleuten überlegen. Es ist also eine gute Voraussetzung für ein partnerschaftliches Verhältnis zwischen Klientin und Therapeutin gegeben. (Ausnahmen bilden allerdings die Mütter beziehungsweise auch die Therapeuten, die tatsächlich eine neurotische Persönlichkeitsstruktur haben.) Auch in bezug auf die Vertiefung der entwicklungspsychologischen Kenntnisse sind wir uns mit Kollegen einig, um neue Dimensionen bereichert zu sein. Schon durch die Prüfung der Indikation des Festhaltens in jedem einzelnen Fall, hauptsächlich aber durch die Begleitung des raschen Beziehungswandels und der weiteren Entwicklung des Kindes im Hinblick auf seine Erkundungsbereitschaft, seine Intelligenz, sein Mitfühlen und dergleichen, nimmt das Verständnis an Tiefe zu. Oft bekommt man Gelegenheit, das gesetzmäßige Einsetzen der Entwicklungsstufen wie im Zeitraffer zu verfolgen. Das Festhalten in der Kürze seines dynamischen Geschehens stellt sich für mich als eine transparente Lehre über die Entstehung der Bindungsfähigkeit, die Folgen ihres Verlustes und ihre Wiedergewinnung dar. Ich bekenne mich dazu, daß ich erst im Zusammenhang mit dem Festhalten verstand, was Urvertrauen bedeutet, daß es ohne diese Grundvoraussetzung keine Entfaltung des freien Willens und autonomen Ichs geben kann und daß alles andere zur Entfremdung von der Menschlichkeit, zum »Verrat am Selbst«[45] führen muß.

Fachleute, die selber festhalten, machen selbst einen beeindruckenden inneren Wandel durch, indem sie – im wahrsten Sinne des Wortes – in Berührung kommen. Ich kenne einige reine Verhaltenstherapeuten, die das Festhalten aus Überzeugung von der Wirksamkeit »benutzt« haben. Aber weil sie dies nur unter kontrollierbaren Bedingungen leisten wollten, sorgten sie für gleichbleibende Bedingungen, indem sie nicht die schwer kontrollierbaren Eltern, sondern lieber sich selber einsetzten. Der Vergleich der Filmdokumentation zeigt eine bemerkenswerte Verbesserung der Warmherzigkeit: während in den ersten Filmen der Verhaltenstherapeut bei der Umarmung so technisch festhält, daß man an die

Gefahr eines Mißbrauchs denkt, kann er in den späteren Filmen beim Trösten und Knuddeln spontaner, ausdauernder und variationsfreudiger sein.

Bei einer Tagung über die Möglichkciten und Grenzen des Festhaltens bei erwachsenen geistig Behinderten durch Betreuer in ihren Einrichtungen berichtete die Diplompädagogin Mariette B. im Namen ihrer Mitarbeiter über ihre positiven Erfahrungen. Nachher erzählte sie mir unter vier Augen, daß sie eigentlich zunächst eine Gegnerin des Festhaltens war: »Ich erschrak, als ich bei meiner Anstellung hörte, hier würden Behinderte festgehalten. Schon während meiner Studienzeit hatte ich etwas vom Festhalten erfahren und stimmte meinem Professor zu, daß man diese Gewaltanwendung nicht zulassen dürfe. Ich riskierte meinen Arbeitsplatz und kam mit Gegenliteratur ausgerüstet dorthin. Es dauerte nicht lange, da sah ich: der Konrad schlägt sich schon wieder, weint und schreit. Wie gut, daß ihn Christina in den Arm nimmt! Wie gut, daß sie sich mit ihm auf die Matte legt! Warum sträubt er sich nach einer Weile dagegen? Es müßte ihm doch gut tun, sich noch länger trösten zu lassen. Also ging ich hin, setzte mich dazu, um ihm und Christina zu helfen. Und als ich meine Hand auf die beiden legte, war ich bereits mitten drinnen!... Auch hier trifft die alte Weisheit zu: Man wird durch Berührung gerührt.

Die Pädagogin Marianne Haas, die in einem Heim schwer mehrfach behinderte Kinder festhält, drückt ihre Gefühle in dem folgenden Gedicht aus. Auch die Skulptur stammt aus ihrer Hand und aus ihrem Herzen.

> Den anderen festzuhalten
> in seiner Not
> führt mich in Hilflosigkeit
> und Unvermögen,
> macht schmerzlich bewußt
> die Grenzen meiner Kraft
> und auch die Grenzen
> meiner Liebe.

So halt ich, Herr,
den sich aufbäumenden Körper
und gebe in Deine Hand
all sein machtloses Aufbegehren.
Tröstend will ich mein Gesicht
an die verzerrten Züge legen
und gebe in Deine Hand
den qualvollen Schrei von Angst,
Verbitterung und Einsamkeit.
Ich lege meinen Arm um seine Arme
und vertraue Dir an
die zusammengeballte Faust
eines verletzten Menschenkindes,
vertraue Dir an
auch meine Trauer
und meine Frage nach dem Sinn.

In Deiner Hand
sind wir gemeinsam aufgehoben, Herr.
In Deiner Hand
werden Schwachheit und Verzweiflung
zu Kindertränen,
die Du voll Erbarmen
behutsam wegwischen wirst
aus unseren Augen
und unseren Herzen.

Interessant sind für mich auch die vielen Reaktionen von Menschen, die das Festhalten in der einen oder anderen Weise erlebt haben. Manche fühlen sich bestätigt, in ihrer Intuition richtig gehandelt zu haben, als sie spontan, ohne vom Festhalten als einer Methode gehört zu haben, aus Mitgefühl und aus Verzweiflung einen nahestehenden Menschen, meist ein Kind, festgehalten haben. Manche bereuen es, nicht durchgehalten zu haben. »Als mein Andreas nach einer Stunde immer noch schrie und mir drohte, nie wieder mit mir schmusen zu wollen, erschrak ich und ließ ihn los. Aber ich spürte, daß es nicht gut war. Er war sehr unzufrieden und fing an, mich nochmals zu drangsalieren, als möchte er mich zur Fortsetzung des Festhaltens auffordern. Er war nicht zufrieden damit, daß ich nicht mehr darauf einging. Schade! Heute ist es schon zu spät. Er ist heute über zwanzig, kein Kind mehr, das man halten kann. Und es blieb so viel ungeklärt zwischen uns!« schreibt eine Mutter.

Ich höre und lese Berichte von ausländischen Arbeitnehmern, die in anderen Kulturen aufgewachsen sind und nun in Deutschland leben: mit Freude erkennen sie, daß ihre Eltern instinktiv richtig gehandelt hatten. »Natürlich haben mich meine Mutter und auch meine älteren Brüder immer gehalten, wenn ich durcheinander war. Wie gut hat es getan! Nur der Vater hat mich geschlagen. Zu ihm habe ich auch nie Vertrauen gewonnen.«

Auch Deutsche melden sich mit solchen Erinnerungen, die sie aus außerordentlichen Notsituationen haben. Ein Leser schreibt: »Mein Opa war immer ein Fremder für mich. Aber er wurde einmal von einem Tag auf den anderen zu meinem Verbündeten. Ja, ich kann es bestätigen, durch Festhalten entsteht tatsächlich eine Verbundenheit. Damals war ich mit meinem Opa alleine zu Hause, und wir hatten es nicht geschafft, rechtzeitig in den Luftschutzraum zu gehen. Als Bomben fielen, warf sich mein Opa auf mich. Ich bekam zuerst noch größere Angst, weil ich Angst vor dem Opa hatte und unter seinem dicken Bauch nicht gut atmen konnte. Ich wollte weg, aber er hielt mich fest. Wir haben es überstanden und sind aufgestanden als die besten Freunde.«

Auch folgendes wurde mir berichtet: Zwei auf den ersten Blick frisch Verliebte fuhren miteinander nach Holland. In der Nacht in einem Amsterdamer Hotel fragte die Frau den Mann, ob er nicht »Stoff« habe. Sie war nämlich überzeugt davon, daß er drogensüchtig war. Sie irrte sich, aber er sich auch. Er hätte sie nicht für süchtig gehalten. Als sie dann auf die Straße gehen wollte, um sich »Stoff« zu besorgen, ließ es der verliebte Mann nicht zu. Er hielt sie im Bett fest und machte mit ihr ihren Entzug durch. Sie waren auf diese Weise die ganze Nacht, den folgenden Tag und noch die nächste Nacht zusammen. Zuletzt war sie bereit, sich von ihm nach Deutschland zurückfahren zu lassen und sich ab sofort einer Entziehungskur zu unterziehen.

Eine ältere Frau schrieb mir: »Als ich bei Ihrem Vortrag hörte, daß Sie mal Ihre Mutter festgehalten haben, klickte es bei mir. Ich habe nämlich eine achtzigjährige Mutter, bei der ich mit Schrecken beobachtete, daß sie pflegebedürftig werden könne und ich sie zu mir nehmen müsse. Das Zusammenleben mit ihr allein ist noch kein Schreckensbild, aber intensive körperliche Nähe war mir unvorstellbar. Wir waren – ich glaube, bis auf meinen Aufenthalt in ihrem Bauch – nie eng zusammen. Irgendein Schmusen, auf dem Schoß sitzen, in den Arm nehmen bei Kummer gab es nie zwischen uns. Das alles hätte ich mir bei jedem anderen Menschen vorstellen können, nur nicht bei ihr. Ihr Vortrag gab mir zu denken. Ich habe mir vorgenommen, noch bevor sie pflegebedürftig wird, mich schon jetzt an sie und ihre Körpernähe zu gewöhnen. Und ich habe sie immer wieder gehalten und festgehalten, allerdings nicht Stunden, sondern nur einige wenige Minuten. Anfangs war es ihr unheimlich und sie wollte es nicht. Aber ich habe mich durchgesetzt. Und siehe da, alsbald fand sie Gefallen daran! Heute ist unser Umgang miteinander weicher, zärtlicher, inniger als er es je zuvor war. Wir nehmen uns viel mehr in die Arme, als daß wir vom Zusammenhalt reden, wie es früher war, wenn eine von uns Zweifel an der Treue der anderen hatte. Meine Mutter ist heute nicht mehr so depressiv wie sie es früher war.«

In der Diskussion im Anschluß an einen meiner Vorträge berichtete ein älterer Lehrer: »Erst jetzt kann ich einordnen, was mir meine Kollegin erzählte. Ein Erstkläßler hatte Mitschüler und auch sie mit einem Radiergummi beworfen. Auf Mahnungen reagierte er nicht. Der Junge war so wild, daß man es nicht ignorieren konnte. Sie hätte ihn eigentlich zur Strafe und um die anderen vor dem Störenden zu schützen, aus dem Schulzimmer hinausschicken müssen. Dies tat sie aber nicht, sondern verstieß gegen Empfehlungen, die wir während unserer Lehrerausbildung bekommen haben. Uns wurde nämlich die Wahrung einer körperlichen Distanz dringend empfohlen. Meine Kollegin nahm den Jungen einfach in den Arm. Er schimpfte eine kurze Weile und dann schlug seine Aggression in bitterliches Weinen um. Unter Schluchzen sagte er, daß sein Papa von der Familie abgehauen sei. Mensch, wenn sie ihn nicht in die Arme genommen hätte, wäre er vielleicht noch sein ganzes Leben lang Amok gegen die ganze Welt gelaufen, um seinen Schmerz zu betäuben!«

Ein Vater schrieb mir: »Ich verstand endlich, daß es meine geheime Sehnsucht ist, ein einziges Mal gegen meinen Widerstand gehalten zu werden, zu erleben, daß da einer stärker ist als ich. Und daß ich ihm so wichtig bin, daß er mich hält, auch wenn ich mich wehre. Und ich begriff, daß ich meinen Mangel an meine Kinder weitergegeben habe.« Welch eine tiefe Trauer! »Warum hast du mich gehen lassen? Hättest du mich festgehalten!«

Kontraindikationen

Wer sein Kind aus Liebe in die Arme schließt, kann bei ihm nur Gutes bewirken. Dennoch können wir nicht vorsichtig genug sein, und müssen auf die Gefahr des Mißbrauchs noch einmal eingehen. Ein Dilemma besteht darin, daß das Festhalten eigentlich jeder kann, daß es aber nicht in jedem Fall gut ist.

– Nicht angezeigt ist das Festhalten bei den Menschen, die sich dem Instinktiven entfremdet haben und das Festhalten zur rein therapeutischen Methode abstempeln oder als *Erziehungsmittel* zum *Zweck einer Strafe* benutzen würden.

– Das Festhalten als Strafe kann eigentlich nur ein schwacher Erzieher als Ausdruck seiner Hilflosigkeit benutzen. Sein Verhalten geht auch am Sinn des Festhaltens vorbei: Der Haltende fordert das Kind zur Beruhigung auf, anstelle seinen Ärger zuzulassen. Es geht ihm nicht um Offenheit für die Gefühle auf beiden Seiten, sondern darum, dem Kind seine Überlegenheit zu demonstrieren. So schlimm diese Vorstellung ist, so möchte ich doch folgendes zu bedenken geben. Die betroffenen Eltern müßten in jedem Falle auf das Verhalten des Kindes reagieren, denn ihre negativen Gefühle sind ja vorhanden. Soweit es geht, würden sie das Störverhalten des Kindes ignorieren, beziehungsweise sich zweideutig (double-bind) verhalten (freundlich anlächeln, obwohl sie wütend sind). Aber weil das Kind seine destruktiven Verhaltensweisen noch steigert – aus dem Wunsch nach Sicherheit heraus – um eine eindeutige, wenn auch negative Reaktion seiner Erzieher herauszufordern, würden die Eltern die Beherrschung verlieren und zuschlagen. Wieviele Kinder auf diese Weise mißhandelt werden, darüber haben wir kaum eine Vorstellung. Vielleicht ist das als Erziehungsmittel mißbrauchte Festhalten besser als die Mißhandlung des Kindes, die in dem Haß auf beiden Seiten steckenbleibt. Die Botschaft dieses »erzieherischen« Festhaltens an das Kind hieße: »Ich strafe dich in Liebe« oder »Du mußt mich lieben!«. Welche Einstellungen wird das Kind aus dieser Erfahrung für seine Zukunft ableiten? Wird es dazu neigen, Liebeserfahrungen mit Strafe zu koppeln? Wird es die Liebe auch bei seinen Kindern zur Pflicht machen? O Graus! – Liebe ist nicht Pflicht, sondern eine Bereitschaft des Herzens! – Erschreckend ist die Neigung vieler Eltern – merkwürdigerweise mehr der Väter –, das Festhalten alsbald zur Strafe zu machen, nach dem Motto: »Wehe dir, wenn du es noch einmal tust! Dann halte ich dich fest!« Wirkt sich hier unsere materialistische Einstellung zu Werten aus? Haben wir uns angewöhnt, bestimmte Arten des Körperkontakts ähnlich wie Geld für bestimmte Zwecke einzusetzen? Händedruck nur zur Begrüßung, Streicheln nur als Auftakt zum Intimverkehr, ein Kuß auf die Wange nur beim Verabschieden, Festhalten nur zur Hemmung der Aggression des Kindes…? Entgeht uns dabei nicht die Vielfalt in den Dingen? Ist es uns zur Sicherheit geworden, Dinge nach einem bestimmten Schema zu sortieren, um auf diese Weise einen Überblick zu haben? Waren diese Eltern, als sie selbst Kinder waren, zur Liebe verpflichtet? Fühlten sie sich nur dann geliebt, wenn sie artig waren und nicht schrien? Gerade in unserer Zeit kann man nicht genug vor dem Mißbrauch des Festhaltens als Erziehungsmittel warnen. Ich möchte nochmals wiederholen: das Festhalten ist anstelle der Strafe angezeigt, aber nie als Strafe.

– Eine *psychotische Mutter* ist nicht in der Lage, ihr Kind festzuhalten, aber auch eine Mutter, die ihr Kind *nur noch hassen* kann, die sich also in keiner Haß-Liebe-Ambivalenz befindet. Gemeint sind auch Fälle einer noch nicht abgeklärten geistigen Behinderung, bei der sich die Mutter vom Festhalten eine Besserung verspricht, im Falle eines Mißlingens das Kind aber von sich wegstoßen würde. (Die Gefahr besteht darin, daß man dem Kind eine Bindung verheißt und es dann verrät. Mir sind nur sehr wenige derartige Mütter bekannt, die das Kind trotz ihres Hasses gehalten haben. Soweit mir bekannt, handelten sie nicht aus eigener Bereitschaft, sondern waren von einem Fachberater dazu überredet worden. Ansonsten haben sie das gehaßte Kind ignoriert, mißhandelt oder sich ganz von ihm getrennt. Die Kräfte zum Durchhalten des Festhaltens gibt nämlich nur die Liebe. Somit ist der Schutz gegen den Mißbrauch im Wesen der Liebe selbst verankert.)

– Absolut unzulässig wäre, das Festhalten *zur Befriedigung eigener sexueller Bedürfnisse* zu mißbrauchen. Nur einmal bin ich einem an der Grenze zu diesem Mißbrauch gelegenen Fall begegnet. Ein Zivildienstleistender an einer Sonderschule nahm sich vor, ein geistig behindertes vierzehnjähriges Mädchen von seinem schweren Autismus zu heilen. Er entführte es vom Elternhaus, wohnte mit ihm einige Tage und Nächte in einem Campingbus und hielt es fest, wobei es ihm, wie er vor Gericht aussagte, »in die Sexualität hineinrutschte«. Zur Milderung seiner Schuld sei gesagt, daß er das Mädchen nicht wegen des sexuellen Mißbrauchs entführte, sondern wegen seines psychopathischen Verlangens, sich als allmächtiger Helfer zu empfinden. Andere Fälle sind mir nicht bekannt. Ich möchte aber die Augen nicht verschließen vor möglichen Dunkelziffern und warne deshalb. – Übrigens ist auch das primäre sexuelle Erleben mit dem Festhalten nicht zu vereinbaren. Die an dem Prozeß Beteiligten fühlen vielmehr das Verhältnis »Kind – Mutter« und »Kind – Vater«. Sie fühlen sich wie ein Kind in der Nestwärme des Ehebettes, nicht aber wie Eheleute im Bett.

– *Mangelhafte körperliche Belastbarkeit* aufgrund von Krankheiten wie Herzfehler, Asthma, schwere Mucoviszidose u.a. können das Festhalten unmöglich machen. (Bei Anfallsleiden auf jeden Fall den Facharzt fragen, ob es nicht eindeutig kontraindiziert ist, oder ob das Gegenteil zutrifft, daß nämlich das Festhalten dem Betroffenen mehr Ausgeglichenheit vermittelt.)

– Ist eine *Mutter körperlich weniger belastbar* als das Kind, wäre die Folge, daß sie das Kind während der Widerstandsphase losläßt und ihm seine gängige Erfahrung bestätigt, schwächer als das Kind, manipulierbar und deshalb unzuverlässig zu sein. Es geht hierbei nicht nur um einen verlorenen Machtkampf, sondern darum, daß dem Kinde die Umarmung durch die Mutter ausschließlich als Belästigung vorkommen muß.

(Ich meine nicht, daß durch die Erfahrung des abgebrochenen Festhaltens die Beziehungsstörung größer würde, als sie vorher bereits war. Immer wieder müssen die Eltern dieses Kind wegen seiner Destruktionen und Provokationen festhalten, ob im Kaufhaus, im

Wartezimmer oder auf der Straße, ohne daß sie konsequent durchhalten.)

Ungünstige Kräfteverhältnisse sind auch vorausschauend zu berücksichtigen. Beginnen die schon älteren Eltern, den dreizehnjährigen, schwer verhaltensgestörten geistig Behinderten zu halten, müssen sie damit rechnen, daß sich der therapeutische Prozeß aller Wahrscheinlichkeit nach über mehrere Jahre hinziehen wird und die Kräfte des pubertierenden Jungen zunehmen, während die Eltern immer gebrechlicher werden. Zur Warnung nenne ich das typische Beispiel eines autistischen, schwer autoaggressiven Jungen, der sich beim Festhalten zu einem Autokraten wandelte. Er entdeckte nämlich die Freude an den Menschen und forderte sie heraus – wie jedes Kleinkind auch –, indem er seine Aggressionslust gegen sie richtete. Seine Eltern schnitten dabei als die Schwächeren ab, demzufolge konnte sich der Junge bei ihnen nicht geborgen fühlen und holte sich seine Sicherheit dadurch, daß er seine Eltern aggressiv zu bestimmten Reaktionen manipulierte. Im Grunde handelte es sich nicht um eine eindeutig negative Auswirkung, eher um eine positive: um eine Öffnung den Menschen gegenüber. Die Eltern waren aber nicht mehr in der Lage, die Kräfte des Jungen zu steuern. Diese Aufgabe mußten dann dazu bereite Pädagogen in einer Einrichtung übernehmen. (Solche Heime, die einen schwer aggressiven Jugendlichen aufnehmen, gibt es allerdings nur ganz selten.) In diesem Fall kam mir der Gedanke, ob man schlafende Wölfe hätte wecken dürfen. »Ich bereue es nicht«, sagte mir die Mutter, »mindestens in dieser kurzen Zeit des Festhaltens habe ich meinen Sohn nicht als den ablehnenden Autisten, sondern als den Zuwendungsbedürftigen erlebt.« Dieser Sohn war im Elternhaus nicht mehr tragbar. Glücklicherweise fiel er in seinen ursprünglichen Autismus nicht zurück, mußte aber von zu Hause weg in eine psychiatrische Einrichtung, wo er durch Psychopharmaka gedämpft wurde. Ein problematischer Fall.

Das gleiche gilt für jede andere schwere psychische Erkrankung und geistige Behinderung. Nicht nur körperliche, auch seelische Kräfte werden bei den Haltenden gefordert, und Ermüdungserscheinungen treten auf, je länger der Prozeß dauert. Die Kraft, die zu Beginn durch Verzweiflung und Hoffnung gestiftet wurde, verpufft, und eine resignierte Haltung schleicht sich ein. Bei dem Pubertierenden dagegen werden die Lebenskräfte, einschließlich der beginnenden sexuellen Reife, wach. Dies sind Veränderungen, die man einkalkulieren muß, bevor man mit dem therapeutischen Prozeß beginnt oder rechtzeitig auf ihn verzichtet. Einigen Fällen, in denen man anfing und den Prozeß nicht beendete, bin ich nachgegangen. Das waren vor allem Kinder in Heimen und behinderte Jugendliche, die im Elternhaus lebten. Es wurde eine Verheißung der vorbehaltlosen Liebe geweckt, die nicht in Erfüllung ging. Wird sich das Kind deshalb an der Welt rächen? Oder wird es die verheißene Liebe bewußter suchen?

– Einige Mütter (hierbei sind die Mütter auffälliger als die Väter), die ein neurotisches, ungesättigtes Bedürfnis nach Bindung haben und Angst vor der Loslösung ihrer Kinder haben, neigen dazu, diesen symbiotischen Zustand mit dem Kind fortzusetzen. Wenn eine solche Mutter das Kind festhält, mißbraucht sie es für ihre eigenen neurotischen Nachholbedürfnisse. – Allerdings kommt es auf das Kind an, ob es diesen Mißbrauch zuläßt. Die Erfahrungen zeigen folgendes: Festgehaltene Kinder entwickeln einen stärkeren Willen und gewinnen eine selbstbewußte Lebensenergie, die ihnen hilft, der Mutter zu entweichen, sich trotz all ihrer Verlockungen loszulösen und einen eigenen Weg einzuschlagen. Es kann jedoch vorkommen, daß ein wenig durchsetzungsfähiges beziehungsweise zurückhaltendes, wegen einer bestimmten Position in der Geschwisterkonstellation beeinträchtigtes Kind (zum Beispiel nichtbehindertes Geschwister eines Behinderten, der sich zur Unterstützung der Mutter verpflichtet fühlt), die nötige Kraft zur Loslösung von der Mutter nicht besitzt. Eindeutig benachteiligt sind geistig Behinderte, die ohne die Vermittlung durch die Eltern keine Chance zur Loslösung haben. Sie sind abhängig von Hilfen. Ein Freibrief zum Festhalten würde den Besitzanspruch der Mutter festigen und dem Behinderten zu einem Hemmschuh werden.

– Nicht angezeigt ist das Festhalten auch bei einer *egoistischen, allmächtigen (narzißtischen) Mutter*, die dem Kind so »dunkel« vorkommt, daß es sie mehr haßt als liebt und ihr gegenüber mißtrauisch ist, die aber diese Haßliebe in Liebe umwandeln möchte, allerdings ohne die Notwendigkeit für eine psychotherapeutische Begleitung einzusehen. Was würde passieren, wenn sich diese Mutter ihres Kindes bemächtigt? Eine Möglichkeit wäre, daß das Kind verstummt und gar nicht reagiert, um möglichst bald der ekelhaften Umarmung zu entgehen. (Ich meine, in dem Falle wird kein schlimmerer Schaden entstehen, als der, der bereits bestand). Immerhin wäre es eine Chance für das Kind, sich seines Hasses bewußter zu werden, so daß es sein unheimliches und unklares Gefühl der Mutter gegenüber aufgeben könnte. Dieses »dunkle« Gefühl war es bis jetzt, das die Persönlichkeitsentfaltung des Kindes lähmte. Es verstrickte das Kind in unklare Schuldgefühle und verleitete es immer wieder zu einem an seiner Persönlichkeit vorbeigehenden Arrangement mit der Mutter. Indem es sich seines Hasses und Schmerzes bewußt wird, kann es sich davon lösen und alsbald den Weg zur selbständigen Bewältigung des eigenen Schicksals anstreben, auch wenn der Haß auf die Mutter bestehen bleibt. – Die andere Möglichkeit wäre, daß sich das Kind endlich traut, seine wahren Gefühle von Angesicht zu Angesicht hinauszuschreien. Dies ist für die Mutter keine einfache Situation. Trotzdem darf sie – laut den Regeln des Festhaltens – das Kind nicht von sich weisen, sondern muß es die Liebe spüren lassen. Immerhin wird dem Kind bewußt, daß es von seiner Mutter mehr geliebt wird als es sie selber lieben kann, daß es sogar auch dann geliebt ist, wenn es sehr böse zur Mutter ist. Eine völlig neue Erfahrung, die durchaus heilsam für die Beziehung sein könnte. Bei der Charakterstruktur der Mutter ist allerdings nicht auszuschließen, daß sie die vom Kind gewonnenen Informationen bei einer späteren Gelegenheit gegen es verwendet: »Erzähle mir nichts davon, daß du weißt, was Liebe ist. Du bist nur voller Haß. Damals ist die Wahrheit herausgeplatzt. Bis jetzt spüre ich den Dorn in meinem Herzen…« Wird dann der Haß des Kindes noch eindeutiger? Verliert es das Vertrauen vollkommen? –

Setzt die Mutter das Festhalten fort, kann das Kind eine weitere Öffnung vermeiden und sich endgültig in seine innere Emigration zurückziehen. Immerhin geschieht das mit der Erfahrung, daß der

Haß seiner Mutter geringer ist als sein eigener. Vielleicht eine Chance, bei einer schweren Krise des Kindes doch zueinander zu finden. Die andere Möglichkeit – daß das Kind bei fortgesetztem Festhalten immer wieder seinen Haß ausdrückt, erscheint absurd. Dies würde die narzißtische Mutter kaum durchhalten und sie gäbe das Festhalten auf.

– Bei *langfristigen, schweren seelischen Störungen* (wie frühkindlicher Autismus, Borderline-Psychose, Zwangsneurose) *darf das Festhalten nicht ohne therapeutische Begleitung* angewendet werden. Wenn die Eltern auf eigene Faust mit dem Festhalten beginnen, richten sie im Prinzip zwar keinen größeren Schaden an als den, der vorher schon vorhanden war. Im Gegenteil, sie bewirken anfangs oftmals eine Besserung. Weil sich diese aber in dem erhofften Tempo nicht fortsetzt, erlahmt die Bereitschaft zur langfristigen Fortsetzung des mühevollen Haltens. Der Schaden besteht darin, daß der Familie die wertvolle Hilfe entgeht und daß sie sich möglicherweise dadurch die Bestätigung eigener Schwäche holt.

– Ein *uneinfühlsamer, allmächtiger Fachmann*, der das Festhalten zum technischen Behandlungsschema degradiert, begeht eine seelische Mißhandlung. Abgesehen davon, daß er der Ethik des Festhaltens schadet, verletzt er die Menschenwürde der Betroffenen. Verspricht dieser Fachmann eine volle Heilung des hirngeschädigten Kindes, ist die Rücksichtslosigkeit, mit der er den leidenden Eltern unrealistische Hoffnungen macht, schwer zu verurteilen.

Viele Kritiker des Festhaltens wenden ein, daß es sich um eine gegen Menschenrechte verstoßende Gewalt handelt oder befürchten zumindest, daß Festhalten als Gewalt mißbraucht werden kann. Dabei wird eine Angst erzeugt, die zu absurden Schlußfolgerungen führen kann: wenn es auch negative Verläufe gibt, müßte man trotz der überwiegenden Mehrzahl der positiven Verläufe das Festhalten verhindern. Folgte man dieser Devise, würde vielen Bedürftigen grundlegende Hilfe vorenthalten. Für mich ist die Frage wichtig, ob nicht mehr Schaden entsteht, wenn bei einem Hilfsangebot dessen Polarität ignoriert wird und nur das Böse gesehen wird. Die dadurch entstehenden Ängste führen lediglich zur Flucht, nicht aber zur Auseinandersetzung mit der Realität.

Festhalten und Festhalte-Therapie

Von der Notwendigkeit der therapeutischen Begleitung

Im Sinne einer Grundform des Lebens ist das Festhalten so natürlich wie Bewegung, Gespräch oder Spiel. Erst wenn man diese Le-
bensformen zum Therapieren systematisch einsetzt, wird daraus
Bewegungstherapie, Gesprächstherapie, Spieltherapie oder Festhalte-Therapie.
Es ist also verkehrt, das Festhalten ausschließlich als Therapie zu
sehen. Manche Befürworter des Festhaltens meinen, man dürfe es
ausschließlich unter einer therapeutischen Führung praktizieren, so
als wäre spielen, sich bewegen, miteinander reden auch nur unter
der Obhut eines Psychotherapeuten möglich. In unserer Zeit haben
wir uns von der Natürlichkeit des Festhaltens entfernt. Wir leben
diese Grundform unseres menschlichen Zusammenlebens nicht
mehr und haben sie auch nicht mehr in unser Lebenskonzept aufgenommen.

Festhalten ohne Psychotherapeuten

Liebesfähige, spontane, instinktgeleitete, freie Menschen schließen
oft ihren seelisch leidenden Nächsten in die Arme und halten die
Krise mit ihm durch. Dazu benötigen sie weder einen Psychotherapeuten noch theoretische Begründungen. Die Kraft dazu schöpfen sie aus ihrem Herzen. Unter ihnen sind viele Eltern und professionelle Pädagogen, die heute staunen, daß das, was sie schon
immer taten, zu einer Methode wurde. Dazu zählen auch die, die
vom Festhalten lediglich aus Massenmedien oder durch Mundpro-
paganda erfahren haben. Durch eigene Erfahrungen des Gehalten-
Werdens und Haltens aus ihrer Kindheit im Kreis der Familie und

der Freunde, fällt dieses »Aha«-Erlebnis auf einen fruchtbaren Boden. Sie trauen sich zu, für neue Schlüsselerlebnisse die Verantwortung zu übernehmen. Niemals sind es Einzelgänger, sondern in soziale Gefüge eingebundene, sich gehalten fühlende Menschen. Ich bekomme von diesen Menschen, meistens Eltern, sehr viele Briefe. Sie berichten über die schwer beeinflußbaren Aggressionen und Verweigerungen ihres Kindes und welch wundervolle Wende sich ereignete, nachdem sich die Eltern das Festhalten zutrauten. Sie gehörten bis dahin zu jenen, die ihrem Kind keinen festen Halt geben, und ihre verschütteten Instinkte nicht frei walten lassen konnten, weil sie durch manche Erziehungsempfehlungen verunsichert waren. Nachdem sie erfuhren, daß sie berechtigt sind, ihrem Kind in Liebe Grenzen zu setzen und festen Halt zu geben, trauten sie sich auch zu, sich auf die eigene Intuition zu verlassen und erwarben sich damit beträchtliche pädagogische Kompetenz. Dabei muß betont werden, daß es sich nicht um dauerhafte psychische Erkrankungen handelte, sondern um akut ausgebrochene Krisen beim einzelnen und seinen Beziehungen zu anderen Menschen.

Aus den Erfahrungen dieser sich natürlich verhaltenden Menschen läßt sich ableiten, daß kaum jemand im Alleingang mit dem Festhalten fertig wird. Abgesehen vom Aufwand körperlicher Kräfte, wird vor allem die seelische Belastbarkeit der Eltern auf eine hohe Probe gestellt. Für manche eröffnen sich völlig neue emotionale Dimensionen, dabei werden auch solche aufgewühlt, die bisher verdrängt waren. Die Spannbreite der überwältigenden emotionalen Ereignisse reicht vom Glück, das Kind »neugeboren« zu haben, sich zum ersten Mal mütterlich zu fühlen, Liebe spenden und bekommen zu können, bis hin zur tiefsten Depression. Manchen wird bewußt, wie wenig Liebe sie selber als Kinder bekommen haben, oft kommen Schuldgefühle hoch, wenn dieses Kind als unerwünscht betrachtet wurde und es früher nicht genug gehalten wurde, sowie Selbstzweifel an mütterlichen Instinkten. Es taucht Sehnsucht nach eigenem Gehalten-Werden auf. »Den Verlust meines Festhalte-Partners, meines Mannes, habe ich wieder schmerzlich gespürt«, berichtete eine von ihrem Mann verlassene

Mutter, nachdem sie erste Erfahrungen mit dem Festhalten ihrer autistischen Tochter machte. Selbst wenn es dem Festhaltenden dank seiner starken Persönlichkeit gelänge, den angsterzeugenden affektiven Sturm selber zu verarbeiten, so benötigt er dennoch eine Möglichkeit zur Reflexion seiner Erfahrung mit anderen. Wichtig ist, daß der vertraute Gesprächspartner solcher Reflexion fähig ist. Dies setzt eigene vergleichbare Erlebnisse und Einfühlungsvermögen für alle im Prozeß des Festhaltens Beteiligten voraus. Diese Bereitschaft, mindestens ein Stück des Weges partnerschaftlich miteinander zu gehen, sind wichtigere Qualitäten als die Art der therapeutischen Ausbildung oder das Lebensalter. Am ehesten besitzt diese Qualitäten der Lebenspartner: der Ehemann, die eigene Mutter, die heranwachsenden Kinder, die ganze Familie. Sind diese Bedingungen gegeben, so ist die Begleitung durch einen Therapeuten nicht notwendig.

Die Grenzen zwischen dem Festhalten, das man als Lebensform bezeichnen kann und der Festhalte-Therapie sind recht fließend. Das bereits genannte Kriterium wäre zum Beispiel im Falle von Autismus ungültig. Aufgrund der von den meisten Wissenschaftlern prophezeiten Unheilbarkeit, sind die Erwartungshaltungen der Eltern herabgesunken. Sie gaben sich schon damit zufrieden, daß sich das Kind dank des Festhaltens nicht mehr blutig schlägt und sind glücklich, daß es zum ersten Mal im Leben schmusen möchte. An diesem Punkt würden die Eltern mit dem Festhalten aufhören, weil sie sich mit der bleibenden Behinderung abgefunden haben, obwohl das Kind noch weitere Chancen auf Milderung seines Autismus hätte, vorausgesetzt, das Festhalten würde mit anderen aufbauenden Fördermaßnahmen unter einer systematischen therapeutischen Unterstützung fortgesetzt.

Festhalten als Therapie

Eine Begleitung durch den Fachmann ist angezeigt,
– wenn Ängste, welcher Art auch immer, das notwendige Festhalten verhindern;
– wenn die emotionale Labilität, beziehungsweise ein emotionales Aufgewühltsein bei einem einzelnen oder innerhalb familiärer Beziehungen einer Verarbeitung bedarf;
– bei langfristigen psychischen Erkrankungen wie frühkindlicher Autismus, Zwangsneurose, psychosomatische Erkrankungen wie Neurodermitis u.a.

Die Aufgabenfelder der Festhalte-Therapeuten

Diagnose und Ermittlung der Ursachen.
Das Festhalten ist keine Symptombehandlung, sondern geht gezielt an die Wurzeln. Unter welchen Bedingungen die Beziehungsstörung entstand, welche Grunderfahrungen aufzuholen sind, ist vor dem Einleiten des Festhaltens wichtig zu wissen. Dadurch werden zum einen die Schuldprobleme der Eltern gemildert. Tatsächlich ist in vielen Fällen die »Schuld« eher der kranken Gesellschaft zuzuschreiben als der einzelnen Mutter. Wenn die gleiche Mutter beispielsweise auf Bali leben würde und nicht unter den Zwängen der entfremdeten Gesellschaft, hätte sie sich wahrscheinlich nicht vom Kind entfernt. Zum anderen wird das Kind besser verstanden. Die Eltern werden bestärkt, das Kind seine früheren Ängste vor dem Verlassen- und Ausgeliefert-Sein ausweinen zu lassen und seinen Widerstand durchzusetzen.

Aufklärung über Sinn und Notwendigkeit des Festhaltens als Urform.
Der Therapeut muntert die Eltern auf, die therapeutische Kompetenz unter seiner Hilfe selber zu übernehmen. Wenn seine Überzeugungskraft nicht ausreicht, kann er Kontakte mit erfahrenen Eltern vermitteln. Im Verlauf des Festhaltens macht er den Eltern

deren natürliches, geborgenheitsspendendes Verhalten (Einfühlen, Mitschwingen mit dem Kind...) bewußt. Er hilft der Mutter und dem Vater, den eigenen inneren Halt aufzubauen, stärkt das Selbstvertrauen und die Selbstsicherheit der Eltern und auch deren Zusammenhalt. So achtet er darauf, daß der Lebenspartner oder auch die Geschwister in bezug auf das Gehalten-Werden nicht zu kurz kommen. Die Verbindung zur Familientherapie leuchtet ein.

Überwachen des Verlaufs und der Auswirkung der Festhalte-Therapie.

Gemeint ist sowohl der Verlauf der jeweiligen Festhalte-»Sitzung« als auch des langfristigen therapeutischen Prozesses. Nicht immer muß der Therapeut dabei sein. Die optimale Praxis ist, daß er das Festhalten einleitet und in Abständen von etwa 1 bis 2 Wochen das Festhalten miterlebt. Ansonsten aber sorgen die Eltern zu Hause für die Durchführung. Bedenklich ist eine zu frühe Erlahmung des Widerstandes, sei es auf der Seite des Kindes oder der Mutter. Es mag sein, daß das Kind die Zufriedenheit nur vortäuscht, daß es sich mit einer Ersatzbefriedigung wie Daumenlutschen oder Fingerstereotypien selber tröstet oder daß es ein Gespräch mit der Mutter fordert und sie mit bestimmten Fragen zu bestimmten Antworten manipuliert, daß es das Drehbuch für den Verlauf übernommen hat. Andererseits ist zu bedenken, ob die Mutter dem Widerstand nicht aus dem Weg geht. Die Ursachen dafür können sehr unterschiedlich sein: die Mutter kann eine starke Polarität der Gefühle nicht ertragen, sie möchte, daß das Kind zufrieden ist und nicht, daß es schreit. Sie ist enttäuscht durch die Abwehr des Kindes, was auf Mißtrauen und ablehnende Haltung deuten läßt und versucht, sich mit ihm lieber gleich zu versöhnen, anstelle eigene Enttäuschung zu äußern. Sie traut sich nicht aus sich herauszugehen, weil sie zur Unterdrückung und Selbstbeherrschung ihrer Gefühle erzogen wurde. Sie hat Angst, in ihrem Haß die Selbststeuerung zu verlieren und das Kind umzubringen. Das Kind tut ihr wegen seiner Sinnesschädigung oder Behinderung leid. Im Zuge eines jahrelangen Prozesses ermüdet sie. Indem er diese Engpässe erkennt, versucht der Therapeut die unterdrückten und abgeleiteten Energien in den wahrhaftigen Gefühlsausdruck zu kanalisieren. Unter seiner Hilfe lernen die Beteiligten, sie selbst zu sein. Meist ist er dabei nicht der direkte Partner, sondern wirkt indirekt über die Mutter auf das Kind. Er hilft dem Kind, seine Gefühle zu entfesseln und muntert dazu auch die Mutter auf. Unter seiner Bestätigung spürt sie (manchmal zum ersten Mal in ihrem Leben), daß sie dazu berechtigt ist. Manche Mütter, die sich in einem starken Zwiespalt zwischen Haß und Liebe befinden, trauen sich nur unter dem Schutz des Therapeuten diese Gefühle frei zu äußern und sie auch auszudrücken. Auch sorgt er dafür, daß das Ausleben von Wut und Trauer nicht nur mit Ernst, sondern auch mit Lust verbunden ist. Er versucht auch, daß die beiden die Entspannungsphase lebendig, kommunikativ und mit Spaß erleben. Er weiß, auf welchem Niveau er Bewegungsspielchen, Kraftproben und Gespräche anregen soll, damit das Kind das Ich und Du vielfältig erlebt.

Auf lange Frist beobachtet der Therapeut, ob sich die Symptome zurückbilden, verschieben (zum Beispiel wenn ein Autist anfängt, anstelle von Gegenständen Menschen zu manipulieren oder wenn ein »allmächtiges« Kind anstelle in der Schule zu kaspern in die Hosen macht) oder ob das Kind auf eine frühere Stufe regrediert. Er nimmt die Signale der sich ankündigenden Stufen der Persönlichkeitsentwicklung wahr und dementsprechend steuert er den psychotherapeutischen Prozeß. Als günstig erweist es sich, das Festhalten eine Zeit ruhen zu lassen, wenn das Kind von einer Entwicklungsphase in die nächste kommt, am Ende der Trotzphase. Nicht nur das Festhalten gibt dem Kind die Sicherheit, sondern auch das Einhalten der Versprechen, der Regeln im Alltag oder das Sich-Verlassen-Können auf bestimmte Ge- und Verbote. Falls die Eltern zu einem solch zuverlässigen Umgang mit dem Kind nicht in der Lage sind, weil sie es vielleicht selber nie gelernt haben, brauchen sie hierbei die Beratung eines Therapeuten.

Auseinandersetzung mit den Ängsten der Eltern vor dem Festhalten, vor allem dann, wenn sie diese basale Hilfe gefährden. Von diesen Ängsten betroffen sind vor allem die Väter. (Es rekrutieren sich auch die meisten der ausschließlich negativ urteilenden Kritiker des Festhaltens aus den Reihen der männlichen Erziehungswissenschaftler.) Das verheerende Ausmaß dieser Ängste erkennt man daran, daß der Betroffene durchaus in der Lage ist, das Kind festzuhalten, wenn es sich um eine technische Behandlung beim Arzt (Spritze, Sondieren, Zahnbehandlung) handelt, ja er würde bei Autoaggressionen einem gegenständlichen Festhalten mittels Zwangsjacke ohne weiteres zustimmen. Gegen das Festhalten, wenn es sich um eine gefühlsmäßige Auseinandersetzung handelt, stellen sie sich jedoch total ablehnend. Sie werden diese Chance auch einem Säugling absprechen, wenn er im Arme seiner Mutter in Abwehrhaltung geht. Diese Ängste verbarrikadieren sich meist hinter einer ethischen Fassade: das Festhalten sei ein Mittel zur Unterdrückung und Verstummung des Kindes, ein Willensbrecher nach Rezepten der schwarzen Pädagogik. Auffallend an diesen Haltungen ist der affektive, an panische Ängste erinnernde Sturm. Er läßt keine Bereitschaft zu, sich mit Hilfe von Literatur oder in Gesprächen mit erfahrenen Eltern und Kindern objektiv zu informieren, auch nicht an dem Erlebnis hospitationsweise teilzunehmen, geschweige denn, das eigene Erleben zu wagen. Eine intellektuelle Diskussion mit dem ablehnenden Vater bringt den Therapeuten nicht weiter. Die Enträtselung der lähmenden Ängste und ein Anhalt für die benötigte psychotherapeutische Hilfe findet sich erst in der Analyse der kindlichen Erfahrungen. In der überwältigenden Mehrheit handelt es sich um Eltern, die als Kinder selbst Opfer der schwarzen Pädagogik waren. Sie haben die Geborgenheit nicht im festhaltenden Arm der Mutter gefunden, sie haben sich mit Gegenständen wie Schnuller, Rassel und Teddybär selber trösten müssen. Angenommen haben sie sich erst dann gefühlt, wenn sie den Intellekt eingesetzt haben, überangepaßt waren und weder Trotz noch Trauer geäußert haben. Das sind die damaligen Prügelknaben, die eine Ohrfeige bekommen haben, damit sie wissen, warum sie weinen, denn »ein Junge weint nicht«. Auf dem Schoß schreien durfte der Junge nur dann, wenn er seinen Hintern versohlt bekam. So manche Mutter erzog ihr Kind mit der Androhung: »Du bringst mich um«. Aus lauter Angst, die Mutter zu töten, verstummte das Kind. Haßerfüllte Rachephantasien waren die einzige Chance, die Würde nicht ganz zu verlieren. Wen wundert es, daß das Gehalten-Werden nur mit Sünde, Nicht-Liebe, Demütigung und Brechen des Willens gekoppelt wird?

Solche hochgradigen Ängste gleichen Ursprungs gibt es bei Frauen natürlich auch, wenn auch nicht in dem Maße. Dafür steigen manchmal verdrängte Ängste und Schuldgefühle hoch, die in Verbindung mit sexuellem Mißbrauch des kleinen Mädchens durch den Vater oder einer Vergewaltigung in späteren Jahren entstanden sind. Das erzwungene Halten verbinden diese betroffenen Frauen mit den damaligen Gefühlen des Ausgeliefert-Seins, der Unheimlichkeit der zu verbergenden Sünde, der Ohnmacht.

Auch die Angst vor einer nochmals aufflammenden Haß-Liebe-Beziehung gegen die eigene, schon verstorbene Mutter, von der sich das Kind nicht voll geliebt fühlte, kann wieder aufleben. Ebenso die Ängste vor eigener Lebensschwäche, die nicht unschuldig an der Psychose des Kindes ist... die Ängste vor eigenem Versagen... die Ängste vor den Todeswünschen, die sich auf dieses zu haltende Kind noch vor seiner Geburt gerichtet haben... Nicht immer genügt es, sich der Ursachen solcher Ängste bewußt zu werden und die kleine Erleichterung mit einem liebes- und freiheitserfüllten Erlebnis des Festhaltens zu besiegeln. Viele Betroffene brauchen eine psychotherapeutische Behandlung. Es fällt mir schwer, eine bestimmte Art der Psychotherapie zu empfehlen. Unter dem Druck, wegen des Kindes schnell handeln zu müssen, dürfte es keine langwierige Therapie sein, wie beispielsweise die Psychoanalyse. Es sollte jedoch eine tiefenpsychologisch orientierte Therapie sein, um die in der Kindheit erlittenen Verletzungen zu erkennen. Das Ziel ist, Verständnis für sich selbst und auch für die eigenen Eltern zu gewinnen. Denn auch diese konnten nicht anders; auch sie waren verletzte Kinder. Erst wenn ich weiß, *was* sie mir angetan haben, *wie* ich schuldlos in die Schuld kam, *was* ich zu vergeben habe, kann ich verzeihen und frei sein. Erst nach dieser Bereinigung kann ich die Eltern und auch mich selbst lieben. Wichtig ist deshalb, beide Eltern in die Psychotherapie miteinzubeziehen, wenn möglich auch die Großeltern. Im Interesse des Kindes, aber auch der Angehörigen, sollte die Selbstbejahung des einen nicht zur Trennung vom anderen werden.

Begleitung in der Krise, die durch das unausweichbare Problem des behinderten Kindes ausgelöst wurde.[46]

Es gibt zwei Situationen, in denen das Festhalten eine entscheidende Rolle spielt, weil die Eltern jedesmal in eine sehr tiefe Krise gestürzt werden:

1. Die erste Konfrontation mit der Behinderung

Nach der Geburt beziehungsweise nach wochenlangem Aufenthalt im Brutkasten werden die Eltern über die Behinderung ihres Kindes aufgeklärt. Das Bedürfnis nach Geborgenheit und die für weitere Beziehungen notwendige Bindung wird abrupt unterbrochen. Schuld daran können verschiedene Ursachen sein: gestörte körperliche Wahrnehmung des Mitschwingens im Mutterleib, Sinnesschädigungen, langfristige Trennung von der Mutter wegen Frühgeburt, künstliche Sauerstoffversorgung, wiederholte Hospitalisierung wegen Anfallsleiden, Trinkschwäche u.a. Anstelle des Tröstens durch die Mutter gewöhnte sich das Kind an Selbststimulation und leblose Ersatzbindungen (Lampen, Infusionsschläuche u.a.) bis hin zur suchtartigen Abhängigkeit. Zwischenzeitlich aber riß auch auf der Seite der Mutter die Bindungsbereitschaft. Dies geschah nicht nur wegen der Trennung, sondern auch wegen der Schreckensstarre. Die Behinderung des Kindes bedeutet für die Mutter einen Strich durch die Selbstverwirklichung, durch den ursprünglichen Lebensentwurf und beschwört somit unerträgliche, nicht zu beantwortende Zukunftsfragen herauf. Todeswünsche schleichen sich ein. Ein starker Zwiespalt, Haßliebe zu sich selbst, zum Kind, zu Gott (»Warum, du grausamer Gott, hast du *mir* das behinderte Kind geschenkt? Gibt es dich, wenn du solche Kinder zuläßt?«). Aus Schuldgefühl, aber auch aus Sehnsucht nach Liebe, versucht die Mutter eine Annäherung zum Kind. Durch seine ablehnende Haltung wird sie aber in ihrem mütterlichen Herzen zutiefst verletzt. Im Zuge der Krisenverarbeitung, findet sie zu ihrem behinderten Kind auf eine besonders feste Weise und bindet sich so stark an das Kind, daß sie sich schwer loslösen kann. Diese Probleme bereiten später nicht nur den Müttern, sondern auch den behinderten Erwachsenen manchen Kummer. Auch die Väter sind in ähnlicher Weise betroffen.

Der professionelle Begleiter ist in der Regel der Frühförderer (meist Mitarbeiter der Lebenshilfe, Sonderschule, Blindeneinrichtung und dergleichen). Seine Aufgabe ist es, die unterbrochene Bindung wieder herzustellen, indem er möglichst bald die Mutter zum Festhalten im Sinne einer Kleinkinderbetreuung ermutigt und diese spürbare Annahme des behinderten Kindes zunehmend an die übrigen Familienmitglieder ausweitet. Zugleich hat er aber die Eltern in dem gleichen Prozeß des Festgehalten-Werdens, der ihnen vom Schicksal zugemutet wurde, zu begleiten. Sie machen den gleichen Prozeß durch, der sich auch im primärtherapeutischen Sinne beim Kind ereignet und haben ebenso die Chance, das affektive Chaos in das Erlebnis der Liebe umzuwandeln. So darf den Frühförderer nicht wundern, daß seine Bemühungen, die Eltern zur Förderung des Kindes anzuleiten, zunächst scheitern müssen, da die Wogen zwischen Zweifel und Hoffnung zur Unterforderung des Kindes führen. Sie sind erst ab der Stufe der Annahme (6. Spiralphase) für eine reale Förderung in der Lage.

Wichtig für die Eltern ist,

– daß man sie in der Schreckensstarre zunächst hält, sie beschützt und stärkt, um den Schicksalsschlag annehmen zu können,

– daß man sie ermutigt, das Ausmaß der Behinderung zu erkennen und – trotzdem – zwischen sich und dem Kind eine spürbare Bindung herzustellen,

– daß man ihnen zuhört, ihren Kummer ernst nimmt, ihr Hadern mit Gott und ihre Aggressionen gegen die fachlichen Ratschläge erduldet, und keine unnötigen Schuldgefühle erzeugt, wenn sie das Angeratene nicht getan haben,

– daß man nicht als der Besserwisser auftritt und die Eltern in die Rolle der Cotherapeuten schiebt, sondern als fühlender Partner am Leben, Leiden und Reifen teilnimmt,

– daß man hilft, bewußt zu machen, was durch die Behinderung des Kindes verlorengegangen ist, aber auch gewonnen wurde, welche Chancen zur eigenen Erneuerung sich eröffnen, welcher erquickende Wandel der Wertschätzungen bevorstehen kann.

2. Die Hoffnung auf Wunder

Solange es einen Hoffnungsschimmer gibt, die Behinderung zu

beheben, klammern sich die Eltern daran. Aufgrund der Informationen, daß die Festhalte-Therapie bei den Pseudobehinderten eine Normalisierung bewirkte, schöpfen die Eltern die Hoffnung, daß auch ihr Kind nicht hirngeschädigt sei (zumal auch aufgrund fachärztlicher Untersuchungen kein Befund ermittelt werden konnte), sondern nur emotional gestört und somit in der Entfaltung seiner Neugierde und seiner Intelligenz blockiert sei. Im großen und ganzen sinken die Eltern in die unterste Stufe der Krisenspirale ab, sie machen die Behinderung ungewiß. Selbstverständlich darf der Therapeut diese Hoffnung nicht nehmen. Vielleicht handelt es sich tatsächlich um eine Beziehungsstörung ohne organische Grundlage. Aber ebenso häufig liegen der mangelhaften Lernfähigkeit schwere cerebrale Dysfunktionen zugrunde. Beide Möglichkeiten müssen offen bleiben. Eine Aufklärung über die realen Chancen ist unverzichtbar. Auf die sehr wahrscheinlich bleibende Behinderung muß der Therapeut von Anfang an aufmerksam machen. Sollte er merken, daß die Eltern in diesem Fall das Kind ablehnen würden, ist das Festhalten nicht zulässig. In diesem Falle brauchen vielmehr die Eltern eine verständnisvolle, einfühlsame, geduldige, »haltende« Hilfe. Sie sind bei der Verarbeitung noch nicht so weit, um »ja« zur Auseinandersetzung mit dem Problem der Behinderung zu sagen. Sie würden vielleicht viel zu früh aus der Krise aussteigen und sie nicht auch als Chance erkennen.

Sicher kann der Therapeut in jedem Falle den Eltern Hoffnung auf eine erwachende Liebesbereitschaft und die Lebensfreude des Kindes machen. Ob sich auch die Intelligenz zu entfalten beginnt, und bis zu welchem Grad, wird sich erst im Zuge des langfristigen Festhalte-Prozesses zeigen – und erst dann, wenn das Kind seine vollständig erwachten Kräfte zur Entfaltung seiner Neugierde einsetzt.

Schon das Erkennen, daß der zunehmende emotionale Reichtum wertvoller ist als die Zunahme der Intelligenz, ist für die Eltern und deren Freunde ein Gewinn. Ob sie es ohne die Krise wüßten? Die Erfahrungen des Festhaltens stellen lediglich eine Basis für das Aufwachen der Nachahmungs- und Kommunikationsbereitschaft dar. Erst auf diesem sozialen Boden, wo die Beziehung zwischen dem Lehrer und dem Schüler stimmt, ist dieser auch für neue Lernanregungen empfänglich. Der Therapeut sorgt unter entwicklungspsychologischen Gesichtspunkten dafür, daß der Behinderte angemessene Lernangebote bekommt und seine Wahrnehmung, sein Denken und Handeln stufenweise ausbaut.

Verhaftet in dem hedonistisch-materialistischen Denken von heute machen manche Sonderpädagogen und Psychologen ein harmonisches und störungsfreies Miteinander mit dem Behinderten zum Ideal. Die Störung suchen sie außerhalb dieser heilen Welt: in bürokratischen Zwängen, bei konservativen Eltern oder in integrationsfeindlichen Gesellschaftskreisen. Diese Haltung führt dazu, daß dem Behinderten abgesprochen wird, Angst und Krisen zu erleben und sie zu bewältigen. Durch das Nichtzulassen von Angst und Krisen hat der Behinderte nicht die Möglichkeit, diese wichtige Dimension der Ich-Werdung auszuschöpfen. Somit hat für ihn das Festhalten und die Festhalte-Therapie eine besondere Bedeutung; sie erschließt ihm nämlich die Chancen einer tiefenpsychologisch orientierten Therapie, die ihm sonst wegen der Unfähigkeit zu verbalisieren nicht zugänglich ist.

Persönlichkeit des Festhalte-Therapeuten

Gibt es eigentlich *den* Festhalte-Therapeuten? Den Therapeuten, der allen gestellten Ansprüchen gerecht wird? Er müßte ein Tiefenpsychologe, ein klinischer Psychologe, ein Primärtherapeut, ein Entwicklungspsychologe, ein Bioenergetiker und ein Verhaltenstherapeut sein und zugleich ein Familientherapeut und ein Heilpädagoge, womöglich ein Sozialpädagoge… Ich sah schon manche hoch- und vielseitig ausgebildete Psychotherapeuten beim Festhalten scheitern. Und andererseits weiß ich von vielen Frühförderern, Beschäftigungstherapeutinnen, Krankengymnastinnen, Ärzten, Pfarrern, Lehrern und Psychologen ohne jegliche Zusatzausbildung, die als Begleiter für die festhaltende Familie einen wahren Segen bedeuten.

Bei dem Symposium über Festhalte-Therapie 1986 in Lindau, befaßten wir uns mit der Ethik des Festhaltens und der damit aufs engste zusammenhängenden Persönlichkeit des Begleiters. Wir fanden, daß es eine mit Diplom besiegelte Ausbildung zum Festhalte-Therapeuten nicht geben kann. Er muß aber viele Kenntnisse und Erfahrungen von den genannten Disziplinen besitzen,
– um seine Grenzen zu kennen, um rechtzeitig an andere Fachdisziplinen vermitteln und mit diesen die Zusammenarbeit pflegen zu können, und
– um eine unabdingbar notwendige Supervision und (oder) den Anschluß an eine Gruppe der Festhalte-Begleiter anzustreben.
Das allerwichtigste Kriterium ist seine eigene Persönlichkeit.
– Abgesehen von Ausbildung und Alter müßte er der Mensch sein, der sich mit den Betroffenen vor allem auf der Ebene des Herzens trifft.
– Aufgrund seiner Lebenserfahrungen und seiner Achtung vor dem Leiden der anderen kann er mit Krisen umgehen.
– Er erträgt eine starke affektive Polarität bei sich selbst und bei den anderen und ist stets bewegt durch die Hoffnung, durch aktive Auseinandersetzung Angst, Verzweiflung, Haß und Trauer in Geborgenheit, Liebe und Freude umzuwandeln.
– Er kann mitleiden und sich hingeben, er ist duldsam und kann zuhören, er ist einfühlsam, er kann selber, wenn es darauf ankommt, die Eltern oder auch das Kind festhalten.
– Er ist nicht nur Anwalt des Kindes, sondern auch der Eltern. Er setzt sich für ihre Rechte ein, als wären es seine eigenen.
– Er bläht sich nicht zu einem Alleswisser und Allmächtigen auf.
– Sein Selbstvertrauen schöpft er aus dem eigenen Gefühl, gehalten zu sein und einen inneren Halt zu haben.
– Er soll nicht nur festhalten, sondern auch loslassen können. Er macht die Betroffenen von seinen Hilfen nicht abhängig, sondern macht sie kompetent, in Eigenverantwortung und aus eigener Kraft heraus den Lebensweg zu bestreiten. Das Gleiche strebt er bei der ihm anvertrauten Familie an: er leitet sie zum Festhalten an, damit sich jeder einzelne frei fühlt.

Anmerkungen

1 Burchard, F.: Verlaufsstudie zur Festhaltetherapie Erste Ergebnisse bei 85 Kindern. In: Praxis der Kinderpsychologie und Kinderpsychiatrie. 37/1988. S.89-98
Burchard, F.: Festhaltetherapie bei autistischen Kindern Ergebnisse einer mehrjährigen Studie. Autismus. Zeitschrift des Bundesverbandes »Hilfe für das autistische Kind e.V.« 27/1989. S.6-16

2 Tinbergen, N.und E.A.: Autismus bei Kindern: Fortschritt im Verständnis und neue Heilbehandlungen lassen hoffen. Berlin u.a. 1984

3 Welch, M.G.: Heilung vom Autismus durch die Mutter-und-Kind-Haltetherapie. In: Tinbergen, N.und E.A.: Autismus bei Kindern... (siehe Anmerkung 2)

4 Prekop, J.: Förderung der Wahrnehmung bei entwicklungsgestörten Kindern. I.Teil in: Lebenshilfe. 2/1980; II., III., IV. Teil in: Geistige Behinderung. 3/1980, 4/1980, 1/1981. Zeitschrift der Bundesvereinigung Lebenshilfe für geistig Behinderte. Marburg

5 Fromm, E.: Die Kunst des Liebens. Stuttgart 1980. S.33-34

6 Litt, Th.: Führen oder Wachsenlassen. Eine Erörterung des pädagogischen Grundproblems. Stuttgart 1976

7 Schellenbaum, P.: Das Nein in der Liebe. München 1986. S.15

8 Moor, P. in: Klein, F.: Halten. In: Behinderte. 3/1983 (Österreich)

9 Hesse, H.: Einheit hinter den Gegensätzen. Freiburg 1988. S.9-10

10 Lorenz, K.: Die acht Todsünden der zivilisierten Menschheit. München 1973. S.40

11 ders. S.41

12 Kierkegaard, S.: Der Begriff der Angst. Gütersloh 1983. S.77

13 Teilhard de Chardin, P.: Das Tor in die Zukunft. München 1984. S.52-53

14 Schellenbaum, P.: Die Wunde der Ungeliebten. München 1988. S.37-38

15 Kierkegaard, S.: Der Begriff der Angst. Gütersloh 1983

16 Jaspers, K.: Allgemeine Psychopathologie. Berlin, Heidelberg 1946. S.95

17 Fried, E.: Es ist was es ist. Quartheft 124. Berlin 1983

18 Gruen, A.: Der Wahnsinn der Normalität. München 1987. S.71

19 Casriel, D.: Die Wiederentdeckung des Gefühls. Schreitherapie und Gruppendynamik. München 1975

20 Schuchard, E.: Soziale Integration Behinderter. Band 1. Braunschweig 1982^2. S. 112

21 Schweitzer, A. in: Lair, J.und Lechler, W.: Von mir aus nennt es Wahnsinn. Stuttgart 1983. S.202

22 Kübler-Ross, E.: Der Tod als letztes Wachstumsstadium. In: Grof, S.: Die Chance der Menschheit. München 1988. S.282-283

23 Buscaglia, L.: Leben Lieben Lernen. München 1984. S.266

24 Lair, J.und Lechler, W.: Von mir aus nennt es Wahnsinn. Stuttgart 1983. S.285-286

25 dies. S. 285-286

26 Lempp, R.: Familie im Umbruch. München 1986. S.17

27 Hassenstein, B.: Verhaltensbiologie des Kindes. München 1987^4

28 Conrad, K.: Der Lebensanfang als Lebensentscheidung. Weinheim 1986. S.12
König, K.: Sinnesentwicklung und Leibeserfahrung. Stuttgart 1971

29 Kapfhammer, H.P.: Psychoanalytische Psychosomatik. Berlin 1985. S.183

30 Winnicott, D.W.: Reifungsprozess und fördernde Umwelt. Frankfurt/M. 1984

31 Großmann, K.: Die Gefühlsentwicklung beginnt mit der Geburt. In: Mitteilungen. Hrsg. von der Deutschen Liga für das Kind in Familie und Gesellschaft. Neuwied 1988

32 Seattle, Ch.: Wir sind ein Teil der Erde. Olten 1982

33 Meves, Ch. und Ortlieb, H.D.: Die ruinierte Generation. Freiburg 1982

34 Meves, Ch.: Manipulierte Maßlosigkeit. Freiburg 1971
Tinbergen, N.und E.A.: Autismus bei Kindern (siehe Anmerkung 2) S.146

35 Beckord, D.: Theorie und Praxis der Körperbildforschung. Phil.Diss. Salzburg 1983

36 In: Psychologie heute. 5/1988. Ein Bericht über ein Forschungsprojekt zu psychogenen Erkrankungen in Mannheim: Jeder vierte ist ein »Fall«. S.51-52

37 Rimland, B.: Physical exercise and autism. In: Autism Research Review International. 4/1988 (USA)

38 Panksepp, J.und Sahley, T.L.: Brain opioids and Autism. An updated

analysis of possible linkages. In: Journal of Autism and Development Disorders. 17/1987 (New York/USA)

39 Rohmann, U.H. und Hartmann, H.: Modifizierte Festhaltetherapie Eine Basistherapie für autistische Kinder. In: Zeitschrift für Kinder- und Jugendpsychiatrie. 13/1985. S.182-198

40 Hassenstein, B.: Verhaltensbiologie des Kindes. München 1987[4]. S.209-210

41 Jernberg, A.: Theraplay. Stuttgart/New York 1987

42 Besems, Th. und van Vugt, G.: Gestalttherapie bei geistig behinderten Menschen. Teil 1 und 2. In: Geistige Behinderung. 4/1988 und 1/1989. Zeitschrift der Bundesvereinigung Lebenshilfe für geistig Behinderte.

43 Gruen, A. und Prekop J.: Das Festhalten und die Problematik der Bindung im Autismus. Praxis der Kinderpsychologie und Kinderpsychiatrie. 35/1986. S. 248-253

44 Fischer, E.: Wahrnehmungsförderung und Sinnerschließung bei schwer geistig Behinderten. In: Geistige Behinderung. 4/1983. S. 286. Zeitschrift der Bundesvereinigung Lebenshilfe für geistig Behinderte

45 Gruen, A.: Der Verrat am Selbst. Die Angst vor Autonomie bei Mann und Frau. München 1986

46 Prekop, J.: Konsequenzen für die professionelle Begleitung behinderter Kinder und deren Eltern. Vortrag beim Kongreß »Perinatale Bindungsprozesse«. Brixen 1988
Prekop, J.: Spannungsfelder im Verhältnis zwischen Eltern von Behinderten und Fachleuten. In: Geistige Behinderung. 1/1983. Zeitschrift der Bundesvereinigung Lebenshilfe für geistig Behinderte

KÖSEL

Jirina Prekop / Christel Schweizer

Kinder sind Gäste,
die nach dem Weg fragen

Ein Elternbuch
155 Seiten. Kartoniert

In dieses Elternbuch fließen die langjährigen Erfahrungen einer Kinderpsychologin und einer Kinderärztin ein. Ein Kind zu erziehen bedeutet für sie vor allem, es in der Besonderheit seines kindlichen Wesens bedingungslos anzunehmen und zu lieben.

In verständlicher Form werden Themen aufgegriffen, die Eltern heute besonders beschäftigen, wie:
Muß ich das Kind die ganze Nacht durch die Wohnung tragen, wenn es weint?
Was ist mit meinem Zappelphilip los?
Schade ich meinem Kind, wenn ich als Mutter berufstätig bin?

Mit konkreten Beispielen zeigen Jirina Prekop und Christel Schweizer, wie Eltern ihr Kind auf seinem Weg begleiten können.